L'EXPÉDITION DE CRIMÉE

LA MARINE

DU MÊME AUTEUR :

L'EXPÉDITION DE CRIMÉE.

L'ARMÉE FRANÇAISE

A GALLIPOLI, VARNA ET SÉBASTOPOL.

CHRONIQUES MILITAIRES DE LA GUERRE D'ORIENT.

2 volumes.

Ch. Lahure, imprimeur du Sénat et de la Cour de Cassation,
rue de Vaugirard, 9, près de l'Odéon.

317 A''' 4

AMIRAL HAMELIN

Imp Lemercier Paris.

L'EXPÉDITION
DE
CRIMÉE

LA MARINE FRANÇAISE
DANS
LA MER NOIRE ET LA BALTIQUE

CHRONIQUES MARITIMES DE LA GUERRE D'ORIENT

PAR LE BARON

DE BAZANCOURT

Chargé de Mission en Crimée pour écrire l'Histoire de la guerre

TOME PREMIER

PARIS
LIBRAIRIE D'AMYOT, ÉDITEUR
8, RUE DE LA PAIX

Nous avons longtemps hésité avant d'entreprendre l'important travail que nous publions aujourd'hui. Nous ne nous dissimulions pas que nous devions inévitablement nous retrouver sur le même terrain, en face d'événements dont nous avions déjà retracé le récit dans notre précédent ouvrage sur l'Expédition de Crimée (1). Mais en parcourant les documents officiels que nous avions sous les yeux, ainsi que les correspondances des divers amiraux commandant en chef, nous avons été frappé de l'oubli dans lequel avait été laissée toute une partie de cette expédition : celle accomplie par la marine.

(1) L'Expédition de Crimée. — L'armée française à Gallipoli, Varna et Sébastopol. Chroniques militaires de la guerre d'Orient, 2 volumes. 7 éditions, 1856-1857.

II

Devant tant de faits inconnus, notre premier récit devenait incomplet, s'il ne montrait pas cette face de la guerre d'Orient, également glorieuse pour le drapeau national, également digne par son patriotisme, son dévouement et sa gloire, d'être inscrite dans les annales impérissables de l'histoire.

Des sources fertiles et *indiscutables* nous ont été ouvertes, avec l'autorisation de S. E. le Ministre de la Marine, par les deux chefs d'état-major généraux successifs de la flotte, les amiraux Bouët-Willaumez et Jurien de la Gravière. En les parcourant, nous avons vu notre cadre successivement se développer et s'agrandir; les faits les plus curieux, les plus importants sont venus se grouper d'eux-mêmes autour de ce grand drame que l'on appelle : *la Guerre d'Orient.*

Dès les premiers souffles de cette guerre, la marine a laissé le vent gonfler les voiles de ses navires impatients et est venue se placer au cœur même des événements, montrant dans le Bosphore étonné les pavillons protecteurs des flottes alliées.

Oublier la part qu'elle a prise dans cette mémorable expédition, serait méconnaître la vérité.

III

Nous avons déjà raconté avec enthousiasme les gigantesques combats de notre vaillante armée, sa lutte héroïque contre les éléments, et les prodiges de valeur et d'abnégation si vivaces dans le cœur de nos soldats. — Après avoir compté tous ces noms glorieux que la mort a frappés sur les champs de bataille, il nous a semblé que c'était à nous peut-être qu'il appartenait de retracer les faits accomplis par l'armée de mer, et de compléter ainsi notre précédent ouvrage sur l'armée de terre.

Encouragé par le succès de notre première publication, justement fier des précieux témoignages d'estime et de sympathie que nous avons reçus des principaux chefs de l'armée, nous entreprenons cette tâche difficile. Guidé par ceux-là même qui ont joué les principaux rôles dans cette grande campagne, nous avons rassemblé sans relâche, pendant toute une année, le faisceau de ces documents officiels qui nous arrivaient de tous les ports de France, et nous avons écrit : — *la Marine française dans la mer Noire et dans la Baltique.*

Ainsi se trouvent réunis les hauts faits de notre armée et de notre marine; les deux récits se complètent l'un par l'autre.

Quelques mots encore :

Au milieu de l'accueil si bienveillant de la presse européenne, quelques publications anglaises se sont livrées à d'étranges et injustes récriminations contre nos deux précédents volumes. Nous tenons donc à expliquer ici formellement le but que nous nous sommes proposé.

Dans le travail que nous publions aujourd'hui, comme dans celui que nous avons déjà publié, nous avons dû nous borner à retracer le récit des *opérations françaises* pendant la guerre d'Orient. Nous n'aurions pu étendre ce cadre sans nous lancer dans l'inconnu et oublier que le principal mérite d'une œuvre semblable, c'est la vérité incontestable, s'appuyant à chaque pas sur les documents officiels les plus authentiques.

Loin de nous la pensée de méconnaître la part glorieuse qui échoit à nos alliés les Anglais dans cette mémorable guerre, loin de nous le mesquin amour-propre de vouloir les amoindrir et les effacer.

Nous avons été toujours heureux de rendre un témoignage éclatant du dévouement des deux peuples, du concours puissant qu'ils se sont mutuellement porté, de l'union fraternelle de ces deux nationalités se tenant par la main sur le même champ de bataille.

Mais écrire l'histoire détaillée des opérations diverses de l'armée ou de la marine anglaise, le pouvions-nous? — Les archives militaires de nos alliés nous avaient-elles été ouvertes? Ne nous exposions-nous pas à errer à chaque instant dans un labyrinthe inconnu?

Les événements de la guerre d'Orient se divisent en deux parts bien distinctes. L'une que les nations alliées ont accomplie, chacune de son côté, marchant toutefois avec un ensemble complet vers le même but commun, l'autre qu'elles ont accomplie sur terre et sur mer, mêlées et pour ainsi dire, confondues.

L'union des deux drapeaux, des deux armées, a fait la grande force de cette guerre du protectorat de l'empire ottoman. — Qui pourrait et qui voudrait l'oublier?

Résumons-nous :

Nous avons voulu écrire, dans toute sa vérité, l'historique des armées françaises de terre et de mer, tout en rendant la justice la plus éclatante au courage et au dévouement de nos alliés.

Quant aux opérations de l'armée et de la marine anglaise pendant cette campagne, c'est à un écrivain anglais seul qu'il appartient d'en raconter les détails sur les documents anglais officiels.

Entre consciences franches et loyales il suffit de s'expliquer clairement pour s'entendre. — Voilà pourquoi nous avons dit notre pensée tout entière.

L'EXPÉDITION DE CRIMÉE

CAMPAGNES DE LA MER NOIRE

1853-1854-1855

LIVRE PREMIER

LIVRE PREMIER.

CHAPITRE PREMIER.

I. — Nous n'entrerons pas ici dans le récit des faits qui ont entraîné *la guerre d'Orient ;* nous les avons énumérés aussi lucidement qu'il nous a été possible dans notre précédent travail (1).

La mission du prince Menschikoff, son attitude menaçante, les prétentions injustes et inacceptables qu'il venait soutenir auprès du Divan, tout laissait déjà entrevoir que les voies de conciliation ne tarderaient pas à être épuisées.

Le 28 février 1853, le prince Menschikoff était entré à Constantinople.

Le 19 mars suivant, on lisait dans le *Moniteur universel* français (journal officiel) : « L'escadre qui se trouve en ce moment à Toulon a reçu l'ordre de sortir de ce port et de se rendre dans les eaux de la Grèce. »

Cette escadre, forte de huit vaisseaux et de plusieurs

---

(1) L'*Expédition de Crimée. Campagnes de l'armée d'Orient*, t. I pages 11 et suivantes.

vapeurs, quitta Toulon le 23, sous le commandement du vice-amiral de La Susse, et vint mouiller dans la baie de Salamine au fond du golfe d'Athènes.

La présence de cette flotte était d'abord un avertissement pour la Grèce, dont l'allure équivoque faisait déjà pressentir l'attitude hostile qu'elle prit plus tard; de plus, nos forces navales se trouvaient ainsi prêtes à se transporter promptement, dès le premier signal, à l'embouchure des Dardanelles pour protéger le Sultan et protester contre les exigences de la Russie.

Deux mois s'écoulèrent dans d'inutiles négociations avec le Cabinet russe, et la guerre semblait devenir de plus en plus l'unique issue de cette grave question. Aussi, les gouvernements de France et d'Angleterre décidèrent que leurs escadres réunies pousseraient sans plus de délai dans les eaux turques, à l'entrée même de ces détroits qui, d'un jour à l'autre, pouvaient devenir le théâtre principal des entreprises de la Russie.

Le 4 juin, *le Chaptal* et *le Caradoc* appareillèrent de Toulon et de Marseille, emportant cet ordre, l'un à l'amiral de La Susse, l'autre à l'amiral Dundas, commandant en chef la flotte anglaise, qui attendait à Malte les instructions de son gouvernement.

Les deux nations, qu'une communauté d'efforts, de dangers et de gloire allait réunir à la fois sur terre et sur mer, montrèrent ensemble leurs pavillons dans la baie de Besika, et vinrent mouiller en face de l'île de Ténédos.

L'arrivée de ces deux escadres à l'ouvert du détroit

des Dardanelles fut un beau spectacle, et produisit une profonde impression dans la vieille ville de Constantin.

II. — Dès le mois de mars, M. de Lacour, ambassadeur de France près la Sublime-Porte, était muni d'instructions spéciales et de pouvoirs qui mettaient à sa disposition l'escadre commandée par l'amiral de La Susse, afin qu'il pût la faire agir selon l'urgence d'éventualités soudaines.

De son côté, l'Angleterre, pressée de plus en plus par la politique agressive de la Russie, avait donné à lord Stratford Redcliffe, son ambassadeur à Constantinople, des instructions analogues à celles de M. de Lacour.

La diplomatie était bien près d'avoir fini son rôle, d'avoir épuisé ses dernières ressources : aussi les armements se pressent, le souffle des combats remue déjà les navires, et les escadres des deux nations, réunies sur cette côte d'Asie qui avait failli naguère les voir combattre en ennemies, ne cessent de se donner des témoignages d'estime et de franche cordialité.

Cette estime réciproque, cette loyale confraternité d'armes rendirent faciles leurs rapports mutuels, et firent naître entre les amiraux commandant en chef une entente utile et sérieuse qui devait traverser les difficiles péripéties de cette guerre, sans s'ébranler un seul jour.

« Ce n'est pas, toutefois, écrivait un officier distingué de la marine, que l'organisation et les allures des deux escadres ne présentassent des différences assez frappantes. Sur nos vaisseaux régnait une régularité de service, une spontanéité de mouvements toute militaire, et qui compte parmi les meilleures traditions produites par notre escadre permanente. — Sur les vaisseaux anglais, au contraire, l'indépendance des allures dénotait clairement une plus grande initiative laissée à chacun à bord, dans la sphère de ses attributions. Au reste, le frottement continuel des deux flottes pendant de longs mois amena cet heureux résultat, que les excès de chaque méthode tendirent à se corriger les uns par les autres. »

III. — Nous sommes au mois de juillet 1853.

Le vice-amiral Hamelin doit remplacer, dans le commandement en chef de l'escadre française, le vice-amiral de La Susse. Une dépêche électrique lui donne l'ordre de quitter immédiatement la préfecture maritime de Toulon, pour aller prendre ce nouveau commandement.

L'amiral Hamelin mouille le 11 juillet, vers trois heures de l'après-midi, à Besika, sur la corvette à vapeur *le Pluton*, commandée par le capitaine de frégate La Roche.

A la veille des graves événements qui pouvaient à chaque instant éclater, il était cruel pour l'amiral de La Susse de quitter un aussi beau commandement et de voir ainsi se terminer sa carrière active; mais à ce dernier moment d'adieu les marques de souvenir donnés à un passé plein de bons et loyaux services ne lui manquèrent pas, pour en atténuer l'amertume.

Le 14, l'Amiral prit congé de son escadre par l'ordre du jour qui suit :

« ÉQUIPAGES,

« En quittant le commandement de l'escadre, il m'est doux de vous féliciter de votre discipline, de votre instruction, de votre bonne tenue, et de vous remercier du concours dévoué que vous me prêtez depuis deux ans. Confiant dans votre ardeur et votre patriotisme, j'eusse été fier de vous commander un jour de combat ; soyez toujours zélés et disciplinés, vous mériterez les sympathies de mon successeur, comme vous avez acquis les miennes, et vous ferez honneur à la France. »

« OFFICIERS DE L'ESCADRE,

« J'achève ma carrière que j'ai vouée activement au service de mon pays ; mes efforts, unis à ceux de plusieurs officiers mes contemporains, ont eu pour but constant les progrès de notre marine ; j'ose croire qu'ils n'ont pas été stériles et qu'ils auront servi à préparer des succès que je vous souhaite du fond du cœur. Puisse cette carrière qui commence à peine pour la plupart d'entre vous, être heureuse et glorieuse ! mais quelle que soit votre fortune, n'oubliez pas que le sentiment du devoir accompli est la plus douce des récompenses. »

« *Le vice-amiral commandant en chef,*

« BARON DE LA SUSSE. »

IV. Le lendemain, l'amiral Hamelin reçut officiellement le commandement en chef, et son prédécesseur quittait le vaisseau *la Ville de Paris*, pour se rendre à bord du *Pluton*, qui devait le ramener en France.

Au moment où il mettait le pied sur ce bâtiment, son pavillon, en signe d'honneur, est amené à bord de *la Ville de Paris* et salué par quinze coups de canon; les hommes des équipages garnissent les vergues et les hautbans des bâtiments de l'escadre; il en est de même sur les navires anglais, et le vaisseau de l'amiral Dundas, *le Britannia*, salue de quinze coups de canons qui lui sont rendus coup pour coup.

L'amiral Hamelin (1) reçoit des deux escadres les

---

(1)   L'AMIRAL HAMELIN.

L'amiral Hamelin, commandant en chef la flotte française dans la mer Noire, a payé par de longs et éminents services le poste élevé auquel l'appelait la confiance de l'Empereur.

C'est au moment où il tient dans ses mains les destinées de l'armée, qu'il n'est pas sans intérêt de rapporter le passé de celui sur lequel tous les yeux sont fixés.

La vie militaire du marin ne ressemble en rien à celle du soldat. Elle n'a point ce mouvement, cette agitation, cet élan des champs de bataille, cette existence joyeuse, animée du bivouac; c'est la vigilance austère qui ne se repose ni jour ni nuit, c'est le commandement sévère, inflexible. Luttes perpétuelles avec les éléments, dangereuses et lentes excursions dans les mers lointaines, dévouements obscurs, courage de toutes les heures, abnégation de tous les instants : telle est la carrière du marin.

Aussi, pour retracer la vie militaire d'un de ces hommes qui ont pris la mer pour patrie, il faudrait avec lui naviguer au milieu des tempêtes, et montrer ce que peuvent l'invincible courage de la volonté, l'accomplissement froid et raisonné du devoir.

L'amiral Hamelin eut deux bonheurs en commençant sa carrière : le premier, d'avoir, pour protecteur et pour guide, son oncle l'amiral Hamelin, rude et vigoureux soldat de mer, qui, de bonne heure,

mêmes honneurs, lorsqu'il monte à bord de *la Ville de Paris.*

A neuf heures et demie, *le Pluton* avait appareillé.

Quelques heures après avoir arboré son pavillon, l'amiral Hamelin adressait aux équipages l'ordre du jour suivant :

« MARINS DE L'ESCADRE,

« L'Empereur m'appelle à vous commander ; au mograva dans le cœur de son élève la route à suivre ; — le second, fut d'avoir posé, pour la première fois, le pied sur un bâtiment au bruit de la guerre, au retentissement du canon, et d'avoir assisté, enfant encore, à l'un de ces puissants drames qui laissent d'ineffaçables souvenirs.

Embarqué pour la première fois en 1806, à l'âge de dix ans, sur la frégate *la Vénus*, que son oncle commandait, il fit, en 1810, son apprentissage militaire à cette belle bataille du *Grand-Port*, si glorieusement inscrite dans les fastes militaires de la marine, et où l'amiral Duperré défendit contre les Anglais l'île de la Réunion.

La frégate *la Vénus* y joua un rôle terrible et superbe : engagée seule contre deux frégates et deux corvettes anglaises, elle soutint une lutte acharnée. Chancelante, brisée, foudroyée, elle ne cesse de faire feu de toutes ses batteries ; enfin, lorsqu'éventrée par les boulets, agonisante, elle n'est plus qu'un débris informe qui va s'engloutir, le commandant Hamelin sauve son équipage et laisse à l'ennemi un cadavre, que celui-ci est forcé d'abandonner à la mer : baptême de superbe bataille que l'oncle donnait au neveu. — C'est sous les auspices de cette lutte mémorable que le jeune Ferdinand-Alphonse Hamelin débuta dans la carrière maritime.

Enseigne de vaisseau en 1812 ; lieutenant en 1813, il fut attaché comme adjudant au vice-amiral Hamelin, qui partit sur la flotte de l'Escaut en 1814, et il prit part à ces derniers combats de notre marine.

En 1823, il fit partie de la croisière envoyée devant Cadix, et destinée à seconder les opérations de l'armée de terre.

En 1827, il déploya une grande énergie, une infatigable activité contre les pirates algériens, qui infestaient la Méditerranée, et rendit au commerce de Marseille un service signalé. La ville lui vota des remercîments.

Il s'embarqua, comme capitaine de frégate, sur *la Favorite* pour une

ment où nous pouvons avoir à soutenir l'honneur du pavillon, j'en suis heureux et fier ; vous conserverez

expédition dans les mers du Sud. Là, il eut à lutter contre les tempêtes ; il vit son équipage décimé par la fièvre jaune, fut lui-même atteint par l'épidémie, et montra, au milieu de tous ces dangers, de toutes ces calamités, de toutes ces luttes, un calme inébranlable, un froid et impassible courage, qualités les plus essentielles dans la vie du marin.

On sait ce qui détermina l'expédition d'Alger. Après de justes réclamations repoussées avec arrogance, le pavillon parlementaire avait été traîtreusement mitraillé dans la rade par des batteries africaines.

Le capitaine Hamelin, craignant de ne point faire partie de l'expédition, écrivit au chef même qui la commandait une lettre qui se terminait ainsi :

« Voilà plusieurs mois que je suis à terre ; je trouve que c'est beaucoup pour un officier qui n'a pas encore trente-trois ans.

« Je vous demande donc le commandement d'un bâtiment faisant partie de l'expédition, une bombarde même. Je sais que ce n'est pas un commandement de mon grade ; mais peu m'importe, pourvu que j'aille au feu »

La réponse à cette lettre fut le commandement de la corvette *l'Actéon ;* et le nom du capitaine de corvette Hamelin fut cité dans plusieurs rapports.

Élevé au grade de capitaine de vaisseau en 1836, il exerça différents commandements jusqu'en 1842 ; il obtint alors le grade de vice-amiral. En 1844, il était à la tête de la station française envoyée dans l'Océanie. A son retour, il fut nommé membre du conseil de perfectionnement de l'École polytechnique, inspecteur général à Toulon et à Rochefort ; en 1849, membre du conseil de l'amirauté, on le retrouve préfet maritime de Toulon.

Au mois de juillet 1853, le vice-amiral Hamelin est appelé au commandement en chef de l'escadre française dans la Méditerranée, alors à Besika.

L'amiral Hamelin va attacher son nom à une des opérations maritimes les plus hardies qui aient jamais été tentées. Ses ordres d'embarquement et de débarquement, modèles de clarté, de prévoyance de toute sorte, seront exécutés comme ils ont été conçus ; et sous son commandement, la marine impériale jettera en quelques heures toute une armée sur le sol de la Russie. C'est une belle page, qui s'est accomplie avec l'aide de Dieu, et dont l'amiral Hamelin a le droit d'être fier.

cet excellent esprit qui vous anime, et vous serez sous mon commandement, ce que vous avez été sous l'habile direction du marin si distingué que la marine et l'escadre s'affligent de perdre aujourd'hui.

« *Le vice-amiral commandant en chef,*
« Hamelin. »

V. — Pendant les longs mois qui tinrent au mouillage les escadres impatientes de rester ainsi inactives, les équipages de nos vaisseaux se montraient chaque jour de plus en plus familiarisés avec les manœuvres de voiles et les exercices d'artillerie et de mousqueterie. Ces équipages étaient composés en général des deux tiers de marins du littoral levés pour le service, et d'un tiers de jeunes conscrits de l'intérieur de la France, excellente fusion qui date de 1830.

L'expédition d'Alger si heureusement couronnée de succès, — l'entrée du Tage forcée pour la première fois par des vaisseaux de ligne, — la citadelle de Saint-Jean-d'Ulloa, que l'on considérait comme imprenable, réduite par une division de frégates françaises; — Tanger et Mogador bombardés ou pris par une faible division de vaisseaux de ligne et de vapeurs, tels sont les heureux résultats produits par cette fusion.

Une notable partie des officiers de tous grades appelés à composer l'escadre de Besika avait pris part à ce glorieux passé qui si près de nous encore, allait servir d'exemple et de précédent aux nouvelles sympathies que la marine française devait bientôt conquérir dans le cœur du pays (1).

(1) Le 22 juillet 1853, à Besika, elles étaient ainsi composées :

ESCADRE FRANÇAISE.

Ville de Paris, 112 canons; vice-amiral Hamelin, commandant en chef; comte Bouët-Willaumez, chef d'état major ; commandant Pénaud.
Valmy, 116 canons; contre-amiral Jacquinot; commandant Serval.
Friedland, 120 canons, commandant Chaigneau.
Henri IV, 92 canons, commandant Jehenne.
Napoléon, 92 canons, 960 chevaux, commandant Dupouy.
Charlemagne, 80 canons, 450 chevaux, commandant de Chabannes.
Bayard, 84 canons, commandant Fabre.
Jupiter, 80 canons, commandant Lugeol.
Gomer, frégate à vapeur de 450 chevaux, vice-amiral Desfossés, commandant du Bouzet.
Magador, frégate à vapeur de 650 chevaux, commandant Nauton.
Sané, frégate à vapeur de 450 chevaux, commandant de Vauhello.
Magellan, frégate à vapeur de 450 chevaux, commandant Magré.
Caton, corvette à hélice de 200 chevaux, commandant Pothuau.
Chaptal, corvette à hélice de 220 chevaux, commandant Pouthier.
Héron, aviso à vapeur de 200 chevaux, commandant Le Besgue.
Narval, aviso à vapeur de 160 chevaux, capitaine Lefèvre.

ESCADRE ANGLAISE.

Britannia, 120 canon, vice-amiral Dundas, capitaine Carter.
Trafalgar, 120 canons, capitaine Greville.
Albion, 90 canons, capitaine Lushington.
Rodney, 90 canons, capitaine Graham, C. B.
Vengeance, 84 canons, capitaine lord E. Russell.
Bellerophon, 78 canons, capitaine lord G. Paulet.
Sans-Pareil, 70 canons, 400 chevaux, capitaine Dacres.
Arethusa, frégate de 50 canons, capitaine Symmons.
Retribution, frégate à vapeur de 400 chevaux, capitaine Drummond.
Furious, frégate à vapeur de 400 chevaux, capitaine Loring.
Tiger, frégate à vapeur de 400 chevaux, capitaine Giffard.
Sampson, frégate à vapeur de 467 chevaux, capitaine Jones, L. T.
Fury, frégate à vapeur de 515 chevaux, capitaine Tatham.
Firebrand, frégate à vapeur de 410 chevaux, capitaine Parker.
Niger, frégate à vapeur de 400 chevaux, commander Heath.

VI. — Le Pruth vient d'être franchi; les principautés danubiennes sont envahies; chaque jour de nouveaux vapeurs arrivent d'Europe, d'autres descendent des Dardanelles; mais ceux qui vont vers Constantinople, comme ceux qui retournent vers la France, passent sans laisser d'ordre, et s'éloignent dans les horizons brumeux.

Le 11 septembre, *l'Ajaccio* arrive de Constantinople, portant aux amiraux les dépêches des ambassadeurs des deux nations. — La fête du Beïram pouvait être une occasion de désordre; au milieu des graves circonstances où l'on se trouve, peut-être sera-t-elle le prétexte d'un mouvement des fanatiques contre les chrétiens.

La vue de quelques vaisseaux dans le Bosphore suffira, sans nul doute, pour prévenir toute agitation et protéger les nationaux, mais elle paraît indispensable aux ambassadeurs pour en imposer à la population fanatisée de Constantinople.

Les deux amiraux expédient aussitôt de concert quatre frégates à vapeur.

Le 12, à quatre heures du matin, les bâtiments désignés lèvent l'ancre.

Les fêtes du Beïram, qui inspiraient tant d'inquiétudes, se passèrent fort paisiblement. — Le vapeur anglais *le Fury* en apporta la nouvelle.

C'était l'époque où s'agitaient les questions les plus importantes de la diplomatie. — Aussi l'on doit comprendre avec quelle impatience les paquebots de Constantinople et de France étaient attendus. — D'un instant à l'autre, l'ordre de passer les détroits pouvait arriver aux escadres.

Déjà, dans cette prévision, l'amiral Hamelin a réuni, à bord de *la Ville de Paris,* tous les commandants de l'escadre française pour les engager à compléter leurs dispositions de départ et à se tenir prêts à tout événement.

Cette nouvelle fut reçue avec acclamation ; elle donnait enfin aux flottes l'espoir de sortir de cette longue inaction qui les tenait depuis plusieurs mois enchaînées. — De plus, la mauvaise saison approchait, et la nécessité pour elles de prendre un meilleur mouillage devenait urgente.

Enfin le 17 octobre, *le Chaptal* arrive de Constantinople, porteur de plis importants. — Les ambassadeurs font savoir aux amiraux que les escadres vont être appelées à remonter les Dardanelles ; une avant-garde de quatre vaisseaux alliés et de plusieurs vapeurs prendra position dans le Bosphore.

Aussitôt que les amiraux Hamelin et Dundas sont instruits de cette décision des ambassadeurs (don ils doivent, on le sait, suivre les instructions), ils se réunissent en conseil pour convenir des mouillages que, le cas échéant, chacun d'eux prendra. Dans cette conférence, il est décidé que l'escadre française aura les mouillages de Nagara et de Lampsaki, au nord du vieux château d'Asie, et l'escadre anglaise les ancrages situés au sud de cette pointe.

Déjà les capitaines commandants ont été appelés à l'ordre par l'amiral et ont reçu du chef d'état major de la flotte les instructions relatives aux dispositions à prendre ; car des vents opposés et la violence des courants peuvent entraver la marche au jour fixé. — Les groupes de remorques sont formés, l'escadre est prête à partir (1).

L'ordre de départ est transmis aux flottes.

Le 22 septembre, avant le lever du jour, elles commencent leurs mouvements d'appareillage.

Le vent est contraire; on prend les remorques ; mais il faut lutter contre les courants et les groupes n'avancent qu'avec lenteur.

VII. — Suivons le vaisseau-amiral franchissant les Dardanelles; il n'est pas sans intérêt de voir avec lui se dérouler sous nos yeux les lignes de défense qui commandent ce dangereux détroit.

Le jour commmençait à poindre quand les vaisseaux d'avant-garde approchèrent le cap Helles-Bournou et le château d'Europe, qui sont à l'extrémité de la Chersonèse de Thrace, à l'entrée des Dardanelles. Des

---

(1) *La Ville-de-Paris*, *le Napoléon*, *le Bayard*, *l'Iéna*, formant la 1re division, doivent mouiller à Lampsaki, sous les ordres directs de l'amiral commandant en chef.

La 2e, composée du *Valmy*, du *Charlemagne* et du *Mogador*, mouillera à Nagara, sous le commandement du contre-amiral Jacquinot.

La 3e, formée du *Jupiter*, du *Henri IV*, du *Sané*, du *Magellan*, du *Gomer* et du *Chaptal*, mouillera à Beïcos, dans le Bosphore, sous les ordres du contre-amiral de Tinan.

fortifications vieilles et assez mal entendues constituent la défense de ce premier château, appelé par les Turcs Seddul-Bahr; il se compose d'une redoute assise sur la croupe d'une colline, et reliée à une batterie de feux rasants par des murailles dentelées de créneaux et flanquées de tours. Dans le nord-est, des maisons aux toits de briques, du milieu desquelles s'élève le minaret d'une mosquée, donnent une teinte mauresque à ces fortifications, appartenant pour la plupart à un autre âge.

De l'autre côté du détroit, on voit Koum-Kaleh, c'est-à-dire le premier château d'Asie; son aspect ne justifie guère cette pompeuse dénomination. Il est construit sur un terrain plat, à 200 mètres du Mondère ou ancien Simoïs, que les chants d'Homère ont tant illustré. Du côté de la mer on aperçoit vingt-quatre embrasures en forme d'ogives, percées dans le mur même du château, au niveau du sol.

Le vent fraîchit à chaque instant davantage. Cependant les vaisseaux *la Ville de Paris*, remorquée par *le Napoléon*, et *l'Iéna* par *le Mogador* pénètrent dans le détroit, laissant derrière eux les autres bâtiments avec lesquels ils faisaient route jusqu'alors.

Déjà ils ont atteint la partie la plus resserrée du canal de l'Hellespont, de ce canal si plein des souvenirs guerriers de l'antiquité, et des sanglantes batailles des Athéniens et des Lacédémoniens.

Nos vaisseaux approchent des grandes Dardanelles, où l'Europe et l'Asie s'avancent l'une vers l'autre comme pour se donner la main. C'est avec une curiosité pleine d'intérêt que les marins suivent du regard le resplendissant panorama qui se développe sous leurs yeux, rappelant à leur souvenir les antiques traditions de glorieux combats et de grands désastres.

Sur la côte d'Europe, le château de Killis-Bahr (clef de la mer) : — sur la côte d'Asie, le château de Sultanieh-Kalessi, près duquel est couchée la petite ville des Dardanelles. Au-dessus de quelques maisons flottent les pavillons des divers consuls.

Le château de Sultanieh-Kalessi, entouré du côté de la mer par une batterie polygonale à embrasures, paraît être sans défense aucune du côté de la terre : il représente un carré ; ses hautes murailles, flanquées de huit tours, ont l'aspect des fortifications du moyen âge. Parmi ses défenses, ce château compte des obusiers monstres, connus sous le nom de *basiliques*, et destinés à lancer sur les vaisseaux ennemis des sphères de marbre du poids de 277 kilogrammes. OEuvre des siècles passés, elles sont plus curieuses que redoutables; la lenteur et l'incertitude de leur tir, le grand nombre d'hommes nécessaires pour les servir, leur ont enlevé aux yeux des Européens, leur ancien et grand prestige ; mais ce prestige, elles l'ont conservé tout entier parmi les Turcs.

En face, c'est le château de Killis-Bahr, sentinelle de la pointe la plus avancée d'Europe, assemblage étrange de fortifications mauresques et modernes. — Ce qui frappe d'abord les yeux, c'est une tour gigantesque qui s'élève du rivage au-dessus d'une colline ; cette tour, entourée d'un mur d'enceinte et d'un large fossé, est de l'aspect le plus pittoresque. A ses pieds, on voit aussi, comme des gardiens de bronze, les gueules béantes de colossales basiliques. Près de cette forteresse, dont les épaisses murailles sont impénétrables aux boulets, se dresse une batterie rasante, forte de 50 canons; trente croisent leurs feux avec ceux du château de Sultanieh-Kalessi.

VIII. — Lorsque le vaisseau-amiral passe devant ces deux châteaux forts, il envoie un salut qui lui est rendu coup pour coup par les batteries de terre, et pendant quelques instants, une fumée épaisse enveloppe à la fois les vaisseaux, les forts et les horizons.

Les fortifications du canal des Dardanelles ne se bornent plus aux châteaux forts et aux batteries qui les entourent; de nouvelles défenses ont été élevées sur tout le parcours de cette dangereuse sinuosité de côte, batteries d'autant plus redoutables, qu'elles peuvent enfiler les bâtiments engagés dans cette partie du canal.

Le vent est toujours très-violent, mais les vaisseaux *la Ville de Paris* et *l'Iéna*, grâce à leurs puissants remorqueurs, *le Napoléon* et *le Mogador*, luttent contre la mer qui grossit, et continuent leur route. — Bientôt ils aperçoivent la pointe de Nagara, au sud de laquelle est un très-bon mouillage pour trois ou quatre vaisseaux de ligne; c'est ce mouillage que doivent rallier *le Valmy*, *le Charlemagne* et une frégate à vapeur.

Sur la pointe de Nagara s'élève une forteresse flanquée de deux redoutes qui la protégent; sur la côte d'Asie deux batteries s'aperçoivent. Mais le courant devient à chaque instant plus difficile; et c'est à grand'-peine que les vaisseaux le refoulent. Enfin ils doublent Nagara : des deux batteries il n'en reste plus qu'une à franchir, celle de Bovali-Kalessi, situé sur la côte d'Europe; c'est la dernière des fortifications qui hérissent le passage resserré des Dardanelles qui réunit un total de 250 bouches à feu.

Nos bâtiments qui viennent de franchir le détroit, laissent derrière eux l'antique Abydos. — Devant les regards, c'est la mer de Marmara. Déjà le courant est devenu moins violent; on gouverne pour gagner Lampsaki, mouillage extrême sur la côte d'Asie, comme l'est Gallipoli sur la côte d'Europe. Sept à huit vaisseaux peuvent facilement s'abriter à Lampsaki.

C'est là que le vaisseau amiral *la Ville de Paris*, *le Napoléon*, *l'Iéna* et *le Bayard* jettent définitivement l'ancre.

La nuit est venue, les autres bâtiments n'ont pu vaincre la force du vent et du courant; une partie a dû s'arrêter au-dessous de la ville des Dardanelles; l'autre a mouillé, dès l'entrée du détroit.

IX. — Pendant une semaine, les vents violents tinrent les vaisseaux alliés dans leurs postes de relâche, entre Besika et la tête des Dardanelles, qu'ils ne purent franchir que le 29, en prenant, chacun, deux remorqueurs.

Ces difficultés inséparables de toute navigation, ces

obstacles, ces retards laissaient déjà entrevoir combien d'efforts surhumains il faudrait employer pour le transport des troupes, des munitions de guerre, des vivres et de l'artillerie, de tout cet ensemble, enfin, que nécessite une administration militaire prévoyante et bien entendue. — Dès lors, on put comprendre quelle lutte incessante il faudrait soutenir avec les éléments et les hasards imprévus de la mer, lutte terrible, aventureuse ! Mais la volonté d'agir, quand elle est au cœur d'une nation puissante et sous la direction d'une main ferme et résolue, grandit avec les obstacles.

Les bâtiments anglais et français, accouplés à leurs remorqueurs, sont entrés dans la mer de Marmara et se groupent successivement, près du Bosphore, à leurs mouillages respectifs.

X. — Le 31 octobre, les amiraux Hamelin et Dundas se rendent à Constantinople, sur les frégates à vapeur *Mogador* et *Furious*, afin de s'entendre avec les ambassadeurs sur la position que doivent occuper les escadres. Déjà l'avant-garde tient, dans le haut du Bosphore, le mouillage de Beïcos. — Par un ordre daté du 31 octobre, l'amiral laisse, jusqu'à son retour, le commandement des bâtiments stationnés à Lampsaki, à son chef d'état-major, le capitaine de vaisseau, Bouët-Willaumez.

Le 4 novembre, les premières nouvelles des hostilités commencées entre les Russes et les Turcs sur le Danube, parviennent aux escadres.

C'est le premier cri de la guerre, le premier sang versé, le prologue du grand drame qui doit se jouer plus tard sur les côtes de la mer Noire, et réveiller les échos endormis de l'ancienne Chersonèse, si souvent visitée déjà par le ravage et la destruction (1).

Du moment que les Russes avaient mis le pied dans les principautés danubiennes, il fallait prévoir l'envahissement progressif de leur armée, et lui opposer une digue devant Constantinople.

Aussi, le 7 novembre, les amiraux reçoivent de nouvelles dépêches des ambassadeurs ; la présence des flottes alliées dans le Bosphore doit être à la fois une menace pour l'ennemi, et une sauvegarde pour l'empire ottoman. Cette présence parlera plus haut que toutes les stériles conférences de la diplomatie aux abois.

XI. L'ordre de remonter devant Constantinople est donné aux escadres qui appareillent aussitôt. La frégate à vapeur *le Mogador*, notre plus puissant remorqueur, attend nos vaisseaux sous la pointe de San-Stéphano, pour leur faire remonter successivement le Bosphore jusqu'à Beïcos.

Le 10 novembre, le vaisseau-amiral, *la Ville de Paris*, pénètre dans la mer de Marmara, sous la remorque du *Gomer* et du *Chaptal*; un fort coup de vent, accompagné de pluie et de grêle, le contraint à relâcher à Liman-Pacha. Pendant toute la nuit la bourrasque continue avec

(1) Dans la première partie de l'*Expédition de Crimée* se trouvent les détails historiques sur la Crimée, pages 172 et suivantes.

une violence excessive, et le jour, en se levant, montre les montagnes de Marmara couvertes d'un manteau de neige.

Le **13** novembre seulement, l'amiral français entre enfin dans le Bosphore.

Le temps, qui pendant toute la matinée a été sombre et couvert, s'éclaircit tout à coup et laisse le soleil répandre ses rayons resplendissants sur le magique spectacle qu'offre aux yeux étonnés l'entrée du Bosphore et le versant méridional de Constantinople. Ce sont d'innombrables mosquées et des minarets, dont les uns bleus, les autres dorés, semblent une forêt de mâts s'élevant du sein d'une mer tranquille. — De tous côtés des maisons, de formes différentes, montent en amphithéâtre au milieu des arbres. A droite, c'est Scutari, l'ancienne Chrysopolis, ceinte jusqu'à la mer d'une forêt de cyprès et surmontée de collines boisées.

La Ville de Paris double la pointe du *vieux sérail*, qui est la véritable entrée du Bosphore. Un phare s'élève sur l'une des tours de l'enceinte démantelée de Constantinople. — De tous côtés, apparaît un assemblage étrange de jardins, d'édifices incohérents, de vieux murs, de cours solitaires et de kiosques encore habités. — Le vieux sérail était à la fois un palais, une forteresse et une prison.

Aussitôt que *la Ville de Paris*, se trouve à l'ouvert de la Corne d'or, le vaisseau-amiral salue de vingt et un coups de canons le pavillon ottoman.

Cette voix de la France guerrière et protectrice dut

retentir jusqu'au cœur du Sultan, et lui dire, une fois de plus, que dans la grande famille européenne, les droits méconnus, la faiblesse injustement menacée, trouvent toujours des défenseurs.

CHAPITRE II.

XII. — Le même jour, *la Ville de Paris* jetait l'ancre à Beïcos. Neuf vaisseaux français et sept anglais ; les premiers au nord et les seconds au sud de l'aiguade, sont réunis dans ce mouillage.

Ce n'est plus la baie de Salamine, solitaire, silencieuse, oubliée ; ce n'est plus cette côte d'Asie, sauvage, attristée, et dont la vie semble s'être éloignée ; c'est un paysage à la fois riant et majestueux qui se déploie dans toute sa splendeur ; et pourtant le froid automne a jeté sur l'éclatante verdure, dorée par le soleil d'Orient, des teintes sombres et jaunâtres.

A l'est, la côte d'Asie ; à l'ouest, la côte d'Europe. C'est un mélange d'arbres touffus, de maisons et de minarets ; le mont Géant, le plus haut des monts qui s'élèvent sur les deux rives du Bosphore, et dont les flancs sont couverts d'une épaisse végétation ; Constantinople, qui développe, comme de longues ailes blanches, la ligne de ses faubourgs, puis le petit port de Therapia, le gracieux village de Bouyouk-Déré, le platane qui rappelle à la pensée le souvenir de Godefroy de Bouillon, et çà et là, comme un troupeau épars, des villas semées sur les deux rives. — Tel est le panorama qui se déroulait aux regards avides des escadres si longtemps confinées loin de ce beau pays.

Le 14 novembre, vers onze heures, le capitan-pacha arrive à bord de *la Ville de Paris,* rendre, ainsi qu'il l'avait annoncé, visite à l'amiral. — On aperçoit sur les eaux tranquilles du Bosphore glisser sa longue caïque rouge et dorée, nagée par une vingtaine de rameurs. Deux soldats armés sont à l'arrière de la chambre, comme pour veiller sur le chef suprême de la marine et des flottes turques. — Le capitan-pacha est suivi des officiers généraux et supérieurs de la flotte ottomane; tous sont vêtus comme lui d'un uniforme européen : le fez rouge est, avec le sabre recourbé, tout ce qui leur reste du magnifique costume des anciens Osmanlis. »

XIII. — De la position qu'elles ont prises, à six milles seulement de la mer Noire, les flottes couvrent désormais Constantinople contre toutes les chances d'une invasion de la marine russe.

N'était-ce pas aux approches de l'hiver, le seul danger sérieux qui menaçât l'empire ottoman? Car en outre du corps d'armée du généralissime turc Omer-Pacha, sur lequel il eût fallu passer avant d'arriver à la capitale de l'empire, les boues et les neiges des Balkans présentaient du côté de terre des digues infranchissables, et nulle armée ne pouvait oser s'y aventurer.

Du côté de la mer Noire, au contraire, était tout le

danger, et un vent du nord amenait en deux jours la flotte de Sébastopol à travers le Bosphore.

« Sans s'inquiéter du feu des batteries turques, qu'elle n'aurait eu à essuyer que pendant quelques minutes d'un rapide défilé, écrivait à cette époque un officier supérieur de notre escadre, cette flotte, sous la protection de ses canons, ne pouvait-elle pas débarquer 30 ou 40,000 hommes sur un point favorable de la côte d'Europe ; puis cette armée, appuyée sur ses vaisseaux, prenait position sur les hauteurs sans défense qui dominent Constantinople, pendant que la marine russe balayant le Bosphore, serait venue forcer l'entrée de la Corne d'or, et couvrir le vieux Stamboul de ses obus.

« Mais les flottes alliées, abritées dans un excellent mouillage dont les courants doivent détourner les brûlots ennemis, se trouvaient désormais prêtes non-seulement à recevoir les vaisseaux russes au passage, mais à se jeter immédiatement sur eux, à l'aide de leurs vapeurs, en quelque point du Bosphore qu'ils tentassent un débarquement. »

XIV. — M. de Lacour est rappelé en France, et le 19 novembre, le général Baraguay-d'Hilliers, le nouvel ambassadeur, remet ses lettres de créance au Sultan, en audience solennelle ; il présente à S. M. Impériale l'amiral Hamelin commandant en chef, les amiraux Jacquinot et de Tinan, et le comte Bouët-Willaumez, chef d'état-major de l'escadre.

Cette audience empruntait un caractère particulier de

grandeur aux questions brûlantes qui s'agitaient et aux graves événements, dont les premiers mots avaient été dits dans la journée d'Olténitza. La figure pâle et impassible du Sultan eut un rayon soudain qui l'illumina, comme s'il eût voulu laisser son visage prendre un reflet des secrètes pensées de son âme. — Sa voix, quand il répondit au nouvel ambassadeur, était ferme et nette; ses yeux brillaient d'un éclat résolu et inaccoutumé.

« Une paix honorable pour la Turquie, dit le Sultan, ne peut consister que dans l'évacuation des principautés, partie intégrante de mon empire, et dans l'abandon de toutes les injustes prétentions de la Russie. »

Cette réponse digne et ferme fut traduite aussitôt au général Baraguay-d'Hilliers par le grand vizir Réchid-Pacha.

Ce fut bientôt, parmi les grands dignitaires de l'empire, à qui rendrait hommage aux chefs des flottes alliées, et le 22 novembre les amiraux de l'escadre turco-égyptienne, ayant à leur tête le capitan-Pacha, offraient une fête splendide aux amiraux et aux capitaines des deux escadres. — Tout avait été préparé sur le beau vaisseau turc *le Mahmoudié*, pour déployer dans son plus grand éclat l'étrange et éblouissant prestige des féeries orientales. A un magnifique dîner, servi avec un luxe merveilleux, succéda une fête à laquelle vint s'ajouter la splendeur d'une de ces belles nuits d'Orient que rêvent et chantent les poëtes.

Sur ce magnifique bâtiment éclairé de mille feux et immobile au milieu des eaux bleues du Bosphore, ce furent des chants harmonieux qui se perdaient lentement à l'horizon, et des illuminations soudaines, fantastiques, qui éclairaient sur la rive la population accourue pour jouir, elle aussi, de cette fête d'union et de confraternité. — Qui eût dit que c'était la guerre avec ses bruits sinistres, ses combats et ses sanglantes péripéties qui réunissait ainsi les hôtes de deux nations ?

Aussi, nous éprouvons une secrète et douce satisfaction à nous arrêter sur ces tableaux plus riants qui précèdent de si peu les pages agitées et tumultueuses que nous allons tracer.

XV. — L'empereur Nicolas appelle aux armes ses fidèles sujets.

Voici ce document :

« Par notre manifeste du 14 juin de la présente année, nous avons fait connaître à nos fidèles et bien-aimés sujets les motifs qui nous ont mis dans l'obligation de réclamer de la Porte ottomane des garanties inviolables en faveur des droits sacrés de l'église orthodoxe.

« Nous leur avions annoncé également que tous nos efforts pour ramener la Porte par des moyens de persuasion amicale à des sentiments d'équité et à l'observation des traités étaient restés infructueux, et que nous avions, par conséquent, jugé indispensable de faire avancer nos troupes dans les principautés du Danube. Mais en adoptant cette mesure, nous conservions encore l'espoir que la Porte reconnaîtrait ses torts et se déciderait à faire droit à nos justes réclamations.

« Notre attente a été déçue.

« En vain même les principales puissances de l'Europe ont cherché par leurs exhortations à ébranler l'aveugle obstination du gouvernement ottoman ; c'est par une déclaration de guerre, et une déclaration remplie d'accusations mensongères contre la Russie qu'il a répondu aux efforts pacifiques de l'Europe, ainsi qu'à notre longanimité. Enfin, enrôlant dans les rangs de son armée les révolutionnaires de tous les pays, la Porte vient de commencer les hostilités sur le Danube ; la Russie est provoquée au combat ; il ne lui reste donc plus, se reposant en Dieu avec confiance, qu'à recourir à la force des armes pour contraindre le gouvernement ottoman à respecter les traités, et pour en obtenir la réparation des offenses par lesquelles il a répondu à nos demandes les plus modérées et à notre sollicitude légitime pour la foi orthodoxe, en Orient, que professe également le peuple russe.

« Nous sommes pleinement convaincu que nos fidèles sujets se joindront aux ferventes prières que nous adressons au Très-Haut, afin que sa main daigne bénir nos armes dans la sainte et juste cause qui a trouvé dans tous les temps d'ardents défenseurs parmi nos pieux ancêtres.

« En toi, Seigneur, nous espérons ; récompense-nous dans l'éternité.

« Donné à Frankau, le 20ᵉ jour du mois d'octobre de grâce 1853, et de notre règne le 28ᵉ.

« NICOLAS. »

Tel est ce document. — S'il n'était point exact dans son ensemble sur la vérité des faits, il était d'une habileté extrême pour les sujets russes auxquels il s'adressait, et bien propre à enflammer le fanatisme et le patriotisme de ces populations.

XVI. — Déjà la mer Noire n'est plus un terrain neutre ; le souffle de la guerre y a pénétré. Un navire de commerce ottoman a été capturé par une division navale russe, qui croise sur les côtes de la Turquie d'Asie.

Il était évident pour les chefs des flottes alliées qu'ils pouvaient être appelés subitement à agir, et l'amiral Hamelin profite de quelques belles journées qui succèdent par intervalles à des pluies torrentielles, pour exercer ses équipages aux opérations de débarquement.

Déjà divers ordres du chef d'état-major règlent ces différents exercices, ainsi que ceux des canots armés en guerre ; on organise des batteries qui suivront les 4000 hommes de troupes, contingent que peuvent fournir les deux escadres pour une descente à terre. — C'est dans la belle vallée des Eaux-Douces que les marins s'exercent aux manœuvres. — Le même soin, la même activité règnent à bord des vaisseaux, où les détails minutieux du service intérieur font place aux études de guerre, et chacun des officiers, pénétré des devoirs que lui imposent des éventualités désormais imminentes, applique à ces exercices quotidiens tous ses efforts et toute son intelligence.

Pendant que les équipages s'habituent ainsi aux travaux de tous genres, les flottes apprennent le désastre de Sinope, qui jeta dans tous les cœurs une si profonde et si cruelle émotion.

C'est le 3 novembre qu'un vaisseau turc, échappé à la destruction, apporte cette triste nouvelle.

Les amiraux Hamelin et Dundas se rendent aussitôt à terre, pour conférer sur ce grave événement avec leurs ambassadeurs respectifs, et apportent le soir ordre au *Mogador*, commandant de Wailly et à *la Retribution*, commandant Drummond, de se tenir prêts à partir le lendemain pour Sinope.

Certes, devant cette ruine de l'escadre ottomane, dont les vaisseaux restaient engloutis sous les flots avec leurs défenseurs, chacun eût voulu se lancer à la poursuite des bâtiments russes pour leur faire payer cher cet affreux désastre et ce facile triomphe; mais la diplomatie n'a pas encore retiré ses entraves; il faut attendre des instructions positives à cet égard.

Le 4 décembre, les vapeurs désignés partent à huit heures du matin avec quatre chirurgiens pour porter des secours aux blessés : ils sont chargés, en outre, de recueillir des données plus exactes sur ce fatal événement. — Si les forces russes s'opposent à leur entrée sur rade, les deux commandants, qui ont des instructions identiques, ont ordre de déposer une protestation entre les mains des autorités ennemies.

Le 9, ces deux frégates étaient de retour à Beïcos, ramenant près de 200 blessés que les chirurgiens de l'escadre avaient trouvés gisant pêle-mêle dans les maisons grecques qui bordent la plage, au milieu des décombres fumantes encore, et des traces lugubres de la plus affreuse destruction. — Les commandants de Wailly et Drummond rapportaient tous les détails sur cette fatale journée : ils les tenaient de la bouche même du consul d'Autriche à Sinope.

XVII. — Trois mille ottomans avaient péri ; la ville turque était incendiée, et les derniers lambeaux de ses maisons et de ses édifices tombaient en ruines ; les habitants s'étaient tous réfugiés dans les montagnes voisines, la flotte était anéantie. Huit bâtiments avaient disparu sous les flots, incendiés par leurs propres équipages, ou coulés bas et broyés par les boulets russes.

L'escadrille turque, composée de 7 frégates, 3 corvettes et 2 vapeurs, était depuis plusieurs semaines mouillée dans le port de Sinope. — Déjà les dangers de cette position aventurée et complétement *en l'air* avaient frappé les amiraux alliés, qui crurent devoir en faire l'objet de représentations sérieuses aux amiraux turcs, représentations malheureusement restées sans effet. — En effet, des croiseurs venus de Sébastopol, ayant soigneusement reconnu cette flottille le 27 novembre, les amiraux russes résolurent de la détruire.

Aussi, le 30 novembre, vers midi, une escadre composée de 6 vaisseaux, dont 3 à trois ponts, de 2 frégates et 2 vapeurs, vint ouvertement jeter l'ancre à petite portée de l'escadre ottomane, qui, à la première apparition des vaisseaux ennemis, le 27, n'avait pas songé à profiter des nuits noires et longues du mois de novembre, pour gagner le large et quitter ce dangereux port.

L'intention hostile des bâtiments russes était évidente, et la flottille turque dut comprendre qu'elle était cernée; cependant ceux-ci purent prendre toutes leurs dispositions de combat, sans que les navires turcs songeassent à arrêter leurs mouvements, et même à se placer d'une manière apparente sur la défensive. — Les chefs de l'escadre ottomane, en agissant ainsi, voulaient-ils démontrer clairement que sur la côte d'Anatolie, ils se croyaient protégés contre toute attaque, par les négociations pendantes encore, en ce moment même, entre la Russie et les puissances occidentales. — La sécurité imprudente du capitan-pacha en était une preuve.

Lorsque les Russes furent en mesure de foudroyer les frégates turques, ils armèrent une embarcation qui se dirigea sur la frégate-amirale.

C'est alors que celle-ci commença le feu.

L'issue de la lutte n'était pas douteuse; et, sous les volées formidables de six vaisseaux russes, cette œuvre de destruction de quelques frégates mouillées en groupe, ne pouvait manquer d'être bientôt accomplie.

Les Turcs ne combattirent pas pour vaincre; un tel espoir n'entra pas un seul instant dans leur pensée; ils combattirent pour succomber avec honneur et donner à l'Europe attentive un nouveau gage de leur patriotisme.

A quatre heures du soir, le feu avait cessé. Il avait duré deux heures quarante minutes.

XVIII. — Que s'était-il passé pendant ces deux heures et demie de combat?

Huit frégates étaient échouées à la côte ou coulées. — Parmi ces bâtiments, *le Mizamié*, de 60 canons, commandé par Kadri-Bey, et qui avait à son bord Hussein-Pacha, ne pouvant plus se défendre, résolut de se faire sauter, plutôt que d'amener son pavillon.

Ali-Bey, qui commandait *le Navick* (52 canons), donna ordre de mettre le feu aux poudres de sa frégate, voulant s'ensevelir glorieusement avec elle sous les flots.

On vit alors sur les ponts de ces bâtiments, déjà broyés par les boulets ennemis, se grouper les équipages mutilés. Une immense acclamation, comme un dernier adieu à la patrie, retentit au milieu des foudres tonnantes de la guerre; puis, à ces acclamations succédèrent deux détonnations effroyables: les deux frégates s'entr'ouvrirent, lançant dans les airs, au milieu de la fumée du combat, leurs débris enflammés, et disparurent.

La nuit était venue; — l'incendie de plusieurs quartiers de la ville que la flamme dévorait, éclairait seul de ses lueurs lugubres ce tableau de destruction. — Au milieu du désastre, un seul vapeur turc était parvenu à s'échapper et à traverser, sans être atteint, la ligne des bâtiments ennemis. — C'était celui-là qui avait apporté la fatale nouvelle à Constantinople.

On estime que les équipages de l'escadrille turque composaient un effectif de 4 500 hommes.

XIX. — « Pour la France et l'Angleterre, dit une dépêche de l'amiral au ministre de la marine, restait un devoir d'humanité à remplir envers les blessés de la flotte turque, et c'était un des objets de la mission du *Mogador* et de *la Retribution*. — Les huit chirurgiens détachés de l'escadre se rendirent dans les maisons grecques, où ces malheureux gisaient pêle-mêle ; leurs plaies, encore saignantes au milieu de l'atmosphère putride qui s'en exhalait, exigeaient des secours prompts et même des amputations immédiates. 87 de ces blessés furent dirigés à bord du *Mogador*, autant à bord de *la Retribution*, qui appareillaient toutes deux le même jour. Moins de quarante-huit heures après, ces malheureux arrivaient à Constantinople, où ils bénissaient, en quittant les frégates, les soins qui les arrachaient à une mort presque certaine. Il n'en est resté à Sinope qu'une douzaine dans un état désespéré, et aux mains de deux médecins turcs, munis par les nôtres de tous les objets de pansements nécessaires. — C'est donc à peine 200 blessés qui ont survécu ; tout le reste a sauté avec les navires.

« Si, à l'arrivée du *Mogador*, ajoute l'amiral, l'escadre russe s'était encore trouvée à Sinope, il avait été convenu entre les deux ambassadeurs, l'amiral Dundas et moi, que les escadres française et anglaise s'y rendraient pour l'en faire partir de gré ou de force. Toutes nos dispositions de navigation et de combat étaient prises en conséquence. »

En effet, cette résolution avait été le résultat d'une conférence tenue, à bord du *Britannia,* le 7 décembre, entre les ambassadeurs et les amiraux commandant en chef.

XX. — Mais la flotte russe avait aussi éprouvé des avaries, et, lorsque la nuit fut venue, elle s'éloigna hors de portée de l'unique batterie qui protégeât cette rade. Dès le lendemain matin, l'amiral Nachinoff prit le large, laissant aux mains du consul d'Autriche la lettre qui suit :

« Monsieur le Consul,

« Permettez que je m'adresse à vous comme au seul représentant européen dont je vois flotter le pavillon, pour que vous fassiez savoir aux autorités de la malheureuse ville de Sinope, le seul et unique but de la venue des vaisseaux de la flotte impériale sur sa rade.

« Ayant appris que les bâtiments turcs qui allaient continuellement sur les côtes d'Abasie, pour révolter les peuplades soumises à la Russie, s'étaient réfugiés sur la rade de Sinope, j'ai été réduit à la déplorable nécessité de les combattre, au risque de causer du dommage à la ville et au port.

« Je sympathise au triste sort de la ville et des habitants inoffensifs, car ce n'est que l'opiniâtre défense des ennemis, et surtout le feu des batteries qui nous ont obligés d'employer les bombes, comme seul moyen de les faire taire plus promptement ; mais le plus grand dommage causé à la ville est certainement provenu des débris enflammés des bâtiments turcs incendiés pour la plupart par leurs propres équipages.

« Dès que le feu de l'ennemi me l'a permis, j'ai envoyé une embarcation, avec un officier parlementaire, pour expliquer aux autorités de la ville mes vraies intentions ; mais l'officier est resté une heure sans trouver personne.

« Pendant toute la journée d'hier, personne n'a paru, excepté quelques Grecs, se disant députés par leurs compatriotes habitants de cette ville, et qui me suppliaient de les prendre sur la flotte.

« Mes instructions n'étaient que d'agir contre les vaisseaux de guerre turcs : j'ai adressé ces malheureux aux consuls européens.

« Maintenant je quitte ce port, et je compte sur vos offices pour faire savoir que l'escadre impériale n'a eu aucune intention hostile contre la ville, ni même contre le port de Sinope.

« Rade de Sinope, 20 novembre (2 décembre) 1853.

« *Le vice-amiral de la flotte impériale russe,*

« NACHINOFF. »

Le départ précipité de l'escadre russe rendait inutile une démonstration immédiate de ce côté. Les amiraux devaient dès lors forcément attendre les nouveaux ordres de leurs gouvernements respectifs; car il ne faut pas oublier que l'entrée des flottes alliées dans la mer Noire, était alors considérée par la diplomatie comme un véritable *casus belli* à l'égard de la Russie, et fermait toute issue aux voix conciliatrices.

XXI. — Cependant les cabinets de France et d'Angleterre s'étaient sérieusement émus de l'affaire de Sinope, plus pour ce qu'elle présageait dans l'avenir, que pour la réalité du fait lui-même, et M. Drouyn de L'Huys, ministre des affaires étrangères écrivait :

« Nous croyons qu'il est devenu indispensable de mesurer nous-mêmes l'étendue de la compensation à laquelle nous donnent droit, et notre titre de puissance intéressée à l'existence de la Turquie, et les positions militaires déjà prises par l'armée russe. Il nous faut un gage qui nous assure le rétablissement de la paix en Orient, à des conditions qui ne changent pas la distribution des forces respectives des grands États d'Europe.

« Le gouvernement de S. M. I. et le gouvernement de S. M. Britannique ont en conséquence décidé que leurs escadres entreraient dans la mer Noire et combineraient leurs mouvements de façon à empêcher le territoire ou le pavillon ottoman d'être en butte à une nouvelle attaque de la part des forces navales de la Russie. »

Aussi, le 25 décembre, à 9 heures et demie du soir, arrive une lettre de l'ambassadeur, qui transmet à l'amiral une dépêche télégraphique venue de Paris, relative à l'entrée des flottes dans la mer Noire.

Les escadres alliées vont être dirigées sur les côtes d'Anatolie, et les chefs de la flotte se préparent aux éventualités d'une campagne d'hiver dans une mer inconnue, dont le surnom lugubre annonçait les tempêtes, et pour laquelle les Russes, depuis longues années, s'efforçaient de continuer les traditions sinistres laissées par les anciens navigateurs.

La pluie et la neige qui tombent par intervalles au milieu des rafales violentes venues du nord-est, les coups de vent qui se succèdent, les nuages qui s'amoncèlent à l'horizon, le baromètre qui est au plus bas, tous ces fâcheux avant-coureurs des orages et des tourmentes, ne permettent pas d'entrer immédiatement dans la mer Noire.

L'impatience dévore les cœurs, tous les regards interrogent le ciel. Les officiers de quart étudient avec anxiété les variations de la température ; mais la neige continue presque sans interruption et semble emporter avec elle l'espoir du départ.

XXII. — Enfin, le 3 janvier 1854, le vent est devenu assez favorable.

Dans la matinée, les escadres reçoivent l'ordre d'appareiller.

A 8 heures 30 minutes du matin, le vaisseau *le Henri IV*

remorqué par *le Gomer*, fait flotter le premier les couleurs nationales sur ces eaux tant redoutées. — A 10 heures et demie, le gros de la flotte est en mouvement, mais la brise favorable, qui régnait encore incertaine, saute subitement au nord dans un grain de pluie; le temps s'assombrit tout à coup, et des nuages épais et menaçants courent lourdement dans le ciel. Il faut attendre encore : le ciel et la mer semblent tous deux se liguer contre nous. Les amiraux rappellent en toute hâte les vaisseaux d'avant-garde, qui, déjà au nombre de quatre, louvoyaient en mer Noire, et les escadres prennent position à Bouyouk-Liman, à deux milles environ en dedans des phares de l'entrée du Bosphore.

Le lendemain, lorsque le jour se leva, le sombre tableau que l'Euxin présentait la veille avait entièrement disparu. A travers le voile transparent d'une brume légère, un soleil bienfaisant et protecteur répand sur la flotte quelques chauds rayons et se joue à travers les cordages qu'il dore d'un reflet éclatant. L'on entend déjà résonner dans les airs, comme un signal de départ, le bruit aigu des sifflets et le grincement des cabestans. Les voiles déployées s'élèvent en pyramides et se gonflent majestueusement sous le souffle du vent, tandis que la fumée des vapeurs monte vers le ciel et forme autour des bâtiments des nuages aux formes bizarres et changeantes. Les fronts de nos marins, soucieux hier et si préoccupés, se sont rassérénés. — Hier, les pensées ne voyaient que tempêtes, ouragans, glaces et naufrages ; aujourd'hui chacun subit l'influence bienfaisante de l'activité générale et d'un ciel propice.

A 10 heures du matin, les deux flottes sillonnaient les eaux de la mer Noire.

XXIII. — Les amiraux avaient formé leurs vaisseaux sur deux colonnes. Avant le départ, l'ordre de navigation avait été convenu entre eux.

L'escadre anglaise naviguait à la droite de l'escadre française, les vapeurs des deux nations se tenant sur les flancs de leurs colonnes respectives, par le travers des vaisseaux qu'ils devaient remorquer au besoin (1). Les vaisseaux à vapeur avaient été placés en serre-file pour pouvoir, au besoin, se détacher des flottes et

(1) ORDRE DE NAVIGATION DE LA FLOTTE COMBINÉE.

FRANÇAIS.		ANGLAIS.	
Vapeurs.	Vaisseaux.	Vapeurs.	Vaisseaux.
	Ville de Paris.		Britannia.
Gomer.		Furious.	
	Jupiter.		Albion.
	Bayard.	Tiger.	
Mogador.			Vengeance.
	Henri IV.		London.
Magellan.			Rodney.
	Valmy.	Niger.	
	Iéna.		Bellerophon.
Sané.			Sans-Pareil.
	Friedland.	Sampson.	
Descartes.			Queen.
	Charlemagne.		Trafalgar.
		Inflexible.	
			Agamemnon.
		Firebrand.	
			Leander.

combattre, en utilisant toute la rapidité de leur marche et de leurs mouvements.

Un passage de la dépêche du ministre des affaires étrangères, citée plus haut, disait aussi : « Que le vice-amiral Hamelin, pour la France, et le vice-amiral Dundas, pour l'Angleterre, communiqueront à qui de droit l'objet de leur mission, et, ajoutait le ministre, nous nous plaisons à espérer que cette démarche loyale préviendra les conflits que nous ne verrions éclater qu'avec le plus vif regret. »

Aussi, le jour même où les flottes entraient dans la mer Noire, la frégate à vapeur anglaise *Retribution*, commandant Drummond, partait pour Sébastopol, emmenant à son bord le lieutenant de vaisseau français Bonie.

Tous deux étaient chargés de remettre aux autorités russes une lettre rédigée par les ambassadeurs des deux nations et signée par les deux amiraux.

Voici cette lettre en son entier :

« Monsieur l'Amiral, Monsieur le Gouverneur,

« D'après l'ordre de nos gouvernements, l'escadre française est sur le point de paraître dans la mer Noire, de concert avec celle de l'Angleterre.

« L'objet de ce mouvement étant de protéger le territoire et le pavillon ottomans contre tout acte d'hostilité, nous en avertissons Votre Excellence, dans le but de prévenir toute collision pouvant nuire aux relations entre nos gouvernements et le sien, relations que nous désirons conserver, et qu'elle tient aussi sans doute à maintenir.

« Je serais heureux d'apprendre que Votre Excellence, animée des mêmes intentions pacifiques, a bien voulu donner aux commandants des forces russes dans la mer Noire, des instructions destinées à prévenir tout événement qui pourrait compromettre la paix existante.

« Vaisseau *la Ville de Paris*, Bosphore, le 4 janvier 1854.

« Hamelin, Dundas. »

XXIV. — Au moment où la frégate anglaise s'éloignait dans la direction de Sébastopol, les amiraux télégraphiaient à leurs escadres :

« Tout navire turc sera protégé par nous dans la mer Noire contre toute agression et en toute circonstance. »

CHAPITRE III.

XXV. — Les flottes ont enfin cessé leur rôle d'attente passive. Au mois d'avril, elles étaient dans la baie de Salamine. — Au mois de juin, elles mouillaient à Besika. — Au mois de novembre, elles remontaient le Bosphore et jetaient l'ancre à Beïcos. — Dans les premiers jours de janvier 1854, les pavillons de la France et de l'Angleterre flottaient dans la mer Noire.

Nous avons suivi dans tous ses détails cette marche progressive des deux escadres, qui suivaient la marche progressive des événements. L'année qui va s'ouvrir sera fertile en événements, et notre marine y est appelée à jouer un grand rôle ; puis, le jour venu, elle s'effacera, et sa mission deviendra toute de dévouement et d'abnégation ; elle assistera au triomphe qu'elle a si activement et si glorieusement préparé, en déployant chaque jour des efforts surhumains et en portant à travers les mers, malgré les vents contraires et les orages, malgré les menaces de la tempête et les flots agités, les vivres qui doivent nourrir cette armée de combattants jetée comme un vol d'aigle sur la terre étrangère, et le fer qui doit trouer les bastions ennemis. La marine, à bon droit, peut, dans cette mémorable expédition de Crimée, réclamer sa part de dangers affrontés, de services éclatants rendus à la patrie : elle a accompli l'impossible.

Dans ce récit que nous avons entrepris d'écrire, les mêmes événements nous ramèneront souvent sur un terrain que nous avons déjà parcourus ; mais, comme nous l'avons dit en commençant, ces deux études se compléteront l'une par l'autre et se prêteront un mutuel appui.

Jusqu'au jour mémorable où les flottes combinées débarqueront en une seule et même journée près de 60 000 hommes, le rôle de la marine française (dont nous nous occupons exclusivement) doit se fractionner en deux parts distinctes. L'une consistera à apporter successivement des troupes et un matériel de siége à Gallipoli, à Constantinople, à Varna ; — l'autre à naviguer avec une activité incessante sur cette mer inconnue, à la baliser, pour ainsi dire, en son entier par des croisières permanentes, à pousser sur toute la côte des explorations audacieuses qui sonderont la profondeur des eaux, les dangers des atterrissements, étudieront toutes les plages, reconnaîtront tous les points fortifiés et promèneront le pavillon national comme une menace et un défi, à l'ouvert des ports ennemis.

XXVI. — Un point important était d'établir un concert de tous les instants dans la marche et dans les manœuvres entre les deux flottes qui pouvaient, à un moment donné, se trouver en face de l'ennemi; aussi les deux amiraux en chef avaient-ils adopté pour leurs communications personnelles un système de signaux de jour. Quelques signaux de nuit et de brume indispensables, ainsi que des signaux secrets de reconnaissance entre navires anglais et français, complétaient la mise en relations des chefs et des capitaines.

On devait supposer que l'escadre russe, renfermée dans les abris fortifiés du port de Sébastopol, essayerait de nous attaquer, et le chef d'état major général de la flotte française avait été chargé par l'amiral Hamelin de rédiger, avant le départ de Beïcos, une convention de navigation et un *mémorandum* de combat pour les cas éventuels. Ce mémorandum habilement combiné résumait les manœuvres à faire dans les cas généraux de rencontre avec l'ennemi, en laissant toutefois aux capitaines des vaisseaux une certaine indépendance; — mûrement examiné en conseil, il reçut, avec de légères modifications, l'approbation des amiraux (1).

(1) Nous croyons que ce document maritime ne sera pas lu sans intérêt, et nous le reproduisons textuellement :

ORDRE DE NAVIGATION DES DEUX ESCADRES.

Les deux escadres marcheraient le plus généralement sur deux colonnes, l'escadre anglaise à la droite de l'escadre française. Les navires à vapeur français se tiendraient à bonne distance, à la gauche de cette dernière; les navires à vapeur anglais à bonne distance, à la droite de leur escadre. Ainsi placés, les navires à vapeur offrent ce double avantage qu'ils peuvent répéter les signaux des deux lignes, et être prêts à exécuter immédiatement les ordres de leurs amiraux; leur éloignement du travers des colonnes doit, d'ailleurs, être tel que, tout en suivant le mouvement de ces colonnes, ils ne puissent en rien les gêner, ce qui sera d'autant plus facile qu'ils marcheront toujours à la vapeur.

Dans le cas où les circonstances feraient adopter pour ordre de marche l'ordre sur une seule ligne, l'amiral français étant toujours à la tête de son escadre, se trouvera au centre de cette ligne, si l'escadre anglaise en prend la tête sous la direction de son propre amiral. Les bâtiments à vapeur continueraient alors à se tenir toujours par le travers de leur escadre, et, autant que possible, au vent.

ORDRE DE COMBAT.

L'ordre de bataille adopté pourrait être également, suivant les circonstances, l'ordre sur une ou deux colonnes.

Voici quelques propositions faites pour prévoir les cas principaux où une rencontre aurait lieu avec des forces ennemies et assurer alors l'action commune des deux escadres :

1° L'escadre ennemie est signalée sous le vent et en ligne de bataille. La flotte combinée est rangée au vent sur une seule ligne.

Au signal de laisser porter tous à la fois, chacun des vaisseaux de la flotte combinée gouverne en dépendant, de manière à se mettre par le travers d'un vaisseau ennemi; ou si l'on veut couper cette ligne, le vaisseau de tête gouverne de manière à atteindre l'ennemi à 3 vaisseaux en avant du centre, et toute la flotte combinée arrivant ainsi sur une partie de la ligne ennemie, emploiera contre elle une supériorité numérique de forces, soit que ces vaisseaux prennent position par le travers de la ligne ennemie, soit encore qu'ils la coupent et la prennent entre deux feux.

2° L'escadre ennemie est signalée au vent et en ligne de bataille. La

Cinq frégates turques rallièrent les flottes dans la nuit qui suivit leur entrée dans la mer Noire ; ce convoi devait, sous leur protection, ravitailler Trébizonde et Batoum.

XXVII. — Le 6 janvier, dans la matinée, la presqu'île montagneuse de Sinope est signalée. — Sa vue ravive les souvenirs du désastre si récent et du drame lugubre qui avait ensanglanté ces eaux, témoins muets du combat et

---

flotte combinée est rangée sous le vent sur une seule ligne, et s'est élevée au vent, de manière à gouverner à contre-bord, sur le centre de la ligne ennemie.

Elle peut ainsi, soit couper la ligne, soit encore défiler sur son extrémité, et mettre son arrière-garde hors du combat. Mais, en règle générale, on ne commencera le combat sous le vent, qu'à contre-bord.

3° L'escadre ennemie est signalée sous le vent et en ligne de bataille. La flotte combinée est rangée au vent sur deux colonnes.

Au signal de laisser porter, chacun des amiraux chefs de la colonne gouverne pour couper la ligne ennemie, mettre le centre et l'arrière-garde entre deux feux, avec d'autant plus de chances de réussite que le vent leur est favorable.

4° L'escadre ennemie est signalée au vent et en ligne de bataille. La flotte combinée est rangée sous le vent, sur deux colonnes, gouvernant à contre-bord.

Si l'on veut attaquer dans cet ordre, il faudra s'élever au vent, de manière à ce que la colonne la plus au vent gouverne à couper trois vaisseaux en avant du centre de la première ligne ennemie, et la colonne sous le vent, sur le centre de l'arrière-garde. L'action des deux colonnes se concentrerait alors avec des forces supérieures sur une partie seulement de l'escadre ennemie : mais, dans la position de : *sous le vent*, l'attaque sur deux colonnes est fort épineuse.

Quant aux bâtiments à vapeur, leur rôle est de se tenir à l'abri des vaisseaux, de manière à pouvoir leur donner la remorque au besoin, amariner les prises, porter les ordres des amiraux et prendre une position favorable.

Beïkos, le 5 décembre 1853.

P. O. le chef d'état-major de l'escadre française,
Cte BOUET-WILLAUMEZ.

de la mort. — Dans la journée les deux escadres y prennent leur mouillage à petite distance.

« A ce moment, écrit un officier de la flotte, plus d'un mois après l'événement, la rade de Sinope offrait encore l'aspect le plus lamentable. — Sur la mer, des restes de mâture indiquent l'endroit où les navires coulés se sont abîmés sous les flots; non loin du rivage on aperçoit une corvette échouée et chavirée du côté de terre; plus loin, le squelette d'un vapeur consumé par l'incendie. La plage est couverte, comme d'une ceinture, de débris et d'ustensiles de toute sorte projetés par les bâtiments sautés en l'air : on aperçoit même des cadavres mal enterrés, dont les membres sortent de terre, privés de sépulture. Tableau sinistre! — Dans la ville turque, les maisons sont devenues des monceaux informes de briques et de pierres : sur toutes les pentes qui regardent la mer, de larges sillons sont creusés par les ricochets des nombreux projectiles russes, dont la ville et le village sont semés. »

Ce triste tableau navra tous les cœurs; les traces de la mort étaient partout. — L'inspection des lieux démontra l'importance d'empêcher cette presqu'île de tomber aux mains des Russes qui, au moyen de quelques travaux, pourraient facilement s'en servir pour couper les communications de Constantinople à Erzeroum et menacer les derrières de l'armée turque d'Arménie.

XXVIII. — Le surlendemain de l'arrivée des flottes au mouillage de Sinope, une escadrille, sous les ordres du contre-amiral anglais Lyons et du contre-amiral français de Tinan, appareilla pour escorter le convoi turc jusqu'à Trébizonde et Batoum, et explorer en même temps sur sa route les côtes de Crimée.

Cette escadrille est composée de trois vaisseaux à vapeur et de cinq frégates. — Deux partent en avant-garde et doivent visiter Samsoun.

Dans la nuit du 7 au 8 janvier, la frégate *la Retribution* était de retour de sa mission devant Sébastopol.

Profitant de la brume qui dérobait son approche, le capitaine Drummond vint audacieusement jeter l'ancre entre les premiers forts de l'entrée. Il est facile de comprendre l'étonnement des autorités russes en apercevant, lorsque la brume fut dissipée, une belle frégate à vapeur anglaise mouillée sous leurs batteries; le signal d'alarme de trois coups de canon se répéta, et en un moment toutes les batteries du port furent prêtes à ouvrir le feu. Mais le capitaine Drummond était sous la protection des dépêches dont il était porteur, et, malgré l'attitude hostile des forts, il se maintint avec fermeté au mouillage qu'il avait choisi, jusqu'à ce que le reçu de ses dépêches lui fut parvenu. — Alors, il échangea les saluts d'usage avec la place et le contre-amiral russe, puis, levant l'ancre, il s'éloigna du port de Sébastopol.

Mais, pendant les quelques heures qui s'étaient écoulées, cet officier distingué avait pu apprécier l'ensemble des redoutables défenses qui hérissaient ce port, et dont les feux étaient si habilement combinés que, dans sa pensée, l'escadre qui tenterait d'en forcer l'entrée s'exposerait, sans résultat possible, à une destruction certaine.

Aux documents du capitaine anglais de *la Retribution*, venait se joindre le rapport du lieutenant de vaisseau français Bonie qui avait, on le sait, accompagné dans sa mission le capitaine Drummond.

XXIX. — Ce rapport fort détaillé (1), et auquel la

---

(1) Nous croyons curieux et intéressant de donner en son entier ce rapport sur Sébastopol.

RAPPORT SUR SÉBASTOPOL.

Sébastopol est défendu par 11 forts, dont 1 en construction, 5 à gauche en entrant et 6 à droite; les uns sont en pierre, offrant 2 ou 3 lignes de batteries casematées et surmontées d'une batterie barbette sans embrasures, et battant, par conséquent, dans tous les sens; d'autres, et ce sont les plus récents, sont des batteries en terre, sans embrasures; enfin les 2 situés sur la hauteur de chaque côté du port, sont des forts invisibles du pont d'un bâtiment, et que l'on découvre à peine du haut d'une mâture; je les compare au fort Napoléon à Toulon.

La ville de Sébastopol, bâtie en amphithéâtre, est entourée d'un mur avec meurtrières à mi-hauteur, plus un fossé : cette construction est toute récente et n'est pas encore complétement achevée; le fond du port est défendu par une ligne de 5 vaisseaux embossés, dont 2 à 3 ponts; outre ces moyens de défense, la nature a rendu l'entrée du port presque impossible en temps de guerre.

Les forts sont marqués A, B, C, D, E, F à droite en entrant, et A', B', C', D', E' à gauche.

A. Batterie barbette en terre, sans embrasures, sur le bord de la mer, à 5 mètres environ de hauteur, présentant une ligne de 51 pièces; 38 battant le large, 13 à l'entrée du port. Les pièces paraissent du calibre de 32, les affûts sont en fer.

B. Fort en pierre offrant trois faces : la plus à l'est est circulaire et se compose de 2 lignes de batteries casematées, surmontées d'une batterie barbette battant le milieu du port; la face du milieu, 2 lignes de batteries casematées, surmontées d'une batterie barbette battant

possibilité d'une descente ultérieure en Crimée donnait un puissant intérêt, était le premier pas de nos explorations dans la mer Noire ; il constatait d'une manière certaine que les défenses de mer de Sébastopol comprenaient onze forts en batteries.

Les premiers, de construction déjà un peu ancienne, étaient en pierre, à deux ou trois étages de feux couverts et casematés, tous surmontés d'une batterie bar-

moitié le large, moitié le port ; la face la plus près de l'entrée, une batterie barbette battant le large, en tout, 64 canons, dont 30 battant le large.

C. Fort en pierre présentant trois faces : la plus est à 3 lignes de batteries casematées ; celle du milieu 2 lignes de batteries casematées, plus une ligne de 9 canons gros calibre au ras de l'eau. La face la plus ouest présente 2 lignes de batteries casematées ; près de l'eau on voit 3 canons de gros calibre ; le dessus de tous les forts est en toiture rouge. Comme l'on n'aperçoit que des embrasures, sans pièces, il est probable que ce fort sert de caserne. On a compté 192 embrasures.

D. Fort en pierre, invisible du pont d'un vapeur, vu de la mâture ; on a pu compter 3 lignes de batteries casematées présentant 80 pièces de canon ; ce fort ne défend que le fond du port, aucune pièce ne peut battre l'entrée.

E. Batterie en terre à barbette, sans embrasures, offrant un front de 50 pièces, la moitié battant le large ; il est un peu sur la hauteur.

F. Fort en terre sur la hauteur, avec fossé ; très-difficile à voir du pont d'un bâtiment. De la mâture on a compté 44 canons gros calibre et 6 mortiers.

Forts à gauche en entrant.

A'. Fort en pierre, présentant 2 lignes de batteries, surmontées d'une batterie barbette, en tout, 104 canons, 40 battant le large. L'épaisseur du mur paraît être au moins de $2^m,50$; à part la batterie barbette entièrement armée, on ne voyait que 5 ou 6 pièces dans les casemates ; les autres sabords étaient fermés en dedans par une porte en fer ; il est donc impossible de savoir s'il est complétement armé. Il en est de même pour les autres forts en pierre.

B'. Fort en pierre présentant, comme le fort A', 2 lignes de batteries

bette ; — les autres, de date plus récente, étaient de nouvelles batteries barbettes en terre.

Ce rapport se terminait ainsi :

« En supposant même qu'il n'y ait pas de canons dans les batteries casematées, les batteries barbettes suffiraient pour faire de Sébastopol un point impossible à prendre par mer....

« Malgré tous ces obstacles, la prise de Sébastopol est

casematées et une batterie barbette, en tout 90 canons : ce fort ne peut battre le large, il ne se découvre bien, qu'étant par le travers du fort A'; alors 66 pièces battent à la fois.

C'. Fort en construction très-bien placé pour battre l'entrée; il est en terre avec un fossé à l'entour; il présente 2 lignes de batteries barbettes, 24 canons.

D'. Fort en terre, un peu sur la hauteur; on a compté 17 canons battant le large; il ne se voit qu'en dehors des passes, il doit avoir une face battant l'intérieur du port.

E'. Fort presque invisible; à l'aspect du terrain il doit ressembler au fort F. C'est la clef de la position; sans lui, et le port et la ville seraient trop faciles à prendre.

Si un vaisseau forçait l'entrée, les batteries risqueraient de faire feu l'une sur l'autre. Dans tous les cas, le vaisseau n'irait pas loin.

Il y a donc pour défendre le port :

235 canons sur la partie nord, et 487 sur la partie sud.

Total...... 722

plus une ligne de 5 vaisseaux présentant au large.................. 240 bouches à feu.

Total...... 962

En supposant même qu'il n'y ait pas de canons dans les batteries casematées, les batteries barbettes suffiraient pour faire de Sébastopol un point impossible à prendre par mer.

Renseignements nautiques.

Quand on part du Bosphore pour aller à Sébastopol, il faut se défier des courants qui portent à l'est, et atterrir un peu dans l'ouest du cap Chersonèse; il faudra d'autant plus se défier de cette pointe qu'elle est

possible, sans un trop grand développement de forces, ainsi, on peut débarquer facilement sur plusieurs points ; à trois ou quatre milles des forts, la plage est accessible aux embarcations, et le terrain, ayant une pente très-douce, n'offre aucune difficulté. »

XXX. — Le 12, de nouveaux ordres arrivent aux

fort basse et environnée de roches. Le phare, qui se trouve placé sur une très-haute tour ronde, est rouge et à éclipses, il est fort beau ; de ce cap, la terre court jusqu'à l'entrée du port, à l'est, environ 8 milles : de distance en distance se trouvent de petites baies, et un débarquement serait très-facile, n'étant gêné par aucun fort. Quand on approche, on laisse à sa gauche une balise peinte en blanc ; à 7 encâblures plus loin, on en voit une à droite peinte en rouge, et une autre à gauche peinte en blanc. On passe entre ces deux balises, la distance est de deux encâblures et demie. Les deux phares qui indiquent les passes sont placés sur les montagnes qui dominent le fond du port ; ils sont très-bas et peints en noir ; le jour ils se voient à peine à 2 milles. Il est plus facile d'entrer de nuit que de jour.

Dans le N. du fort A et derrière le télégraphe, se trouve une baie où un débarquement serait très-facile.

Au large, jusqu'à 3 et 4 milles, on trouve 13, 14 et 15 brasses, fond de vase.

Malgré tous ces obstacles, la prise de Sébastopol est possible, sans un trop grand développement de forces ; ainsi, on peut débarquer facilement dans plusieurs endroits ; à 3 ou 4 milles des forts, la plage est accessible aux embarcations, et le terrain ayant une pente très-douce n'offre aucune difficulté depuis la pointe de Chersonèse. Dans le N. de l'entrée, à environ 1 mille, se trouve une baie sans défense, offrant le grand avantage d'arriver par une pente douce et sans ravins au fort E', qui est, selon moi, clef de la position. Le fort E' domine les forts, la ville, le port, semblable en cela au fort Napoléon de Toulon.

Avec les deux escadres combinées et 25 000 hommes de troupes, Sébastopol ne résisterait pas longtemps ; mais, pour cela, il faudrait agir tout de suite, sans quoi ce ne sont plus 25 000 hommes, mais 50 000 qu'il faudrait pour venir à bout de cette position.

(Rapport de M. Bonie, lieutenant de vaisseau, parti pour Sébastopol, en mission, sur la frégate anglaise *la Retribution*, le 7 janvier 1854.)

amiraux en chef par la voie de Constantinople; ces ordres leur prescrivent de promener les pavillons alliés sur toute l'étendue de la mer Noire, et de faire rentrer dans ses ports tout bâtiment russe que les flottes rencontreraient en mer.

L'attitude ferme et résolue des puissances occidentales répondait ainsi aux graves événements qui se passaient dans les principautés danubiennes.

La mer Noire était franchie. Mais les amiraux avaient compris que les bâtiments à voiles seraient sans cesse contrariés dans leur marche par les vents contraires; et, pour conjurer les chances d'un hiver menaçant, ils avaient aussi proposé à leurs gouvernements un plan de croisières à vapeur (1) qui faisait disparaître en grande partie les difficultés de navigation. Des escadres de vaisseaux vien-

---

(1) PLAN DE CROISIÈRES DES FLOTTES ALLIÉES DANS LA MER NOIRE.

Dans l'état actuel des choses, les intentions des deux gouvernements sont que leurs escadres protègent le pavillon et le territoire ottomans contre toute agression, et que, dans le cas où des bâtiments de guerre russes viendraient à être rencontrés en mer, ces bâtiments fussent invités, et au besoin contraints, à mouiller dans le port de leur littoral le plus voisin du point de rencontre.

Comment ce résultat peut-il être atteint par ces deux escadres, aussi complétement que possible, malgré la saison d'hiver, et dans une mer qui baigne plus de 600 lieues de côtes? c'est ce qui va être recherché.

Ces escadres sont composées de deux éléments de force très-distincts, d'abord de vaisseaux à voiles, qui, en toute saison et en hiver surtout, devenus les jouets des vents et des courants contraires, ne peuvent assigner exactement à l'avance ni le temps qu'ils mettront à se rendre à un point, ni la route qu'ils parcourront pour s'y rendre; ajoutons que ces vaisseaux, groupés dans une mer orageuse, à sautes de vent comme la mer Noire, s'exposent continuellement à s'aborder au sein d'une obscurité profonde, à se faire de sérieuses avaries, et

draient au besoin se joindre aux vapeurs dans l'éventualité d'une rencontre décisive.—Ce plan, mûri par la prudente expérience des savants hommes de mer qui commandaient les escadres, fut aussitôt adopté par le

par suite à neutraliser leurs forces matérielles : ce premier élément de nos escadres se compose de 7 vaisseaux dont 3 à 3 ponts, dans l'escadre française, et de 8, dont 3 à 3 ponts dans l'escadre anglaise.

Les bâtiments à vapeur, qui en constituent le deuxième élément, représentent une force d'artillerie bien moins importante que la première, mais en revanche sont infiniment supérieurs à elle comme force mobilisable et indépendante de l'action des vents et des courants : ces bâtiments à vapeur sont au nombre de 1 vaisseau de ligne et de 7 frégates (dont une attenante) dans l'escadre française, plus une corvette et 1 aviso ; de 2 vaisseaux de ligne et de 12 frégates et corvettes dans l'escadre anglaise.

Cela posé, si l'on veut jeter les yeux sur la carte de la mer Noire, on restera convaincu que la meilleure police à y faire avec ces forces navales, dans l'état actuel des choses, c'est d'abord de choisir sur le littoral ottoman de cette mer, un port central de ravitaillement offrant des ressources en rechanges, vivres, eau et combustible pour abriter et approvisionner les escadres à voiles et à vapeur ; c'est de n'en faire sortir les escadres de vaisseaux à voiles que fort rarement, en hiver surtout, toujours réunies, autant que possible, et pendant les jours de lune, afin d'abréger la durée, et par suite, diminuer le danger des longues et pluvieuses nuits d'hiver. De ce point central de ravitaillement rayonneraient trois divisions de bâtiments à vapeur ; l'une entre le *Bosphore* et le *Danube*, le long des côtes de Roumélie, la deuxième entre le *Bosphore* et Sébastopol, la *Crimée*, allant même pousser des pointes sur le littoral de Circassie, et la troisième entre le *Bosphore* et Batoum, le long des côtes d'Anatolie. Ces trois divisions absorberaient la moitié des bâtiments à vapeur des deux escadres, et seraient remplacées dans ce service par l'autre moitié, lorsque le charbon de l'une serait épuisé, et celui de l'autre remplacé dans le point central de ravitaillement.

Quant aux trois vaisseaux à vapeur, ils seraient plus particulièrement réservés pour se porter, avec les frégates à vapeur, en croisière, là où l'on devrait supposer que la présence de ces frégates pourrait n'être pas suffisante.

On vient de dire que, sauf ces trois vaisseaux, auxquels leur double

gouvernement et reçut l'assentiment complet de l'amirauté anglaise.

Ainsi les pavillons alliés, malgré l'hiver et les chances si redoutées des tempêtes, prenaient réellement pos-

moteur permet de braver toute force ennemie, il importait de faire toujours marcher, réunies, les deux escadres ; c'est qu'en effet, les vaisseaux à voiles dont elles se composent étant au nombre de 15, et l'escadre russe comptant 16 vaisseaux, dont 6 à trois ponts et 6 frégates de 60, il convient, si on veut tout d'abord frapper un coup décisif, de ne pas isoler les forces combinées les unes des autres.

Le service des croiseurs à vapeur une fois organisé, comme il vient d'être dit, il serait, non impossible, mais difficile, que les escadres ne fussent pas prévenues des mouvements de l'ennemi assez à temps pour lui couper la retraite, peut-être même pour le surprendre sur le théâtre où il aurait tenté une opération ; elles le seraient surtout à temps, si elles se trouvaient alors réunies et prêtes à partir, au point central de ravitaillement adopté.

Ici une question se présente : ce point doit-il être le *Bosphore*, doit-il être *Sinope* ?

Il est inutile de parler des ressources qu'offre le *Bosphore*, où tout abonde ; voyons les ressources qu'offre *Sinope* à une armée navale forte de 20 000 hommes montés sur les vaisseaux et les vapeurs dont elle se compose.

La ville a des fontaines dont l'eau suffit à peine aux habitants, et, quant aux ressources en vivres, elles sont si restreintes que, dans notre dernière relâche, l'une des deux escadres seulement, l'escadre française, a pu se procurer quelques repas de viande fraîche en bœuf et vaches maigres. Quant à l'escadre anglaise, qui s'y était prise un peu tard, elle n'a pu avoir que quelques chèvres, et encore le pays était-il affamé après avoir fourni ces troupeaux ; chose peu étonnante, quand on songe que ce pays est dépeuplé, depuis longtemps, dans un rayon considérable, et que la population n'y vit que fort misérablement. Quant aux ressources en charbon, elles y sont nulles ; on le voit donc, tout y est à créer, à organiser, avant que l'on puisse faire de cette rade un point central de ravitaillement pour une armée navale de 18 vaisseaux de ligne et de 20 frégates ou corvettes à vapeur.

Il ne peut y avoir qu'avantage, d'ailleurs, à y créer un dépôt accidentel de combustible dès à présent ; mais bien des mois s'écouleront

session de la mer Noire ; ils allaient la dominer dans toute son étendue, et, du Bosphore à Varna, Sébastopol et Batoum, leurs bâtiments sillonneraient sans relâche les côtes étonnées.

Rien ne retenait plus les flottes alliées au mouillage de Sinope où les vivres frais et même l'eau des aiguades commençaient à manquer. Elles appareillèrent le 17 janvier au matin pour retourner à Beïkos, mais les vents très-variables et les brumes contrarièrent continuellement leur retour.

Le 22 janvier seulement, elles reparaissent dans le Bosphore. En tête marche *la Ville de Paris;* le temps est menaçant, la neige commence à rouler dans l'air des flocons que le vent disperse çà et là.

Certes, on ne pouvait méconnaître qu'un bonheur providentiel avait veillé sur les flottes et les avait accompagnées pendant cette périlleuse croisière d'hiver.

encore, avant que *Sinope* puisse posséder une partie des ressources de toute sorte qu'offre le *Bosphore* à une armée navale.

En définitive, le système de police de la mer Noire qu'on propose peut se résumer comme il suit :

Trois divisions à vapeur employées à rayonner continuellement dans les trois zones les plus importantes à surveiller ; trois autres prêtes à les remplacer quand leur charbon est épuisé ; des sorties rares, et autant que possible, suivies d'un effet immédiat, pour les 15 vaisseaux à hélice ; le Bosphore, comme point central de ravitaillement des escadres ; Sinope comme dépôt accidentel de combustible pour les croiseurs à vapeur : telles sont les bases du système proposé ; mais il faut bien se dire, qu'autant on distraira de ces croiseurs pour escorter des convois, autant on affaiblira les éléments de ce système de surveillance général de la mer Noire.

Le chef d'état-major de l'escadre française.
E. BOUET-WILLAUMEZ.

Beïkos, 26 janvier 1854.

— Chacun y vit le doigt de Dieu, qui contient ou déchaîne la tempête des éléments ; n'était-ce pas un pronostic divin bénissant d'en haut la justice de notre cause, et se révélant à nous comme un gage assuré de succès ?

XXXI. — A cette époque de l'année, où les dangers de la navigation étaient si grands, les graves questions politiques qui s'agitaient mettaient cependant à la disposition des ambassadeurs l'escadre alliée de la mer Noire ; aussi M. Ducos, ministre de la marine, voulut dans une dépêche, en date du 8 février 1854, rappeler à l'amiral Hamelin, commandant en chef de la flotte, la portée, comme l'étendue de ses instructions.

Nettes et précises, elles laissaient l'amiral entièrement responsable et seul juge des raisons maritimes qui auraient pour but d'assurer la sécurité de la flotte, dont l'Empereur lui avait confié le commandement.

« Il ne vous appartient pas, lui disait-il, d'apprécier si telle ou telle direction donnée à votre escadre nous engage trop ouvertement contre la Russie, si elle conduit à la guerre avec cette puissance, si elle aura pour effet de contrarier nos alliances politiques, de nous créer des embarras avec tels ou tels gouvernements de l'Europe. Il ne vous appartient pas davantage de juger si le concours qu'on réclame de vous produira, ou non, l'effet politique qu'on en attend, s'il est la conséquence naturelle ou nécessaire des négociations engagées, s'il aura même pour résultat de servir efficacement les intérêts que l'Empereur veut servir : ce sont là des appréciations essentiellement politiques, que S. M. désire réserver au représentant de sa politique auprès de la Sublime Porte.

« Mais il vous appartient d'apprécier si les moyens dont vous disposez sont à la hauteur de l'effort qu'on réclame de vous; si l'état du temps, de la mer, de la saison, vous permet d'entreprendre l'œuvre pour laquelle vous êtes requis; si la division ou l'éparpillement de vos ressources militaires navales ne compromet pas la sécurité de vos vaisseaux, le sort de vos équipages et l'honneur du drapeau.

« Il vous appartient tout autant de juger si les mouillages qu'on vous désigne réunissent les conditions désirables ou nécessaires; si les ports qu'on vous assigne vous offrent les ressources de ravitaillement ou de vivres, dont vous devez vous préoccuper sans cesse; si, enfin, le point central de votre station, tel qu'il vous est proposé, vous présente toutes les chances de succès que vous devez vous ménager. Ce sont là des appréciations nautiques, maritimes, militaires que j'ai reçu de l'Empereur l'ordre de réserver exclusivement à votre expérience, à votre sagesse, à votre habileté.

« Quoi qu'il arrive, quels que soient les embarras qui puissent naître pour vous de la situation qui vous est faite, je ne saurais trop, amiral, vous recommander de ne pas compromettre vos vaisseaux et vos équipages par déférence pour des ordres ou des invitations qui blesseraient vos convictions maritimes ou militaires. Je vous recommande, peut-être encore plus, de ne vous montrer devant l'ennemi qu'avec des forces concentrées et suffisantes. Ne commettez pas la faute qui a perdu tant de batailles et tant d'empires, et qui consiste à éparpiller ses moyens d'attaque ou de défense. — L'excellent accord qui règne entre vous et l'amiral Dundas vous rend facile tout effort commun. — Quelle que soit l'inégalité des forces, un échec est toujours un malheur; un triomphe est toujours une gloire. Par l'échec on perd la cause que l'on a voulu servir; par le triomphe, on la gagne, et si les statisticiens comparent le nombre ou la puissance des vaisseaux qui ont pris part au combat, soit pour relever le moral du vaincu, soit pour diminuer le prix du vainqueur, il est dans la destinée des nations *de dépendre du résultat;* — ne perdez pas de vue cette grave considération. »

Certes, c'étaient là de nobles et belles paroles dignes du ministre éminent que la marine avait à sa tête et dont on devait, hélas! bientôt déplorer la perte.

CHAPITRE IV.

XXXII. — Nous parcourrons rapidement l'époque qui s'est écoulée jusqu'au bombardement d'Odessa, première étape guerrière de la flotte alliée; toutefois, nous mentionnerons sur notre passage les explorations successives, dont l'active surveillance et les rapports détaillés aplanirent pour les desseins à venir les difficultés de cette navigation dangereuse.

Les vaisseaux à voiles ont repris leur mouillage à Beïkos.

A la suite de nouveaux ordres du gouvernement plus précis, plus positifs, l'amiral Hamelin dut changer les instructions qu'il avait données aux capitaines des bâtiments croiseurs. — Ce document détermine nettement la position que les puissances occidentales, dans les circonstances actuelles voulaient prendre vis-à-vis des forces navales russes. — Il est important; le voici :

« Monsieur le Commandant,

« La marche des événements ayant modifié les instructions que m'avait transmises notre gouvernement, je dois moi-même modifier les vôtres sur plusieurs points, ainsi :

« Tout bâtiment de guerre russe rencontré en mer par les nôtres devra être dorénavant invité et contraint à rentrer à Sébastopol, ou dans le port le plus voisin ; toute agression tentée contre le territoire ou le pavillon ottomans imposerait l'obligation de repousser la force par la force. En outre, la protection donnée au pavillon turc ne permettra plus à nos bâtiments de guerre de considérer comme un fait accompli, et dans lequel il n'y aurait plus à intervenir, la capture d'un bâtiment turc par un navire russe. Si, par suite de l'emploi de la force que pourra nécessiter l'exécution de ces ordres, un bâtiment de guerre amène son pavillon après le combat, il devra être immédiatement conduit dans le Bosphore.

« Naturellement, monsieur le commandant, vous

n'êtes tenu d'exécuter ces ordres que dans la limite des forces navales que vous commandez : mais je n'ai pas besoin de vous faire remarquer, que la situation tendue qui existe entre la France et la Russie vous oblige à prendre les plus grandes précautions, de nuit comme de jour, en cas de rencontre de forces navales russes, et à faire en sorte qu'un seul coup de canon ne puisse partir de votre bord sans votre ordre. Cependant, la guerre n'étant pas déclarée, vous devez, dans ces rencontres, employer toutes les convenances possibles.

« *Le vice-amiral* HAMELIN. »

XXXIII. — Le 28 janvier, une première division de quatre frégates à vapeur alliées, *le Gomer*, *le Sané*, *le Sampson* et *le Firebrand*, conduite par l'amiral de Tinan, allait croiser sur les côtes de Crimée, avec ordre de bloquer la marine de guerre russe dans ses ports.

Le 7 février, une seconde escadre à vapeur formée par les deux escadres partait, sous le commandement de l'amiral Lyons, pour escorter un convoi turc portant des approvisionnements de toute nature à l'armée turque d'Asie. — Ce convoi turc se composait de 9 frégates ou corvettes à vapeur et de 14 transports à voiles. — L'escadre sous les ordres de l'amiral anglais comptait 3 vaisseaux des deux nations, *l'Agamemnon*, *le Charlemagne*, *le Sans-Pareil* et les 5 frégates *Mogador*, *Terrible*, *Descartes*, *Inflexible* et *High-Flyer*.

Deux autres frégates à vapeur alliées *le Magellan* et *le Furious* escortaient à Varna un second convoi de 9 bâtiments turcs, sous le commandement du capitaine de vaisseau Magré.

« Le contre-amiral Barbier de Tinan, disait une dépêche au ministre, a exploré les côtes de Crimée et reconnu la belle baie de Kaffa. — Il n'y a trouvé que quelques navires de commerce et plusieurs petits vapeurs russes. L'amiral, après avoir examiné la position, a pris le large; tout le sol, à l'horizon lointain, était recouvert d'une épaisse couche de neige, et le froid avait atteint 10 degrés au-dessous de zéro. »

Certes, il serait curieux et intéressant de suivre les courses audacieuses de ces bâtiments dans la mer Noire et d'explorer avec eux tout ce littoral, mais nous sommes entraînés vers les événements sérieux que l'avenir tient en réserve. — La position est brûlante; l'épée se lève pour trancher ce nouveau nœud gordien; chaque jour, pour ainsi dire, apporte sa part de graves nouvelles, chaque jour laisse sa trace et jette son mot en passant aux flottes impatientes. — L'Europe entière est en suspens; car ce sont les destinées du monde civilisé qui sont en jeu. — En France, les armements continuent, les soldats s'apprêtent; un signe, un mot, et une armée sortira de terre prête à combattre, noblement appuyée, d'un côté sur son bon droit, de l'autre sur l'alliance anglaise.

XXXIV. — Les pluies ont cessé pour faire place à un froid rigoureux ; à l'horizon toutes les terres sont blanches.

Le 9 février, *le Caradoc* amène de France une mission anglo-française, chargée par les deux gouvernements de la reconnaissance militaire des Dardanelles.

Le général anglais Burgoyne doit étudier la côte d'Asie; — le colonel du génie français, Ardent, visitera la côte d'Europe, notamment les environs de Gallipoli, où l'on voudrait établir une grande place d'armes et une base première d'opérations; — l'enseigne de vaisseau de Varennes, du *Sané*, est adjoint à la mission française pour concourir au levé de plans du détroit.

En prévision d'un débarquement possible des troupes alliées, l'amiral Hamelin envoie la corvette à vapeur *le Caton* (capitaine Pothuau), avec des ingénieurs hydrographes; les instructions du *Caton* sont de faire la reconnaissance maritime des quinze lieues de la côte d'Europe qui s'étendent à l'ouest de Constantinople, sur le littoral européen de la mer de Marmara.

Plus les mois s'écoulent, plus les voies de conciliation épuisées font du maintien de la paix une hypothèse impossible. — Le comte Orloff a échoué à Vienne, et la conséquence immédiate de cet échec est le rappel des ambassadeurs.

C'est le 19 février que la nouvelle en parvient aux amiraux.

Le 20, les vapeurs *Vauban* et *Furious* appareillent pour croiser en mer Noire devant Varna, puis Odessa, si ce dernier point n'est pas entouré de glaces, et, enfin, devant Sébastopol, où ils doivent montrer leurs couleurs réunies.

Dans le même moment, l'escadre à vapeur de l'amiral Lyons est de retour de son exploration fort heureusement accomplie. Cette escadre, après avoir visité Sinope, Trébizonde et Batoum, a défilé le long de la côte russe de Géorgie; elle a trouvé les Turcs maîtres du fort de Tchekétil (Saint-Nicolas); ceux de Poti et de Redout-Kalé sont encore aux mains des Russes.

XXXV. — Bientôt les événements que nous avons à raconter vont entrer dans une phase nouvelle, et se traduire par des faits significatifs. — L'escadre de l'Océan, aux ordres du vice-amiral Bruat, vient de partir subitement pour Toulon, afin d'y embarquer des troupes destinées à une occupation des Dardanelles.

Le discours de l'Empereur, à l'ouverture de la session, donne nettement à la France la position qui lui appartient, celle d'un concours loyal et désintéressé.

L'Empereur a dit :

« L'année dernière, je promettais de faire tous mes efforts pour maintenir la paix et rassurer l'Europe. J'ai tenu parole. Afin d'éviter une lutte, j'ai été aussi loin que me permettait l'honneur. L'Europe sait maintenant, à n'en plus douter, que si la France a tiré l'épée, c'est qu'elle y aura été contrainte. Elle sait que la France n'a aucune idée d'agrandissement et veut uniquement résister à des empiétements dangereux.

« Il a suffi d'une prétention mal fondée à Constantinople pour réveiller l'Europe endormie. Nous avons vu, en effet, en Orient, au milieu d'une paix profonde, un souverain exiger tout à coup de son voisin plus faible des avantages nouveaux, et, parce qu'il ne les obtenait pas, envahir deux de ses provinces. Seul, ce fait devait mettre les armes aux mains de ceux que l'iniquité révolte. Mais nous avions aussi d'autres raisons d'appuyer la Turquie.

« La France a autant, et plus d'intérêt que l'Angleterre, à ce que l'influence de la Russie ne s'étende pas indéfiniment sur Constantinople ; c'est régner sur la Méditerranée ; et personne, je le pense, ne dira que l'Angleterre seule a de grands intérêts dans cette mer qui baigne trois cents lieues de nos côtes. Nous allons à Constantinople pour protéger les droits des chrétiens, défendre la liberté des mers et notre juste influence dans la Méditerranée. »

Ce discours eut un grand retentissement en France et en Europe ; il imprima un nouvel élan aux hommes et aux choses. — Les projets et les plans se succédaient.

XXXVI. — La commission militaire des Dardanelles, disent des documents authentiques que nous avons sous les yeux, songeait à couvrir cette position par une ligne fortifiée de 6000 mètres, coupant l'isthme de Gallipoli au golfe de Saros. — En ôtant aux Russes toute chance d'un coup de main heureux sur les détroits, ce projet assurait la retraite des flottes, en cas d'échec de la Turquie. Il fut aussi question de couvrir Constantinople, même du côté de terre, par un camp retranché de 8 à 9 lieues de longueur, régnant du cap Kara-Bournou en mer Noire, à une baie voisine de San-Stefano sur la mer de Marmara.

Il est assez curieux de relater, en passant, qu'il fut proposé à cette époque d'annuler le port de Sébastopol, en fermant complétement son entrée par une chaîne de vieux bâtiments remplis de pierre ou de blocs de béton, muraille sous-marine infranchissable et qui n'eût pu être déblayée qu'après de grands travaux, bien différente en cela, de celle que les Russes improvisèrent plus tard, en coulant une digue de vaisseaux non chargés (1).

Le 3 mars, *le Vauban* (commandant d'Herbin-

---

(1) En date du 27 février, l'amiral commandant en chef écrivait au ministre de la marine :

« M. le capitaine de vaisseau comte Bouët-Villaumez, mon chef d'état-major, vient de me transmettre un projet de digue sous-marine à improviser dans les passes de Sébastopol, à l'aide de forts bâtiments chargés de pierres. Ce projet, exécuté comme le demande son auteur, pourrait avoir des chances de succès. Je le soumets à votre examen; vous serez frappé sans doute, monsieur le Ministre, de l'immense portée qu'aurait sa réussite en cas de guerre avec la Russie. »

25 *février* 1854, *Beïkos*, *Ville de Paris*.

« Amiral,

« Le capitaine de vaisseau Drummond, commandant la frégate *la Retribution*, envoyé en mission à Sébastopol, et l'un des officiers les plus distingués et les plus osés de l'escadre anglaise, a exprimé que ce port serait le tombeau, non-seulement d'une escadre, mais de plusieurs escadres qu'on voudrait y aventurer pour le détruire de vive force; M. le lieutenant de vaisseau Bonie, aide de camp de l'amiral Jacquinot, et envoyé en mission sur la même frégate, a déclaré également dans

ghen) revient de sa course sur Varna, Odessa et Sébastopol. Un petit incident a signalé cette croisière.

XXXVII. — Le 20 février, cette frégate avait reçu ordre de partir en compagnie du steamer anglais *le Furious*. — Le lendemain, l'ancre du *Vauban* tombait devant Varna.

L'amiral, dans ses instructions au commandant, l'engageait à se tenir bien paré, tout en évitant les occasions extrêmes d'un combat, mais il exprimait cependant le vif désir d'être fixé sur le nombre réel des bâtiments de guerre russes dans le port de Sébastopol.

Dès le soir, les deux bâtiments continuant leur route vers Odessa furent accueillis, avant le lever du jour,

---

son rapport que l'attaque de cet arsenal, par mer, lui paraissait chose impossible à réaliser avec succès.

« J'ai dû, dès lors, rechercher comment l'on pourrait parvenir à paralyser, entre les mains des Russes, et cet arsenal formidable, et les forces navales qu'il renferme.

« Un des moyens qui s'est présenté à mon idée, et qui ne laisse pas que d'être pratique, bien qu'au premier abord il paraisse assez singulier, consisterait à charger de pierres maçonnées, ou, ce qui serait mieux encore, de pouzzolane (1) 15 à 20 vieux bâtiments d'un assez fort tirant d'eau, à les faire sortir ensuite du Bosphore, et à les escorter par un temps favorable jusqu'au cap Chersonèse, dans le sud de la Crimée. Une fois arrivés devant ce cap, ces bâtiments seraient accouplés, chacun, par babord, à un bâtiment à vapeur, et se formant sur une seule ligne, défileraient à petite distance le long de la côte qui sépare Chersonèse de l'entrée de Sébastopol : serrant encore la côte de plus près en approchant de cette entrée, le remorqueur chef de colonne viendrait ranger le banc Z, qui existe nord et sud de la baie de la Quarantaine. Arrivé presque à toucher ce banc, et au nord à lui, ce remorqueur s'arrêterait alors: le bâtiment remorqué laisserait tomber

(1) Terre qui a la faculté de durcir à l'égal de la pierre après un court séjour dans l'eau.

par un coup de vent furieux venu du nord : la neige tombait en abondance, le froid était excessif, et la mer bouleversée. La tourmente dura quarante-huit heures ; elle avait séparé les deux bâtiments. On ne voyait rien ; pas d'horizon, pas de soleil pour observer.

« Vers les 5 heures du matin, écrit le commandant d'Herbinghen dans son rapport à l'amiral Hamelin, le 22, le nord-est s'était fait grande brise, la mer grossissait avec une singulière rapidité, et devenait très-dure ; à 6 heures elle nous dévorait ; nous avions été forcés de descendre, à moins de 3 nœuds, pour garder le travers du *Furious*. — Nous ne gouvernions pas ;

deux ancres par l'arrière et l'avant, le cap au nord-nord-est, et, ouvrant des clapets préparés d'avance, commencerait à couler sur place au moment où son remorqueur l'abandonnerait. Le deuxième bâtiment remorqué, puis tous les autres viendraient, de la même manière, mouiller dans le nord-nord-est du premier, et ouvrant comme lui leurs clapets, disparaîtraient successivement sous les eaux de la passe d'entrée de Sébastopol.

« Il va sans dire que, pour accélérer le résultat des clapets, ou pour y suppléer au besoin, on pourrait avoir à bord de chaque bâtiment remorqué 2 ou 4 bouches à feu qui seraient pointées de haut en bas, afin d'en traverser la muraille intérieurement et au-dessous de la flottaison.

« C'est ainsi que ces 15 ou 20 bâtiments maçonnés pourraient, sans grands dommages pour leurs remorqueurs, improviser une muraille de bois, de fer et de pierres entre les deux bancs qui ferment cette passe extérieure : dès ce moment Sébastopol cesse d'être un port ; ce n'est plus qu'un lac sans issue, où se sont accumulées inutilement, pendant un demi-siècle, les richesses de la Russie et ses ressources militaires et maritimes de toutes sortes.

Je me charge de conduire, comme chef de colonne, le premier bâtiment remorqué qui donnera dans la passe de Sébastopol et qui, jetant l'ancre au point Z, devra servir de jalon à tous les autres.

Le chef d'état-major de la flotte.
C.ᵗᵉ BOUET-WILLAUMEZ.

alors une lame de fond vint ébranler l'arcasse et défoncer mon sabord ; l'eau entrait par tonneaux dans ma galerie. Je donnai l'ordre de signaler la nécessité d'une vitesse plus grande, et je pris le cap babord amures. En ce moment la tourmente commença, nous fûmes enveloppés d'un vrai simoun où la neige remplaçait le sable du désert. Il est impossible, amiral, d'imaginer une plus furieuse et plus insurmontable attaque des éléments. La mer était démontée, creuse, vive; chaque lame nous abordait avec une violence et une puissance que je n'ai jamais vues. Le navire était enveloppé dans un tourbillon de neige si épais qu'on ne distinguait pas l'avant du navire, de la barre où j'étais ; le vent hurlait et condensait sur tous les obstacles qu'il rencontrait des masses de neige qui se durcissait.

« Le navire, roulé dans ces lames, courtes, pressées et heurtantes, craquait dans toutes ses parties. Et cela a duré 34 heures, pendant lesquelles chacune d'elles avait son contingent d'avarie, de destruction. Une plus longue lutte menaçait de devenir impossible. Heureusement que le jeudi, 23, à 3 heures du soir, cette furieuse tourmente commença à se calmer, et bientôt à se transformer en brise maniable. »

Le temps était tellement couvert, que l'on ne pouvait prendre une longitude.

Enfin le 25, vers midi, une éclaircie permit au *Vauban* de rectifier sa direction ; on était à 80 milles, dans l'ouest de Sébastopol; tout le jour on courut sans voir. — Le 26, au matin, la terre est en vue, terre basse, blanche, enveloppée d'un rideau de hautes montagnes; bientôt on reconnaît le cap Chersonèse et la coupure qui indique l'entrée du port de Sébastopol.

XXXVIII. — *Le Vauban* avançait rapidement. Il était dix heures; — on n'était plus qu'à 8 milles environ; de la vigie des hunes, on signale une frégate russe qui, toutes voiles dehors, croise devant l'entrée; puis ensuite deux bricks qui sortent remorqués par des canots, et prennent le même bord que la frégate. — Du côté d'Eupatoria, un troisième brick était aussi en croisière. — *Le Vauban* fait hisser au grand mât le pavillon national, et, mettant le cap sur la frégate, se prépare au combat, sans s'inquiéter du nombre de ses ennemis. Son commandant d'Herbinghen, debout sur sa passerelle, jette à son équipage quelques-unes de ces énergiques paroles qui enthousiasment et électrisent (1) : « Si nous devons succomber,

---

(1) « Non jamais, écrivait le commandant d'Herbinghen, avec cette énergie militaire qui le caractérise, jamais on ne saura imaginer l'enthousiasme qui possédait tous ces braves gens; ils coururent à leur poste de combat en bondissant comme des lions. Pauvres généreux enfants! je venais de leur dire que je les ferais sauter, et ils me comblaient de bénédictions. Jamais je n'oublierai un grand chef de pièces du pont, qui, me tendant le poing, me cria de sa pièce : « Soyez tranquille, commandant; vous aurez une belle mort! » Oublierai-je davantage mon brave second, le capitaine de frégate Jules Houssard, qui, en me serrant la main, me dit l'éclair dans les yeux : « Je serai partout, commandant, et si le moment suprême vient, comptez sur moi, je serai dans la soute aux poudres. » Et que dirai-je de tous mes autres officiers, si joyeux, si passionnément heureux par l'espoir d'un glorieux danger? »

s'écrie-t-il, jamais je n'amènerai, et je ferai sauter en l'air les débris du *Vauban*. »

Mais un quart d'heure s'était à peine écoulé, que l'on vit distinctement la frégate s'engager dans la passe, les bricks entrer dans les créneaux des vaisseaux embossés, puis, se roidir l'estacade formée d'une chaîne appuyée sur des ras et sur des pontons.

En dedans de cette estacade et à 3/4 de mille environ, était la ligne d'embossage des vaisseaux, au nombre de 7 ou 8, avec 2 vaisseaux à 3 ponts. Cette ligne défend à la fois la passe et l'entrée de l'arsenal ; on aperçoit dans le port les mâtures des vaisseaux.

Sans nul doute *le Vauban* avait été pris pour éclaireur d'une forte division de la flotte restée au large. Le commandant d'Herbinghen fit stopper son bâtiment, et après avoir tout vu, tout examiné avec soin, quitta les côtes de la Crimée pour faire route à l'ouest, et retourner à Varna, en cherchant à rallier *le Furious*.

Le lendemain au matin ce vapeur fut signalé près de terre ; les deux bâtiments, après avoir communiqué, continuèrent leur route, — *le Furious* sur Sébastopol, *le Vauban* sur Varna où les vents du nord le retinrent pendant trois jours, sans lui permettre de gagner Beïcos (1).

---

(1) Nous avons sous les yeux un journal très-étendu et très-intéressant des opérations complètes de l'escadre ; ce journal, source authentique et officielle auquel nous emprunterons souvent des passages, nous permet de suivre pas à pas les moindres événements, et de curieux épisodes maritimes oubliés ou inconnus.

XXXIX. — C'est alors que le petit royaume de Grèce commença à montrer quelques symptômes d'hostilité contre la Turquie; quoiqu'il n'osât pas se prononcer ouvertement, les faits qui se produisaient et qu'il semblait couvrir de son égide prirent un caractère assez menaçant pour nécessiter une prompte répression. — Des bandes de brigands faisaient irruption en Thessalie et en Épire; les pirates commençaient à se montrer audacieusement dans l'Archipel; il était important de ne point laisser se propager des doctrines qui pouvaient occasionner des soulèvements parmi les populations, et ajouter un embarras nouveau à la position déjà si tendue de l'empire Ottoman. L'amiral Hamelin détacha aussitôt l'amiral de Tinan qui revint en toute hâte à la station du Pirée. — De plus, comme 11 corvettes ou bricks ottomans demeuraient dans l'inaction en face de Bouyouk-déré, les amiraux alliés provoquèrent leur envoi immédiat dans les eaux de la Grèce.

XL. — Pendant ce temps malgré les vents, le froid et les neiges, le mouvement des bâtiments continue et apporte chaque jour le résultat de ses explorations à cette étude précieuse des côtes de la mer Noire, étude importante qui permettra, dès le commencement des hostilités, aux généraux en chef d'établir un plan sur cette carte vivante, où chacun des bâtiments alliés vient inscrire son nom et marquer sa place.

Ainsi *la Retribution* et *le Caton* reviennent d'une excursion aux bouches du Danube. Ils ont constaté que les passes n'ont point été, ainsi qu'on l'avait annoncé, obstruées par les Russes, et qu'on pourrait sans obstacles remonter le fleuve.

Voici *le Sampson* (capitaine Jones), *le Cacique* (capitaine de Guesnet).

Les nouvelles que ces bâtiments rapportent ont un puissant intérêt; ils devaient, selon leurs instructions, côtoyer ensemble l'Anatolie, la Géorgie, la Circassie et la Crimée. — Le principal but de cette reconnaissance était d'observer de près la ligne de forts russes établis sur les côtes et les facilités que présentaient leurs approches par terre et par mer, pour dresser un plan d'attaque. M. Durand-Brager, peintre distingué de marine, en mission en Orient et attaché à l'escadre de la mer Noire, est embarqué sur *le Cacique* par ordre de l'amiral en chef; il est chargé spécialement pendant cette exploration, en l'absence de tout officier du génie, de lever les plans des forts russes, et de prendre les vues de côtes, nécessaires pour la navigation des parages de la Circassie, de l'Abasie et de la Mingrelie.

Ces deux bâtiments reconnurent sans incident les côtes de Géorgie, depuis Redout-kalé jusqu'au cap Constantin, sur une étendue de 100 milles.

« Le 16, au matin, dit un rapport officiel de cette petite excursion, peu après avoir dépassé la pointe de Darka, la vigie signale à 7 milles de distance un petit bateau à vapeur qui se dirigeait le long de la côte, vers le sud. Ce navire ne tarda pas à s'arrêter; puis, virant de bord, se porta à toute vitesse vers le nord. Bientôt on aperçut la vapeur de quatre steamers mouillés près de Sotcha-Bitke ; on reconnut qu'ils étaient chacun de 750 tonneaux, d'une force de 160 chevaux et armés de 2 canons de 60 et de 4 caronades. — Le premier steamer mentionné plus haut se joignit à eux, et tous les cinq parurent se préparer à combattre ; ils étaient rangés en ligne, la proue tournée vers le rivage : les deux steamers, placés au nord des autres, avaient fait un mouvement dans le but évident de démasquer les batteries du fort Navaginsk qui commande la rade. Ce fort semble solidement construit, ayant des murailles percées d'embrasures et des tours à chaque angle, pouvant porter en tout, environ 20 canons.

« Comme ces steamers se trouvaient sous le feu des batteries de ce fort et que par le fait, ils s'étaient conformés d'avance à toute réquisition qu'on aurait pu leur signifier de rentrer dans le port, les commandants du *Sampson* et du *Cacique* continuèrent leur exploration de la côte. »

XLI. — En approchant du fort Golovinsk les deux croiseurs aperçurent plusieurs incendies sur divers points : les flammes soulevées par le vent s'élevaient en pyramides tourbillonnantes, et, au milieu des teintes rougeâtres que ces incendies projetaient à l'horizon, on voyait les habitants de la campagne courant précipitamment d'un point à un autre et emportant avec eux tout ce qu'ils pouvaient arracher à la destruction.—Nos bâtiments serraient la côte ; les Circassiens s'éloignèrent avec rapidité à leur approche, puis, voyant que l'on ne tentait rien contre eux, ils se rapprochèrent peu à peu. — Un steamer, signalé par les vigies, s'était dirigé à toute vapeur vers le fort Veliamnoï, abandonnant le transport qu'il remorquait. Mais *le Sampson* et *le Cacique* se mirent aussitôt à sa poursuite, tenant ainsi entre deux feux le steamer ennemi, qu'ils ne tardèrent pas à atteindre. *Le Sampson* envoya deux officiers à son bord.

On apprit bientôt que ce transport, commandé par un lieutenant de la marine russe, avait pour mission de porter 150 soldats au fort de Gelendjick. Le fort de Golovinsk possédait (dit ce lieutenant) une garnison de 300 hommes qui avaient été embarqués, dans la nuit du 15, sur des bateaux à vapeur : le fort devait être détruit. — Quelques instants après, une violente explosion se fit entendre de ce côté ; cette explosion fut suivie presque aussitôt d'une autre, à une distance de 10 à 12 milles vers le sud. — Évidemment les Russes, en faisant sauter eux-mêmes leurs propres défenses, voulaient se concentrer sur des points désignés à l'avance.

En effet, en arrivant à la baie de Pschad, ce fut le même tableau de destruction ; le fort Novorosinsk était en feu, et les habitants du pays, effrayés à notre approche, se retiraient dans l'intérieur des terres ; quelques-uns, en s'éloignant, tiraient des coups de fusil. — Le coucher du soleil approchait, et on le voyait déjà s'incliner à l'horizon, marbrant le ciel de larges teintes pourprées auxquelles semblaient s'enlacer et se joindre les flammes de l'incendie.

XLII. — *Le Sampson* fit signaler au *Cacique* que l'on allait jeter l'ancre. Une embarcation fut mise à la mer pour chercher à entrer en relations avec les gens du pays ; les marins qui montaient ce canot, commandé par le capitaine Brock, agitèrent des drapeaux blancs pour attirer à eux les habitants que l'on apercevait encore assez loin du rivage. A la vue des signaux, ils s'arrêtèrent en effet, et plusieurs d'entre eux, après s'être consultés, se décidèrent à descendre vers la plage.

Tout effroi disparut parmi les Circassiens, dès qu'ils apprirent que nous étions des amis prêts à leur porter secours. Leurs physionomies, leurs allures étaient changées ; de toute parts, il venaient à nous et se montraient à la fois empressés et respectueux. Ils nous apprirent que le fort avait été, la veille, abandonné par les Russes et incendié de leurs propres mains. — Celui qui paraissait le chef ajouta que les Russes avaient l'intention d'évacuer ainsi tous leurs postes fortifiés, excepté Soukoum-kalé, Gelendjik, Soujak-kalé et Anapa. Les embrasements que l'on voyait de toutes parts, et les explosions qui se faisaient entendre de distance en distance, attestaient la vérité de ces renseignements.

En apprenant ces nouvelles, les commandants du *Sampson* et du *Cacique* jugèrent qu'elles étaient de telle nature qu'il était important, au lieu de continuer leur reconnaissance jusqu'à Kaffa et Sébastopol, d'en donner connaissance aux amiraux en chef. — Aussi, se bornant le lendemain à reconnaître les trois derniers forts de la côte circassienne Gelendjik, Soujak-kalé et Anapa, ils passèrent rapidement devant le détroit de Kertcn et le phare de Takli, puis se dirigèrent directement vers le Bosphore.

L'exploration constatait, en outre, des côtes d'un accès facile, des sondages en général favorables, et plusieurs bons mouillages d'été (1).

XLIII. — Certes, il eût été facile au canon des flottes alliées de détruire les forts encore occupés par les Russes ; mais, si d'un côté la déclaration de guerre à la Russie n'était pas encore parvenue, de l'autre, la gravité des événements dont les côtes de Bulgarie étaient le théâtre, réclamait impérieusement leur présence. — La droite de l'armée turque, qui pouvait être écrasée avant l'arrivée des armées française et anglaise, donnait avec raison les plus graves inquiétudes.

Le général anglais du génie Burgoyne arrivait de Shumla et du camp d'Omer-Pacha ; il s'était longuement entretenu avec le général turc de ses ressources et de ses moyens d'action. Il a trouvé dans Omer-Pacha un général intelligent, énergique, plein de confiance, trop peut-être, dit-il ; mais il craint que le gros de l'armée russe ne coupe en deux la longue ligne des troupes ottomanes, et n'arrive subitement à Shumla. Un désastre éprouvé par l'armée ottomane pouvait avoir,

(1) Les plans et dessins rapportés par M. Durand-Brager furent lithographiés au dépôt des cartes et plans, et envoyés à l'amiral en chef de l'escadre, pour être remis à tous les commandants des bâtiments de guerre appelés à opérer plus tard dans ces parages.

dans les circonstances actuelles, les plus sérieuses conséquences. — Aussi le général Burgoyne insiste beaucoup auprès des amiraux en chef pour qu'ils se rapprochent, et fassent paraître du côté de Varna les escadres prêtes à appuyer les opérations de l'aile droite des Turcs.

Le départ des flottes pour Varna est résolu en conseil, et doit s'effectuer par le premier temps favorable.

Le 24 mars, dans la matinée, elles appareillaient et quittaient le mouillage de Beïcos. — Par une étrange coincidence, elles rentraient dans la mer Noire, le jour même où les Russes franchissaient le Danube à Galatz.

Le 26, elles jettent l'ancre sous le cap de Kavarna, à quelques lieues au nord de Varna.

Les amiraux décident que 3 frégates croiseront continuellement sur la fraction des côtes comprises entre Kavarna et les bouches du Danube, pour communiquer avec les populations du littoral, et faire savoir aux Turcs que les escadres peuvent les appuyer au besoin.

Le même jour, *le Magellan et le Sidon*, chargés de cette croisière, partent avec une frégate anglaise pour prolonger la côte de Bulgarie. Kustendjé est le point qui leur a été le plus particulièrement signalé.

Mais le mouillage de Kavarna, dans la saison des vents où l'on se trouvait, ne parut pas offrir aux vaisseaux une sécurité suffisante, et deux jours après, les flottes prenaient définitivement position sous le petit village de Baltchick, à 4 lieues de Varna. Cette situation, excellente en tout temps, offrait, en outre, les plus grandes facilités pour l'eau et les vivres : quant au pays, il est d'un aspect triste et presque sauvage, les regards n'y rencontrent que des dunes de sable et de vastes plaines sans arbres ni végétation. Sur les flancs, l'on aperçoit au loin quelques collines plantées de vignobles ; une falaise très-escarpée s'étend de Kavarna à Baltchick

XLIV. — Un service de courriers par terre est immédiatement organisé avec Varna, où stationne provisoirement *le Cacique*.

Les amiraux Lyons et Jacquinot vont visiter cette place ; ils la parcourent dans toute son étendue et examinent en détail ses retranchements. — Selon eux Varna est passablement fortifiée, mais la garnison (3500 turcs environ) est insuffisante (1).

Non-seulement à Baltchick, mais dans tous les villages environnants, l'effroi des populations est à son comble.

Les troupes irrégulières des Bachi-Bouzouks, vivant de rapine et de pillage, ont déjà parcouru ce pauvre pays en y semant la ruine et la misère ; ces défenseurs improvisés de la cause du sultan dévastaient, incendiaient les villages, et devant eux hommes, femmes et enfants fuyaient épouvantés. — Placés entre eux et les Cosaques, dont ils redoutent à tout instant la venue, les Bulgares ne voyaient nulle part espoir de salut ; ils abandonnaient leurs habitations ravagées ou me-

(1) Nous n'entrons ici dans aucune considération sur Varna, nous en avons longuement parlé dans la première partie de notre travail. (*Expédition de Crimée*, t. I, p. 83)

nacées de l'être, et se réunissaient au loin en smalas errantes, emmenant leurs troupeaux et sur des arabas leurs objets les plus précieux. — Quelques-uns s'étaient réfugiés aux environs de Varna, d'autres au delà des Balkans. — On chercha à calmer leur terreur, en leur disant que les flottes étaient venues pour les protéger, un grand nombre néanmoins voulurent émigrer, et il leur fut prescrit d'emporter avec elles, ou de brûler sur place, les provisions de blés qui pourraient servir à l'armée ennemie.

XLV. — Le 29 mars, un ordre du jour de l'amiral Hamelin annonce l'état de guerre à la flotte française (1).

Il faut redoubler de surveillance active pendant la

---

(1) *Ordre du jour du vice-amiral Hamelin, commandant en chef l'escadre française dans la mer Noire.*

« La guerre étant imminente, bien que les hostilités n'aient point encore commencé, le gouvernement vient de suspendre les congédiements. Que chaque marin de l'escadre se dise donc plus que jamais, qu'il va être appelé, d'un moment à l'autre, à soutenir dignement l'honneur du pavillon.

« Par suite de l'état de guerre où se trouvent les escadres, de nouvelles dispositions sont à prendre; en voici l'analyse :

« Les armes blanches de toute sorte devront être tenues parfaitement effilées.

« Il y aura toujours, la nuit, un quart de l'équipage de service, d'un branle-bas à l'autre. La division des quarts aura lieu, conformément à l'article 639 du règlement du 28 août 1852.

« Les armes des factionnaires seront chargées après le branle-bas du soir; les balles en seront retirées après le branle-bas du matin, et ces armes serviront à saluer les couleurs aux heures du lever et du coucher du soleil.

« Les commandants feront désigner ceux des hommes de quart de nuit pour parer aux tentatives qu'un ennemi audacieux pourrait entreprendre contre cette rade ouverte, et compléter, à tout événement, sur nos vaisseaux les dispositions intérieures de combat.

XLVI. — Pendant que nos bâtiments se rapprochaient ainsi du théâtre de la guerre, dans le lieu même où devaient se concentrer plus tard les forces réunies des armées alliées, la France et l'Angleterre se préparaient à envoyer en Orient, non plus seulement quelques mil-

nuit qui devraient, en cas d'alerte, se pourvoir d'armes blanches ou d'armes à feu, ainsi que les localités où ils prendraient ces armes.

« Deux canots, au moins, seront tenus chaque soir, prêts à être armés rapidement en cas de besoin, et l'armement en guerre, sinon total, du moins partiel de ces embarcations, tant au personnel qu'au matériel, devra être réglé avant le branle-bas du soir.

« Les dispositions prescrites par les instructions générales de la tactique, article 92, en ce qui touche les brûlots, devront fixer l'attention des capitaines des bâtiments de l'escadre, lesquels devront prendre, tout ou partie, des dispositions de combat prescrites par le titre VIII du règlement du 28 août 1852, pour ce qui concerne les précautions à prendre contre l'abordage d'embarcations ennemies.

« Parmi les mesures à prescrire, en raison de l'état de guerre, le vice-amiral commandant en chef cite les filets de casse-tête et ceux tendus contre les murailles des batteries, en vue de prévenir les conséquences meurtrières des éclats de bois ; il en est, d'ailleurs, une foule d'autres qui sont traditionnelles dans la marine, et qu'il serait trop long de reproduire ici : le vice-amiral commandant en chef en laisse le soin aux commandants qui, d'ailleurs, auront toujours présent à l'esprit le précepte suivant de notre tactique : un combat de mer étant le plus souvent un combat d'artillerie, l'avantage, en définitive, demeure à celui qui pointe le mieux et tire le plus vite et le plus longtemps. Vaillance, habileté et opiniâtreté de tous, telles sont les conditions d'un succès.

« Le présent ordre sera lu aux équipages assemblés.

« *P. O. le chef d'état-major de la flotte,*
« Cte BOUET-WILLAUMEZ. »

liers d'hommes, mais une véritable armée. — Les deux chefs sont : lord Raglan, pour l'Angleterre; le maréchal de Saint-Arnaud, pour la France.

Le 31 mars, l'embarquement des troupes, que l'escadre de l'Océan, sous le commandement en chef de l'amiral Bruat, doit transporter à Gallipoli, commence à Toulon.

« Tous les vaisseaux de l'escadre (dit le *Journal du bord*) sont appareillés à une heure et demie. Ce sont : *le Montebello* (commandant Bassière) portant le pavillon amiral ; *le Jean-Bart* (commandant Touchard); *l'Alger* (commandant de Saisset), et *la Ville de Marseille* (commandant Lafont de Ladébat); *le Roland* et *le Requin* appareillent aussi. »

Ce départ avait amené de tous côtés une population émue, dont les regards dévoraient ces bâtiments encombrés de soldats et sur lesquels reluisaient des milliers de baïonnettes. C'était le cœur et le sang de la France qui partaient pour défendre la cause du faible contre un injuste envahissement.

Le contre-amiral Charner est en rade. Au moment du départ, l'amiral Bruat lui signale : « Au revoir. » — « Au revoir, répond celui-ci, et heureux voyage. » La même pensée était dans tous les cœurs.

Le temps est superbe; aussi bientôt tous les bâtiments gagnent le large et disparaissent.

Déjà une avant-garde française a débarqué à Gallipoli; avec cette avant-garde sont les généraux Canrobert et Bosquet, dont les noms devaient acquérir dans cette guerre une si grande illustration.

XLVII.—Le 17 avril, à 2 heures 30 minutes du matin, l'escadre au complet mouille en rade de Gallipoli (1).

A dix heures, le débarquement des troupes passagères commence.

De nouveaux envois devaient se renouveler sans relâche et apporter chaque jour des renforts au corps expéditionnaire. Le ministère de la marine employait tous ses efforts à multiplier ses ressources. Trois des frégates à vapeur de l'escadre de la mer Noire doivent être momentanément détachées, pour aller embarquer des troupes à Alger.— Ce sont : *le Sané, le Magellan, le Cacique.*

Gallipoli (2) était devenu le lieu principal de débarquement, parce que cette presqu'île devait être,

(1)   *Journal du Montébello* (vaisseau amiral.)

« Les bâtiments présents en rade sont : *le Napoléon, l'Ulloa, le Christophe-Colomb, l'Asmodée, le Labrador, le Berthollet, la Gorgone, le Météore, la Salamandre*, 1 frégate, 2 corvettes turques, et plusieurs navires de commerce anglais et français. »

(2).   GALLIPOLI

Gallipoli commande en quelque sorte les deux capitales de l'empire ottoman, Constantinople, dont elle n'est qu'à 188 kilomètres, et Andrinople dont elle n'est qu'à 132. La baie de Gallipoli, située sur la côte d'Europe, est le meilleur et le plus sûr mouillage du détroit des Dardanelles. Elle est partagée, vers le milieu, en deux parties, par une langue de terre qui s'avance un peu à l'est. La partie nord de la baie est vaste et offre partout de bons mouillages. La ville de Gallipoli, ancienne Callipolis, est la plus grande et la plus importante ville de ce détroit. C'est la première que les Turcs aient possédée dans la Chersonèse de Thrace; ils la prirent en 1356. Elle est située au bord de la mer, au nord de la baie de Gallipoli, sur une langue de terre qui s'avance à l'est dans le détroit; elle s'étend presque parallèlement à la côte, et c'est vers le milieu de son front que se trouve le château de Gallipoli, qui domine la ville et la rade.

comme point stratégique, la base première de nos opérations.

C'était aux flottes qu'il devait être donné de faire entendre, les premières, la voix du canon.

Le 9 avril, *le Tiger*, arrivant de Constantinople, apporte à l'amiral Dundas la déclaration de guerre de l'Angleterre à la Russie. Ce bâtiment est parti en même temps que *l'Ajaccio*, qui doit remettre à l'amiral Hamelin le message de l'Empereur au Sénat, renfermant la même déclaration ; mais les grands vents qui se sont élevés pendant toute la nuit dernière l'ont sans doute empêché de gagner Baltchick. Les Anglais célèbrent cette nouvelle, si impatiemment attendue, par des hurrahs répétés et d'enthousiastes acclamations ; tous les matelots des bâtiments de l'escadre montent dans les haubans, et se répondent par des cris joyeux.

Par une étrange coïncidence, ou plutôt par une étrange volonté du hasard, le même jour, la frégate à vapeur anglaise *Furious*, revient d'Odessa, où elle avait été envoyée pour embarquer le consul anglais et ses nationaux. Cette frégate annonce que les batteries russes ont tiré tout à coup sur un de ses canots parlementaires.

Aussitôt que les amiraux sont instruits de cet acte coupable des autorités d'Odessa, ils donnent ordre aux vapeurs *Descartes*, *Retribution* et *Niger*, de se diriger immédiatement sur Odessa, pour établir un blocus devant le port et en reconnaître soigneusement les abords.

Ces trois vapeurs lèvent l'ancre le 11, au matin.

Quelques jours plus tard, le 14 avril seulement,

l'Ajaccio apporte à l'amiral Hamelin la déclaration de guerre de la France à la Russie, ainsi que l'ordre d'envoyer trois frégates à vapeur en Algérie, pour y prendre des troupes et les transporter au camp de Gallipoli.

CHAPITRE V.

XLVIII. — Enfin, rien ne doit plus enchaîner les mouvements des escadres retenues si longtemps dans l'inaction par les espérances irréalisées de la diplomatie ; toutefois ces tentatives réitérées, infructueuses, auront dans l'avenir un poids énorme et donneront à cette guerre, dans le grand livre de l'histoire, le véritable caractère qui lui appartient. Elles diront tous les efforts employés, toutes les tentatives essayées pour ramener la Russie à des sentiments plus équitables et plus dignes d'elle, elles diront que c'est à la dernière extrémité, que la France et l'Angleterre ont tiré l'épée et prononcé ces mots si longtemps retenus sur leurs lèvres : « Guerre à la Russie. »

Les amiraux en chef ont décidé que la déclaration de guerre sera officiellement proclamée, le 15 avril, sur les deux escadres réunies.

Dès le lendemain matin, les dispositions sont prises à bord de tous les bâtiments pour exécuter, au premier signal, les ordres donnés. — Un peu avant midi, chaque équipage est rangé sur le pont et apprend de la bouche de son commandant la grande nouvelle qui porte la joie dans tous les cœurs.

Midi sonne. — Le signal de : *Guerre à la Russie* est arboré aux mâts des vaisseaux amiraux.

Dans les deux escadres ce sont des acclamations répétées qui s'appellent et se répondent.

Sur nos bâtiments, à trois fois différentes, les cris de : Vive l'Empereur! ont salué le signal de guerre. — Sur les navires français, le pavillon anglais flotte au grand mât ; sur les navires anglais, c'est le pavillon de la France, échange solennel d'alliance et de confraternité. — Le pavillon turc est au mât d'artimon ; le pavillon national aux mâts de beaupré et de misaine.

Des matelots désignés d'avance se sont élancés dans les mâtures et se rangent sur les vergues ; d'autres se tiennent droit sur les bastingages, la face tournée en dehors. — Le même mouvement s'exécute simultanément sur la flotte anglaise.

Ce fut un beau spectacle empreint d'un cachet de solennelle émotion : tout semblait se réunir pour en faire un souvenir ineffaçable ; le vent, qui s'était élevé tout à coup du nord, sifflait dans les cordages, tandis que des flocons de neige venaient, comme une réponse de la Russie, semer de leurs étoiles blanches et fugitives les pavillons flottant au haut des mâts.

XLIX. — C'est devant Odessa que les hostilités commenceront « pour exiger des autorités de cette ville (dit la dépêche de l'amiral Hamelin au Ministre) une réparation au sujet de l'inqualifiable agression que les batteries du port ont exercées contre une frégate et une embarcation anglaises portant pavillon parlementaire. »

Cet événement, si diversement interprété, mérite que nous le racontions dans tous ses détails.

Le 16, après une conférence entre les amiraux, il est décidé que les escadres remonteront, le long de la Turquie d'Europe jusqu'au Danube, à 7 ou 8 lieues de terre. — Elles ont terminé leur eau, leurs munitions et leurs vivres, et le 17 avril, le signal est donné d'appareiller.

En 27 minutes, les neuf vaisseaux français ont successivement levé l'ancre; une belle brise favorable gonfle les voiles déployées, et, après trois jours d'une heureuse traversée, les flottes sont, le 20 avril, en vue d'Odessa.

Dans la soirée, elles mouillent sur une ligne, et les vaisseaux jettent l'ancre à environ 3 milles dans l'est de la ville : le peu de profondeur de la baie ne leur permet pas de s'en approcher davantage, car la rade d'Odessa offre aux vaisseaux de ligne des impossibilités de navigation et d'approche.

A peine les escadres sont-elles mouillées, que la division des trois bâtiments à vapeur *Retribution*, *Descartes* et *Niger*, expédiés de Baltchick pour bloquer le port d'Odessa, les rallie, après avoir opéré la capture de quatorze bâtiments marchands russes (1).

(1) *Lettre de l'amiral Hamelin au Ministre de la marine.*

« J'ai l'honneur de vous informer que la division des trois bâtiments à vapeur, *la Retribution* (capitaine Drummond), *le Descartes* (capitaine

L. — Le 21 au matin, une frégate à vapeur anglaise, qui était à la recherche des flottes, apporte à l'amiral Dundas une lettre en date du 14 avril, que lui adressait le général baron d'Osten-Sacken, aide de camp de l'empereur de Russie et gouverneur général d'Odessa.

Cette lettre prouvait du moins que le gouverneur d'Odessa protestait énergiquement contre une imputatation de félonie.

« Odessa, 14 avril 1854.

« L'aide de camp général baron d'Osten-Sacken, croit devoir exprimer à M. l'amiral Dundas sa surprise d'entendre assurer que du port d'Odessa, on ait fait feu sur la frégate *Furious*, couverte d'un pavillon parlementaire.

« A l'arrivée du *Furious*, deux coups de canon à poudre ont été tirés, par suite desquels le navire hissa son pavillon national et s'arrêta hors de la portée du boulet. — Aussitôt, il en partit une embarcation, sous pavillon blanc, dans la direction du môle, où elle fut reçue

---

Darricau), et le *Niger* (capitaine Keath), expédiés le 11 de ce mois de Baltchick pour bloquer le port d'Odessa, ont opéré la capture de 14 bâtiments russes marchands. Après cette capture il fut convenu entre les croiseurs que ces bâtiments seraient dirigés, le plus tôt possible, sur Constantinople, et que le capitaine Drummond, le plus ancien des capitaines croiseurs, aurait la direction de cette affaire et la garde des papiers desdites prises, ces dernières ayant été faites en commun par les trois croiseurs.

« Lorsque les escadres mouillèrent devant Odessa, où nous fûmes ralliés par le *Descartes* et la *Retribution*, je fis passer du *Descartes* sur la *Ville de Paris* une partie des équipages russes des navires capturés ; l'amiral Dundas fit passer l'autre partie sur un de ses vaisseaux. »

par l'officier de service qui, à la question de M. l'officier anglais, répondit que le consul d'Angleterre était déjà parti d'Odessa. Sans autre pourparler, le canot reprit la direction du navire; il allait le rejoindre, lorsque la frégate, au lieu de l'attendre, s'avança dans la direction du môle, laissant le canot à sa gauche, et s'approcha des batteries à portée de canon : ce fut alors que le commandant de la batterie du môle, fidèle à sa consigne d'empêcher tout navire de guerre ennemi de franchir la distance du tir, se crut en devoir de faire feu, non plus sur le parlementaire qui avait été respecté jusqu'au bout de sa mission, mais sur un bâtiment ennemi qui s'avançait trop près de terre, après avoir reçu, par les deux coups à poudre, l'intimation de s'arrêter.

« Cette simple exposition des faits, tels qu'ils ont été rapportés à S. M. l'Empereur, doit détruire d'elle-même la supposition, d'ailleurs inadmissible, que dans les ports de Russie on ne respecte pas le pavillon parlementaire, dont l'inviolabilité est reconnue par les lois communes à toutes les nations civilisées.

Baron D'OSTEN-SACKEN.

LI. — Le système de dénégations que renfermait cette lettre ne s'accordait pas, non-seulement avec le rapport du commandant de la frégate anglaise le *Furious*, mais aussi avec les renseignements donnés par les capitaines des bâtiments marchands mouillés sur rade d'Odessa. Tout portait à croire que les faits reprochés aux autorités de cette ville n'étaient malheureusement que trop vrais. — L'enquête dirigée sur cet acte d'agression le prouvait jusqu'à l'évidence.

La lettre du baron d'Osten-Sacken fut communiquée au capitaine du *Furious*, William Loring, qui répondit :

« J'ai soigneusement lu la lettre du gouverneur d'Odessa, au sujet du feu que les batteries de cette place ont fait sur le pavillon parlementaire, le samedi, 8 avril. Son contenu est entièrement faux (*untrue*) (1). En face d'une semblable affirmation le doute n'était pas permis.

(1) Le capitaine du *Furious* ajoutait dans sa lettre en date du 21 avril, devant Odessa :

« En cette circonstance, le bâtiment de Sa Majesté, placé sous mon commandement, atteignit Odessa à la pointe du jour, et, vers 5 heures 50 minutes, à 4 ou 5 milles de distance, les couleurs anglaises et le pavillon parlementaire furent hissés.

« C'est seulement 20 minutes au moins après (à 6 heures $^1/_4$ environ), que deux coups de canon à poudre furent tirés de la batterie.

« Considérant ces coups de canon comme une invitation de ne pas avancer davantage, je fis stopper immédiatement et mettre la barre en grand à bâbord. Depuis ce moment jusqu'au retour de l'embarcation, les roues ne firent pas un tour, et le bâtiment dérivait peu à peu, par suite d'une brise modérée de nord-ouest qui soufflait du côté de la terre.

« L'arrière était tourné vers la quarantaine, et j'eus soin de m'abstenir d'ouvrir les sabords du premier pont, et de toute manœuvre qui pût faire supposer la moindre intention hostile de ma part.

« Sept coups de canon furent tirés; le premier était évidemment dirigé sur l'embarcation, alors à 1 mille du rivage, et il tomba à 60 ou 70 yards près d'elle, qui se trouvait dans le sud de la ligne, entre la batterie et le bâtiment. Les autres se succédèrent de près et peuvent avoir été dirigés, soit contre l'embarcation, soit contre le bâtiment, parce qu'ils étaient plus dans la ligne droite de cette direction.

« Le lieutenant Alexander, une fois au môle, demanda à voir le consul anglais : on lui dit qu'il n'était pas là; qu'il était de trop bonne heure; qu'on allait envoyer chercher le capitaine de port, et on l'engagea à regagner son navire; il demanda si le consul anglais était encore à Odessa : il lui fut répondu par l'officier de garde de retourner

Les amiraux, après s'être concertés sur ce qu'il restait à faire, envoyèrent au gouverneur d'Odessa une lettre collective que nous reproduisons ici.

« Devant Odessa, 21 avril 1854.

« M. le Gouverneur, attendu que la lettre de Votre Excellence, datée du 14 avril, et qui ne nous est parvenue que ce matin, n'expose que des allégations erronées pour justifier l'inqualifiable agression dont les autorités d'Odessa se sont rendues coupables à l'égard d'une de nos frégates et de son embarcation, portant toutes deux pavillon parlementaire;

« Attendu que, malgré ce pavillon, les batteries de cette ville ont tiré plusieurs boulets, tant sur la frégate que sur l'embarcation, au moment où cette dernière venait de quitter les quais du môle, où elle était arrivée avec confiance :

« Les deux vice-amiraux commandant en chef les escadres combinées de France et d'Angleterre, se croient en devoir d'exiger une réparation de Votre Excellence.

« En conséquence, tous les bâtiments anglais, français et russes, actuellement mouillés près de la forteresse ou

---

à son navire, et une personne qui était là comme interprète anglais, ajouta qu'il ne lui était permis de rien dire de plus.

« Pendant tout ce temps, les couleurs anglaises et le pavillon parlementaire étaient en évidence à bord du bâtiment et de son embarcation.

« Ce que j'atteste ici peut être corroboré par le témoignage de l'officier de garde, du mécanicien en chef et par tout homme du bâtiment.   WILLIAM LORING, capitaine R. N. »

des batteries d'Odessa, devront être remis sur-le-champ aux deux escadres combinées.

» Si, au coucher du soleil, les deux vice-amiraux n'ont point reçu de réponse, ou n'en ont reçu qu'une négative, ils se verront obligés d'avoir recours à la force pour venger le pavillon des escadres combinées de l'insulte qui lui a été faite, quoique les intérêts de l'humanité les portent à n'adopter qu'avec regret cette résolution dernière, dont ils rejettent la responsabilité sur qui de droit.

Hamelin, — Dundas.

LII. — En attendant le délai qu'ils avaient eux-mêmes fixé dans leur ultimatum au gouverneur, baron d'Osten-Sacken, les amiraux se préparèrent, chacun de son côté, aux éventualités d'une attaque pour le lendemain contre le port d'Odessa, si, au coucher du soleil, leur sommation était restée sans réponse.

Le but que se proposaient les amiraux par ce bombardement, était de prendre une revanche de l'acte inqualifiable dont le parlementaire anglais avait eu à souffrir, et d'anéantir les forts et les défenses militaires du port impérial.

Ce n'est pas le hasard du combat qui a sauvé la ville d'une destruction complète ; c'est la volonté bien arrêtée du commandant en chef, auquel les instructions formelles du ministre de la marine prescrivaient de respecter toujours les propriétés particulières et tout ce qui n'avait pas le caractère d'établissements publics, ou de fortifications ennemies.

« Il ne pouvait, écrit l'amiral Hamelin, le 24 avril, entrer dans notre pensée de faire le moindre mal à la ville d'Odessa, non plus qu'à son port de commerce, où fourmillent des bâtiments de toutes les nations maritimes.

« Le délégué de l'empereur de Russie était seul coupable d'un attentat au droit des gens ; c'était donc le port impérial seul, les magasins et les navires qu'il renfermait, et les batteries qui les protégeaient de leurs feux, que l'amiral Dundas et moi avions résolu d'attaquer et de détruire. »

Et d'autre part l'amiral Dundas écrivait : « La ville d'Odessa et le môle qui couvrait les navires de commerce de toutes nations n'ont pas été frappés, conformément aux ordres donnés par Sa Majesté, de respecter les propriétés privées. »

LIII. — La journée et la soirée du 21 avril s'écoulèrent, sans que le gouverneur envoyât aucune réponse à l'ultimatum des amiraux ; ceux-ci décidèrent alors que l'attaque aurait lieu le lendemain matin, et en arrêtèrent dans la soirée le plan et les différentes combinaisons. — Il fut convenu que des bâtiments à vapeur, auxquels leur faible tirant d'eau permettait d'approcher à petite portée de canon du port impérial et de ses batteries, seraient seuls chargés du bombardement (1).

(1) *Journal tenu sur* la Ville de Paris *devant Odessa*, 21 *avril* 1856.

« L'attaque du môle impérial, projetée le matin dans la conférence, s'effectuera demain au jour. Il est arrêté que les 3 frégates à vapeur

Avant le lever du jour, tout est prêt à bord des frégates désignées pour ouvrir le feu; sous les mâts et le long des murailles, de solides filets en corde sont placés pour arrêter la chute des débris de mâture et la projection intérieure de ces éclats de bois meurtriers, que les boulets arrachent aux flancs des vaisseaux. Chacun, depuis le commandant jusqu'au dernier matelot, attend avec une impatience sans égale que l'obscurité ait disparu du ciel, et que l'heure soit enfin venue de combattre.

Les capitaines des frégates à vapeur, appelés à l'ordre à bord du vaisseau amiral, ont été avisés officiellement que la partie N. O. de la ville d'Odessa est complétement dépourvue de batteries. C'est là que doivent principalement se diriger les efforts de l'attaque; elle peut, grâce à cette imprévoyance, canonner les batteries qui défendent l'entrée du port, sans craindre d'être prises d'enfilade et à revers par les bouches à feu ennemies.

Vers six heures du matin part du vaisseau amiral le signal d'appareiller; les ancres sont hautes, et deux frégates françaises, *le Vauban* (capitaine d'Herbinghen)

françaises et les 5 frégates à vapeur anglaises y prendront part; que *le Sans-Pareil* et *le High-Flyer* mouilleront à la limite extrême de la portée de canons des batteries, pour leur servir de point d'appui. *Le Caton* sera mis aux ordres du chef d'état-major, comte Bouët-Willaumez, pour le transporter sur le lieu de l'action, partout où besoin serait.

« Il est convenu que le port impérial et tout ce qu'il contient sera seulement attaqué et détruit, que la ville, que le port de commerce et les milliers de navires qu'il renferme seront préservés de toute atteinte. »

et *le Descartes* (capitaine Darricau), réunies aux deux frégates anglaises *le Tiger* (capitaine Giffard) et *le Sampson* (capitaine Jones), avancent sous vapeur et arrivent à six heures et demie du matin, à la distance de neuf ou dix encâblures, devant la batterie du port impérial. Elles ont à peine pris position, que cette batterie leur envoie un premier coup de canon.

LIV. — Ce fut le signal ; les frégates répondent avec vivacité; le calibre de nos bouches à feu est plus fort que celui des batteries ennemies, nos coups sont plus sûrs : une fumée intense enveloppe le lieu du combat.

Déjà *le Vauban* et *le Sampson* ont été atteints par plusieurs boulets, qui ne leur causent point d'avaries sérieuses. — Le vaisseau anglais *le Sans-Pareil* mouille avec la corvette à vapeur *le High-Flyer* à la limite extrême de la portée du canon des batteries. Ainsi placés, ces deux bâtiments pourront servir de point d'appui aux frégates engagées.

Dans le même moment, la frégate à vapeur française *le Mogador* (capitaine Wailly), la frégate à vapeur anglaise *le Terrible* (capitaine Cleverty), *le Furious* (capitaine Loring), et *la Retribution* (capitaine Drummond), reçoivent l'ordre de s'approcher du lieu du combat, pour prendre part à l'action, aussitôt que le signal leur en sera donné par les amiraux.

Il est huit heures; le feu continue des deux parts avec une égale intensité. Cependant les batteries du port souffrent déjà beaucoup, et des incendies partiels se déclarent sur plusieurs points. Notre frégate *le Vauban*, que sa position avancée expose, ainsi que *le Sampson*, plus particulièrement au feu de la place, a reçu trois boulets rouges, dont un brise quelques rayons de ses roues, tandis que les deux autres, se logeant profondément dans ses bois, y mettent le feu. Aussitôt toutes les pompes sont mises en jeu, mais ne peuvent parvenir à arrêter les progrès de l'incendie, car un des boulets a pénétré entre mailles et brûle intérieurement la muraille de la frégate. — Sur les signaux du *Vauban*, qui fait part de sa position, mais n'en continue pas moins énergiquement son feu; le chef d'état-major général de l'escadre, le capitaine de vaisseau Bouët-Willaumez, se transporte à son bord, et prescrit au commandant de cette frégate d'aller mouiller momentanément au milieu des escadres, pour recevoir les secours nécessaires, ordre cruel pour son brave capitaine, le commandant d'Herbinghen, qui s'éloigne avec une profonde amertume du lieu du combat, où il doit bientôt venir reprendre sa place.

LV. — Le moment est venu de lancer au feu la seconde division des quatre frégates à vapeur placées à portée de soutenir les bâtiments engagés. Il est dix heures et demie; l'ordre est donné; elles exécutent leur mouvement avec vigueur et commencent, à bonne distance, un feu terrible.

La batterie du port impérial, les magasins et les navires que ce port renferme sont criblés de nos obus et de nos boulets. Au milieu de foudroyantes détonations, les projectiles éclatent et bondissent de toutes parts ; des raies de feu sillonnent, comme des éclairs flamboyants, l'épaisse fumée qui, par moments, dérobe à la vue le port et les frégates alliées. Bientôt des gerbes de flammes indiquent que dans les magasins et à bord des bâtiments russes, des incendies se manifestent; déjà plusieurs navires, couchés sur le flanc, brûlent et coulent bas.

Six chaloupes anglaises se sont avancées résolûment vers la partie N. O. du môle, et lancent des fusées à la congrève qui ravagent et jettent le désordre dans cette partie du port; mais tout à coup on les voit se replier précipitamment sur le groupe des frégates, car elles sont battues par les feux d'une batterie de campagne que l'ennemi vient d'établir sur la plage dans le N. O. du port impérial. — Aussitôt *le Sampson* et *le Tiger* commencent sur ce point un feu d'obus bien dirigé ; *le Mogador* et *le Descartes* arrivent à leur tour, et la batterie foudroyée opère sa retraite avec vitesse, après avoir été la cause du ravage que font les projectiles dans quelques maisons d'un village situé en arrière.

Partout le combat est engagé.

Le Vauban a éteint son incendie et quitte aussitôt les escadres pour rallier au feu les frégates. Bientôt son tir auquel vient se joindre celui du *Caton*, commandant Pottman, rivalise d'énergie avec les bâtiments des deux nations. C'est un orage de fer qui se croise dans l'espace et porte la destruction dans toutes les parties du port. — Aux détonations de l'artillerie se joignent les craquements lugubres des toitures enflammées qui s'effondrent, et des murs brisés qui s'abattent. L'incendie est dans les magasins, dans les casernes, sur les bâtiments russes; de tous côtés les flammes montent et tourbillonnent, et c'est à la lueur qu'elles projettent jusqu'à l'horizon, qu'apparaît calme et respectée la ville commerciale, que nos boulets avaient résolu d'épargner.

Étrange contraste! qui ajoutait encore un cachet plus grave et plus solennel à ce tableau de combat et de désastre.

A une heure moins dix-huit minutes, une effroyable explosion se fait entendre: c'est la poudrière de la batterie du port qui vient de sauter, obscurcissant l'air de lambeaux humains et de débris enflammés. — A cette explosion répondent, comme un tonnerre vivant, les acclamations des équipages anglais et français.

LVI. — Il est impossible de retracer en traits plus saisissants la dernière phase du bombardement, que ne le fait le rapport de l'amiral Hamelin au ministre de la marine.

« L'œuvre de destruction du port impérial marche rapidement, sous les coups redoublés des frégates, qui profitent du désordre occasionné à terre par l'explosion de la poudrière, pour s'avancer de deux encâblures et foudroyer plus promptement une quinzaine de petits bâtiments russes renfermés dans la darse. Comme elles se rapprochent ainsi des batteries du port de commerce, les bouches à feu de ce port, qui avaient cessé un moment de tirer, recommencent alors sur nos frégates un feu assez vif, auquel vient se joindre celui des mortiers établis sur les hauteurs d'Odessa. Mais les frégates n'en accélèrent pas moins leur œuvre de destruction, et c'est à qui manœuvrera et canonnera le mieux, tantôt en combattant à l'ancre, tantôt en combattant sous vapeur. Dans ce cercle de plus en plus resserré où se meuvent neuf bâtiments à vapeur, pas une fausse manœuvre ne se fait remarquer. Tous nos coups sont dirigés contre les bâtiments russes encore à flot dans le port impérial, et que les flammes ne tardent pas à dévorer à leur tour. Vers quatre heures et demie, la destruction de ce port est complète ; et celle de la ville d'Odessa, en ce moment à notre merci, ne tarderait pas à suivre, si nous en faisions le signal à notre escadre de bâtiments à vapeur ; mais le but que nous avions en vue est atteint complétement, et c'est, au contraire, le signal de cesser le feu et de rallier nos pavillons, que l'amiral Dundas et moi faisons à ces bâtiments.

« Tel est, M. le Ministre, ajoute l'amiral, le châtiment que nous avons cru devoir infliger, non à la ville, mais aux autorités militaires d'Odessa, en raison de l'attentat dont elles s'étaient rendues coupables à l'égard d'un de nos bâtiments portant pavillon parlementaire. Ni les 30 000 hommes de la garnison d'Odessa, ni les 70 canons de sa forteresse et de ses batteries n'ont pu préserver le port impérial du désastre que nous lui avions réservé, en le faisant attaquer par nos frégates à vapeur. »

LVII. — En effet, dès 4 heures et demie, les batteries ennemies démantelées ne protégeaient plus l'entrée du port; il eut donc été très-facile aux frégates de s'approcher, presque à toucher les quais, et pendant toute la nuit de faire pleuvoir leurs obus sur la ville. Mais les amiraux en chef voulaient conserver à cette journée un caractère de noble modération et les bâtiments des escadres combinées reçurent l'ordre de reprendre le large. — Le premier acte de la guerre qui venait de s'engager, devait dire, qu'entre nations civilisées, tristement et fatalement amenées sur le terrain du combat, il est des limites qui ne se dépassent jamais.

Que d'épisodes dramatiques, intéressants à enregistrer se sont passés à bord des bâtiments, au milieu de l'énergie du combat, mais ces détails se perdent dans l'ensemble général; c'est le cœur de chacun qui bat dans une seule poitrine, celle de la France.

Au moment où le bombardement allait commencer, plusieurs bâtiments de commerce profitèrent du désordre qui régnait dans le port, et purent en sortir. Dans ce nombre furent les deux seuls navires français qui s'y trouvaient retenus. Ces deux bâtiments, *l'Adèle* (capitaine Parpetey), et *les Antilles* (capitaine Merle), appartenaient au port de Marseille. Aucun de ces deux navires n'a été atteint et n'a éprouvé d'avaries (1).

L'amiral Hamelin, reportant sa pensée vers les grandes choses qui devaient s'accomplir plus tard, voulut à peine compter cette journée comme une journée de dangers ou de gloire. « Je ne citerai pas un nom à Votre Excellence, écrivait-il au ministre, parce que, *dans cette petite affaire*, chacun a bien fait son devoir. »

Toute la nuit qui suivit fut éclairée par les flammes de l'incendie, et le lendemain, les établissements du port impérial brûlaient encore.

LVIII. — Les amiraux voulurent se rendre compte des ravages de la journée du 22 avril, et la corvette *le Fury* (capitaine Ed. Totham), reçut l'ordre d'aller constater, aussi exactement que possible, la destruction des navires ennemis, et l'état où se trouvait le port d'Odessa. Le premier aide de camp de l'amiral Hamelin, le lieutenant de vaisseau Garnault, s'embarqua à bord du *Fury*, qui partit le lendemain, 23, avant le jour, pour remplir sa mission.

Les désastres occasionnés par le bombardement du

---

(1) *Journal tenu à bord de* la Ville de Paris, 22 *avril, devant Odessa.*

« A 5 heures ¾ du matin, 2 bâtiments de commerce français sortent du port de commerce sous toutes voiles, et donnent dans la rade. L'un d'eux, en sortant, reçoit des boulets de la batterie du môle du commerce. Le chef d'état-major de la flotte envoie une de ses baleinières à son bord; personne n'a été atteint. Il fait dire au capitaine d'aller mouiller sous la protection des escadres. Un brick anglais de commerce sort également du port. »

port impérial étaient plus considérables qu'on ne l'avait supposé; ce ne fut même que plus tard, et par des renseignements ultérieurs, que l'on put apprécier l'étendue de ces ravages et des pertes essuyées par les Russes.

Toutefois, le capitaine du *Fury*, après une exploration lente et approfondie, pendant laquelle cette corvette ne marcha, pour ainsi dire, qu'à la sonde, au milieu des débris de toute nature, constata avec le concours du lieutenant Garnault, qu'à l'exception de deux ou trois, les navires que renfermait ce port, avaient été tous brûlés ou coulés bas, qu'il n'existait plus rien de la batterie construite au bout du môle, et que les établissements de l'amirauté étaient ou détruits ou complétement dévastés (1).

(1) L'amiral Hamelin écrivait de la rade de Baltchick, en date du 29 juin :

« Je puis aujourd'hui, grâce à des renseignements puisés à bonne source, et provenant d'une personne digne de foi, qui se trouvait à Odessa même pendant l'attaque, et y est restée depuis, donner à Votre Excellence de nouveaux détails.

« Parmi les 10 bouches à feu qui défendaient les unes l'entrée, les autres la tête du môle, ces dernières ont été complétement démantelées; c'est ce que nos bâtiments à vapeur avaient en vue, et ce qui leur a permis d'approcher du port impérial pour y détruire les magasins et les bâtiments russes.

« La poudrière construite pour les besoins de la batterie du môle a sauté, explosion qui a tué ou blessé la presque totalité des hommes qui armaient cette batterie.

« Le magasin du gouvernement, qui contenait tous les objets du matériel pour l'usage des paquebots à vapeur de l'Etat dans la mer Noire, a été entièrement consumé. Une caserne, construite pour les Cosaques, a eu le même sort, ce qui a entraîné la perte d'un assez grand nombre de cavaliers et de chevaux; il en a été de même d'un grand magasin renfermant des grains et des fourrages.

« Le môle lui-même, atteint par un grand nombre de boulets, a été

Pendant cette excursion, *le Fury* aperçut sur la plage, à l'endroit même où la veille avait été amenée une batterie de campagne, un grand nombre d'hommes occupés à élever à la hâte des ouvrages en terre; ce bâtiment s'étant approché à bonne portée, lança plusieurs obus sur les travailleurs; quelques-uns ayant été tués, les autres ne tardèrent pas à s'éloigner.

D'Odessa, l'intention des amiraux alliés était de se

grandement endommagé. Toute la batterie de campagne de 4 bouches à feu, de 16, qui avait tenté de se mesurer avec l'artillerie de nos frégates, a été presque complétement détruite, hommes et chevaux.

« Le port impérial contenait 53 bâtiments à voiles, 3 à vapeur et 5 machines à draguer. L'un, *le Dniester*, en fer, et de 40 chevaux, appartenant au gouvernement, a coulé et s'est rempli en moins de cinq minutes. On a vainement essayé de le relever. Un autre bâtiment en fer, *le Luba*, a coulé après avoir reçu 16 boulets. On considère sa mise à flot comme impraticable. Un troisième vapeur, de 90 chevaux, *l'Audia*, a coulé, mais il a été relevé depuis, dit-on.

« Des 53 bâtiments à voiles qui étaient dans le port d'Odessa, l'un, *le Nicolas Ier*, de 600 tonneaux, a été consumé par les flammes; 2 bricks ont été complétement brûlés, ainsi qu'une goëlette chargée de charbon. Le reste de ces navires, qui étaient tous des caboteurs russes, de diverses grandeurs, ont été plus ou moins endommagés par les boulets, et la plupart ont coulé.

« Votre Excellence n'avait pas besoin de ces renseignements pour rester convaincue d'avance, que les documents renfermés dans mes rapports antérieurs étaient plutôt au-dessous de la vérité qu'au-dessus. Peut-être n'en peut-on pas dire autant de ceux du général ennemi, surtout en ce qui concerne la mise hors d'état prétendue de je ne sais combien de nos frégates à vapeur, à la suite de cet engagement. Votre Excellence le sait, aucune de nos frégates, de nos corvettes à vapeur n'ayant reçu un seul boulet dans sa machine ou ses chaudières, n'a été empêchée de suivre les escadres, et, chose singulière, pas un de nos hommes n'a été tué ou blessé par les projectiles de l'ennemi, alors que les nôtres faisaient ravage dans ses rangs, dans sa flottille et dans son arsenal.

« Le vice-amiral HAMELIN. »

porter sur tout le littoral de la Crimée, puis sur la côte de Circassie.

LIX. — Avant de quitter cette place, le 24 avril, l'amiral Dundas fit proposer au gouverneur, d'échanger les équipages des navires anglais détenus dans le port, contre les prisonniers provenant des quatorze prises russes, déjà tombées aux mains des alliés dans la mer Noire, depuis la déclaration de guerre. Le général Osten-Sacken fit répondre qu'il n'avait point de pouvoirs suffisants pour accepter cet échange.

« Voulant (écrit l'amiral Hamelin, dans une dépêche en date du 25 avril) continuer de donner à la guerre qui vient de se déclarer, le caractère de justice et d'humanité que nos deux gouvernements ont en vue, nous venons de décider, que nous remettrions ces prisonniers à la disposition des autorités d'Odessa, sans condition aucune. »

Ces prisonniers, au nombre de 49, furent embarqués à bord d'un brick autrichien et renvoyés à Odessa. On se rappelle que les deux seuls navires français qui se trouvassent dans le port s'étaient échappés pendant le bombardement.

Le 26 au matin, les flottes mirent à la voile, et, favorisées par le vent du nord, se dirigèrent vers les côtes ouest de la Crimée, en naviguant sur deux colonnes ; l'escadre française à la gauche de l'escadre anglaise.

Le 27, les escadres se trouvant en vue du cap Tarkan

et de la grande baie d'Eupatoria, détachèrent les vapeurs *Caton* et *Furious*, avec ordre de prolonger à petite distance, pour explorer la baie au sud de cette ville, et reconnaître si elle offrait des facilités pour un débarquement.

Ces vapeurs, après avoir accompli leur mission, rallièrent les escadres dans la soirée; *le Caton* ramenait à la remorque trois bâtiments russes, dont deux caboteurs, et *le Furious* un quatrième.

« Déjà, écrit l'amiral, *le Descartes*, en chassant en avant des escadres, avait fait rencontre d'un brick anglais, lequel, capturé la veille par une frégate russe, avait été abandonné précipitamment par cette dernière, lorsque, apercevant les escadres, elle avait fait route à toute vitesse pour gagner le port de Sébastopol. »

LX. — Les amiraux avaient hâte de se trouver devant Sébastopol, afin d'offrir le combat à l'escadre russe; car les prisonniers des bâtiments capturés, interrogés la veille, avaient rapporté que, de tous côtés, on disait que la marine impériale russe attendait avec impatience notre arrivée, pour venir aussitôt à notre rencontre et nous livrer bataille. — Cet espoir électrisait tous les cœurs, et partout régnaient cette activité, ce mouvement, cette fièvre d'impatience, ces préparatifs réfléchis et minutieux qui précèdent à bord les grands événements.

Tout cela se passait dans la journée du 28; car le

vent, devenu favorable, avait permis aux escadres combinées de se porter sur Sébastopol, qu'elles atteignirent dans la matinée.

Vers midi, elles se trouvent à l'ouvert du port et mettent en panne.

Le temps était magnifique; le vent de sud-ouest était à la fois favorable pour sortir de Sébastopol, comme pour y rentrer, et le projet de nous attaquer, conçu par les forces navales ennemies, n'avait rien qui ne dût paraître très-exécutable; car si la flotte combinée comptait deux vaisseaux de plus, les Russes étaient à portée d'un de leurs arsenaux; ils pouvaient se présenter au combat avec une augmentation considérable de munitions et d'hommes; et, en cas de revers, ils avaient au moins la certitude, dans une lutte aussi formidable, de faire assez de mal à leurs vainqueurs pour les obliger à lever de longtemps toute espèce de croisière.

Ne doutant pas que leur venue était observée par l'ennemi, les commandants en chef des escadres réunies, dans le but d'amener les amiraux russes à se porter à leur rencontre, avaient prescrit à deux de leurs vaisseaux de se tenir hors de vue des terres de la Crimée, pour égaliser les forces et tenter l'ennemi.

« Mais ce fut en vain, écrit l'amiral Hamelin; les vaisseaux russes restèrent immobiles. »

Pendant que les flottes sont ainsi à l'ancre, les croiseurs *le Caton* et *le Furious* recommencent leurs explorations des baies voisines, et d'autres frégates à vapeur s'avançant à l'ouvert même du port, examinent avec la plus grande attention, quelle est la composition de la flotte russe.

LXI. — Le contre-amiral Lyons profite d'un beau coucher du soleil pour aller, sur son vaisseau *l'Agamemnon*, observer le port de Sébastopol. — Cet amiral, chargé autrefois de l'hydrographie des côtes de la mer Noire, peut, plus que tout autre, par la connaissance même qu'il a des lieux, se livrer à des observations exactes. Il signale 14 vaisseaux, dont 3 à trois ponts. 10 sont en rade; 2 dans le port; 2 dans le bassin; il y a en outre 8 frégates ou corvettes à voiles, 5 vapeurs et divers transports.

Un brick autrichien arrive d'Eupatoria; il apporte la nouvelle que l'apparition des flottes alliées a jeté la plus grande alarme sur les côtes de Crimée. Les télégraphes sont perpétuellement en mouvement, et des lignes de cosaques parcourent tout le littoral.

Sur les points qui donnent le plus d'inquiétude, les Russes élèvent des ouvrages et construisent à la hâte de nouvelles batteries avec cette rapidité dont ils devaient plus tard nous donner tant d'exemples. Chaque mouvement des escadres est signalé avec soin et provoque une marche correspondante des corps d'observation russes. Le prince Menschikoff envoie ses aides de camp dans toutes les directions relever le moral des populations et leur promettre, en cas d'attaque, aide et soutien.

Telles sont les nouvelles propagées par la crainte d'un débarquement.

La température est froide et l'horizon brumeux, les hautes montagnes qui enserrent l'ancienne Tauride sont encore couvertes d'une épaisse couche de neige que tachent seulement de leurs sombres couleurs quelques touffes d'arbres rabougris; ces montagnes descendent en pentes abruptes et plongent dans la mer, élevant au-dessus des flots leurs pointes aiguës, ou se cachant en brisants funestes.

Les jours s'écoulent et les vaisseaux russes s'obstinent dans leur impassibilité.

CHAPITRE VI.

LXII. — Sur ces entrefaites, l'amiral Hamelin reçoit une lettre du capitan-Pacha, ministre de la marine du Sultan.

Après des félicitations sur le succès des escadres alliées devant Odessa, le ministre ajoutait :

« Par ordre de S. M. le Sultan, la flotte turque doit entrer jeudi dans la mer Noire. Elle sera bientôt, je l'espère, rendue près de vous; le commandement général est confié au Féruk Ahmed-Pacha, ayant pour second Hassan-Pacha, commandant de la division égyptienne. Ils ont l'ordre de se rendre immédiatement auprès des escadres alliées et d'agir entièrement de concert avec elles, pendant toute la durée de la campagne qu'elles ont si glorieusement commencée.

« Le renfort que nous vous envoyons est sans doute peu considérable, mais c'est la confiance du Sultan et c'est aussi la mienne, qu'officiers et soldats s'efforceront par leur zèle et par leur courage de rendre de bons services, malgré leur petit nombre, aux escadres alliées, et que si leur secours, que la force des escadres rend sans doute inutile, ne peut être que d'un poids secondaire dans la balance de la victoire, ils sauront du moins, en face des dangers qu'ils brûlent de partager, se montrer dignes de combattre près de vous.

« Il ne me reste plus, M. l'Amiral, qu'à vous souhaiter beaux succès et heureux retour. S'il ne m'est point possible de me joindre à vous de corps, comme je l'aurais voulu, mon esprit et mon cœur sont avec vous, avec ces braves officiers et ces intrépides équipages, près desquels je serais heureux que V. E. voulût bien être l'interprète des sentiments d'admiration et de reconnaissance qui ne sont pas seulement les miens, mais ceux de ma nation tout entière.

« Puisse le ciel protéger leurs nobles et courageux efforts et les ramener promptement glorieux et triomphants à Constantinople. »

Mehméd-Kiprisli Pacha.

Nous avons reproduit cette lettre, car ces termes enthousiastes montrent de quels sentiments de reconnaissance sincère était animé le gouvernement du Sultan envers les nations alliées qui venaient, à travers les mers, protéger la Turquie et sauvegarder ses droits violés par une injuste invasion. — Ces mêmes sentiments ne se sont pas un seul instant refroidis dans le cœur de Sa Hautesse et l'on en retrouvera la trace vivante à chaque pas de cette campagne.

Le renfort que la flotte turque apportait aux escadres alliées était inutile dans les circonstances actuelles; aussi les amiraux Hamelin et Dundas s'empressèrent de répondre collectivement au ministre turc pour le remercier des nobles sentiments qu'il exprimait, et l'engager à envoyer de préférence ses vaisseaux sur les côtes de Roumélie et de Bulgarie, où leur présence était beaucoup plus nécessaire. Mais, avant que cet avis fût parvenu à Constantinople, une frégate ottomane ayant à son bord Mussladeawer-Pacha (capitaine Hade) vint annoncer que cette flotte, entrée en mer Noire, venait de mouiller sous le cap Kavarna.

LXIII. — L'immobilité que les vaisseaux ennemis conservaient dans leur port, ne devait ralentir en aucune façon les opérations de guerre sur les côtes russes projetées entre les deux amiraux. Ils poursuivaient la croisière de blocus établie sur la parallèle de Sébastopol; chaque jour les vapeurs alliés chassaient dans toutes les directions.

Le 7 mai, une division anglo-française part sous les ordres du contre-amiral Lyons pour aller détruire, soit sur le littoral de la Crimée, soit sur celui de Circassie, les établissements russes et capturer les bâtiments. Cette division navale est composée des vaisseaux à vapeur *l'Agamemnon*, portant le pavillon de l'amiral Lyons, du vaisseau à vapeur français *le Charlemagne*, commandé par le capitaine de Chabannes, de cinq bâtiments à vapeur anglais et de deux frégates à vapeur françaises, *le Mogador* et *le Vauban*.

« Cette dernière frégate à vapeur, écrit l'amiral en chef, et trois des bâtiments à vapeur anglais opéreront leur retour dans l'escadre, alors que cette division navale ayant exécuté ce qu'il est possible de faire dans la baie de Théodosie, se dirigera le long de la côte de Circassie, où se transporteront deux vaisseaux et trois frégates à vapeur. »

Avant de suivre l'amiral Lyons dans sa course aventureuse et si pleine d'intérêt sur les côtes de la Circassie, jetons un coup d'œil rapide sur les événements qui se passèrent jusqu'au moment où les flottes vinrent retrouver leur mouillage de Baltchick.

Les dix-sept vaisseaux restant des escadres combinées devaient, pendant le cours de ces opérations, croiser sans cesse en vue de Sébastopol, pour y tenir en respect l'escadre russe. Mais déjà les brumes du printemps, si intenses et si fréquentes dans ces parages, et qui s'étaient montrées dès les premier jours du mois de mai, commençaient à envelopper les flottes. — De jour en jour elles devinrent plus épaisses, chargeant l'atmosphère de leurs humides et compactes vapeurs.

Dès lors les évolutions, les courses et les reconnaissances deviennent impossibles ; chaque bâtiment ne manœuvre plus que pour éviter les abordages avec ses voisins, au moyen de tintements de cloche ou de sonneries de clairon. Afin de diminuer, autant qu'il est possible, les chances d'avaries, les escadres sont presque toujours en panne; de temps en temps la voix imposante du canon vient percer ces ténèbres de brumes ; le nombre et l'intervalle des détonations soigneusement observés, portent dans l'obscurité les ordres des amiraux.

Dès qu'une éclaircie apparaît, aussitôt chaque vaisseau se couvre de voiles pour rallier son poste dans la ligne. Plus d'une fois les bâtiments français et anglais se trouvent mêlés entre eux dans cette nuit perpétuelle, et plus d'une fois aussi, quelques vapeurs, notamment *le Caton* (capitaine Pothuau), se glissent hardiment à travers les flots de brouillard et viennent communiquer aux vaisseaux égarés les relèvements et les ordres du commandant en chef.

Chaque journée, chaque nuit pouvait amener avec soi des malheurs impossibles à prévoir; et pour les amiraux, tenus ainsi immobiles et enchaînés, les heures s'écoulaient dans l'anxiété la plus cruelle.

LXIV. — En effet, *cette croisière de brumes*, on peut ainsi l'appeler, que les flottes venaient de traverser avec un bonheur presque providentiel, devait être cependant fatale à l'un des plus intrépides éclaireurs anglais détachés devant Odessa.

Le 12 mai, la belle frégate à vapeur *Tiger*, égarée par les brouillards, se mit à la côte sous le cap Fontan, à 4 milles au-dessus d'Odessa. — Pendant que l'équipage tentait avec une ardeur désespérée les plus grands efforts pour arracher ce bâtiment aux récifs, une éclaircie fatale vint révéler sa présence aux Russes; des pièces de campagne sont amenées en toute hâte sur le sommet de la falaise ; de nombreuses troupes accourent y prendre position et commencent aussitôt un feu plongeant sur les malheureux naufragés. — Dès les premières décharges, huit hommes étaient tombés tués ou gravement blessés; parmi eux, était le brave capitaine Giffard, qui atteint d'une fièvre violente, n'avait quitté ce jour-là son lit, que pour voir sa belle frégate échouée à la côte : il donnait à tous l'exemple du courage et de l'énergie, lorsqu'un boulet vint lui briser les deux cuisses, blessure cruelle à laquelle il devait succomber.

Il n'y avait aucun espoir de remettre à flot *le Tiger*, et nos braves alliés voulurent au moins ne laisser au pouvoir des Russes que le squelette du navire, qu'ils ne pouvaient plus ni sauver ni défendre; ils l'incendièrent de leurs propres mains. *Le Niger* et *le Vesuvius*, séparés du *Tiger* par l'épais brouillard qui s'était abattu sur la mer, n'arrivèrent sur le lieu du sinistre que pour voir le malheureux bâtiment la proie des flammes, et l'équipage fait prisonnier.

Aussitôt que l'amiral Hamelin eut connaissance de ce fatal événement, *la Ville de Paris* signala au *Britannia*, vaisseau amiral sur lequel flottait le pavillon de l'amiral Dundas.

« Nous ressentons vivement la perte du *Tiger ;* c'est aussi pour nous un malheur national. »

L'amiral Dundas répondit aussitôt :

« Merci ! il ne portera jamais les couleurs russes. »

Noble et mâle réponse ! Dernier honneur rendu à ce pauvre navire que la flamme avait dévoré.

Quelque cruel que fût cet événement, il fallait rendre grâces à Dieu qui avait permis que de plus grands malheurs ne fussent pas à déplorer au milieu des vents, des neiges et des orages de la mer Noire.

LXV. — Les vapeurs *le Vauban* et *la Retribution*, successivement détachés de l'escadre à vapeur, sous les ordres de l'amiral Lyons, ont rejoint les flottes, et appris aux amiraux que la baie de Kaffa ou de Théodosie a été minutieusement explorée. — Après avoir défilé devant la ville, à un mille environ de distance, la division navale avait constaté l'absence de tout établissement public et militaire. — Aucun navire russe n'était sur rade ; aussi l'amiral Lyons avait jugé inutile de rien tenter contre cette petite ville, ou plutôt contre ce village.

Trois vapeurs avaient également parcouru les abords du détroit de Kertch, dont les passes, selon l'avis officiel donné par le consul anglais avant son départ, avaient été barrées par des navires coulés bas (1).

L'escadre continuant sa route avait constaté qu'Anapa et Soujak étaient dans un très-sérieux état de défense ; les Russes y avaient concentré 20 000 hommes, et l'a-

---

(1) Ces obstacles, en effet, ne disparurent que plus tard, lors des grandes crues d'eau, et des coups de vent de nord de l'hiver suivant.

miral Lyons estimait qu'on ne saurait y entreprendre d'attaque maritime efficace sans un corps de débarquement. — Devant Anapa deux transports russes avaient été capturés ; ils étaient chargés de troupes qui venaient d'évacuer l'un des forts situés plus au sud. — Ce petit corps fait prisonnier comptait 300 hommes.

Telles étaient les premières nouvelles parvenues aux amiraux Hamelin et Dundas. — L'amiral Lyons continuait sa route vers la côte de Circassie.

Les commandants en chef des flottes combinées, après s'être concertés, décidèrent qu'ils devaient rejoindre leur mouillage de Baltchick. — Ce fut une résolution sagement combinée, inspirée à la fois par la gravité des événements dont la Bulgarie était le théâtre, et par l'arrivée des commandants en chef de l'armée de terre qui, depuis les premiers jours du mois, se trouvaient à Constantinople. Il était facile de prévoir que la lutte allait s'engager dans les Principautés danubiennes, et que les forces alliées de terre ou de mer devaient se tenir prêtes à tout événement.

Les brumes qui n'avaient pas cessé d'assombrir le temps se sont enfin dissipées. — Le vent est devenu favorable et les flottes en profitent pour mettre à la voile. — Le 20 au soir, elles sont de retour au mouillage de Baltchick, après avoir passé au milieu de la flotte turque qui, au nombre de 8 vaisseaux, 3 vapeurs et 3 corvettes, était à l'ancre sous le cap Kavarna.

LXVI. — Il n'est pas sans intérêt d'aller rejoindre l'escadrille commandée par l'amiral Lyons et de la suivre dans sa curieuse et importante excursion sur les côtes de Crimée.

Nous l'avons dit plus haut, le but principal que se proposait la division navale sous les ordres de l'amiral, était, tout en constatant les points défensifs abandonnés ou conservés par les Russes sur tout le littoral de la mer Noire, de s'aboucher avec les principaux chefs circassiens, et de leur inspirer confiance pour l'appui que la Turquie et les nations alliées pourraient apporter, dans des cas éventuels, au soulèvement des populations.

Le contre-amiral Lyons et le commandant de Chabannes, placé sous ses ordres, ne tardèrent pas à s'apercevoir que les tribus de la côte de Circassie obéissaient à des chefs particuliers ne s'entendant pas tous entre eux, ce qui pouvait, ce qui devait inévitablement amener des déchirements fâcheux.

« Ils ont absolument besoin d'un chef qui prenne le commandement supérieur, et qui ait une autorité suprême sur tous, » écrivait à l'amiral Hamelin le commandant de Chabannes.

Le *naïb* ou lieutenant de Schamyl (Mohammed Emin-Bey) semblait réunir ces conditions, et les différents chefs des tribus paraissaient disposés à lui obéir. — Il était donc essentiel de s'entendre avec le naïb ; aussi, dès le 10 mai au soir, un courrier lui fut expédié, et l'amiral Lyons espérait le voir à Gélendjik où il serait arrivé, disait-on, au plus tard, le 14. La flottille resta donc à ce mouillage jusqu'au 14 au soir, mais ayant appris qu'il ne pouvait s'y trouver avant une dizaine de jours, les vaisseaux alliés quittèrent Gélendjik et arrivèrent le lendemain, à midi, devant Bardan.

LXVII. — On n'apercevait en cet endroit aucun fort; nuls moyens de défense n'apparaissaient, si ce n'étaient toutefois des montagnes boisées qui descendaient jusqu'à la mer.

« Les Russes, néanmoins, n'ont jamais pu s'y établir, écrivait, à cette époque, le commandant de Chabannes, et les Circassiens s'y sont constamment maintenus dans les nombreux villages qui avoisinent le rivage. C'est par Bardan que les Circassiens ont pu, jusqu'à présent, recevoir les munitions qui leur ont été apportées de Trébizonde sur des bateaux turcs, qui parvenaient à tromper la vigilance des croiseurs russes. L'escadre avait à son bord un chef circassien venu de Constantinople; ce chef étant de Bardan, l'amiral Lyons l'y laissa.

« Avec ce chef circassien furent mis à terre, par les ordres de l'amiral anglais, le capitaine Brook, le lieutenant du génie Tauton, le docteur Sarelle, et une escorte de cinq sapeurs-mineurs, pour aller trouver le naïb et concerter avec lui les moyens d'attaque contre Soujak et Anapa. D'après les instructions données au capitaine Brook par l'amiral Lyons, qui a bien voulu me les communiquer, cette démarche auprès du chef circassien a eu lieu au nom de l'Angleterre et de la France. »

Partout les chefs de tribus n'attendaient, disaient-ils, qu'un ordre pour se réunir et marcher contre les Russes. Les alliés leur répondaient. — « Soyez toujours prêts à vous lever en masses, et attendez les ordres de Schamyl ou d'Emin-Bey; quant à nous, nous agirons du côté de la mer, lorsque le moment sera venu, pour vous aider à chasser les Russes de tous les points qu'ils occupent encore sur le territoire circassien. »

Le 16, à trois heures du matin, la flottille mit sous vapeur pour longer la côte jusqu'à Soukoum-Kalé. Elle passa ainsi devant les forts de Sotcha, Pitsounda, Bombori; tous avaient été successivement abandonnés par les Russes et en partie détruits. — A sept heures, la petite escadre mouillait dans la baie de Soukoum-Kalé, à un demi-mille environ de la ville.

LXVII. — Cet établissement offrait un aspect plus grand et plus considérable qu'on ne l'avait supposé. On apercevait, bordant la plage, de belles maisons en pierre, puis de grands édifices, des casernes, un hôpital, une école régimentaire. — De charmantes petites habitations, entourées de jardins en fleur et d'une multitude de rosiers, réjouissaient la vue et reposaient délicieusement la pensée assombrie par les teintes sauvages et par l'aspect sévère des collines, qui s'étendaient au loin le long de ces côtes : la mer elle-même semblait caresser cette plage de ses flots les plus limpides. Tout à l'intérieur avait été saccagé par les Abases accourus des montagnes après le départ des Russes (1).

Mais l'amiral Lyons avait hâte d'atteindre Redout-Kalé, que les Russes, assurait-on, avaient aussi évacué.

Le 17, à trois heures du matin, les bâtiments quittaient Soukoum-Kalé et passaient à midi devant Redout-Kalé, le port le plus important de la côte sud de la mer Noire (2).

---

(1) - RAPPORT DU COMMANDANT DE CHABANNES.

« C'est le 19 avril, que le corps d'armée russe, fort de 3 à 4000 hommes, a évacué Soukoum-Kalé, pour se diriger sur Kutayeh ; les femmes et les malades avaient probablement été embarqués sur des bâtiments grecs pour Kertch. Les canons ont été laissés dans le fort et dans la batterie en terre. Ils sont au nombre de 30, ils ne sont pas tous encloués, et ceux qui le sont, le sont très-imparfaitement ; les affûts ont été brûlés, et les poudres, nous a-t-on dit, jetées à la mer ; tout le reste des munitions est resté intact. Il y a plusieurs milliers de boulets, d'obus et de paquets de mitraille, de très-grands approvisionnements de farine (quelques centaines de tonneaux) et 7 à 800 tonneaux de charbon anthracite. Pour abandonner un point de cette importance, en y laissant des approvisionnements aussi considérables, il faut que les Russes aient eu des motifs bien puissants, ou qu'ils aient mis une bien grande précipitation. Il paraît qu'ils avaient l'intention de brûler Soukoum-Kalé comme ils avaient brûlé tous les autres forts qu'ils ont abandonnés ; mais, à la sollicitation du prince héréditaire d'Abasie, Michel Cherfildehidzl, ils n'ont rien détruit, sous la condition que leur retraite sur Kutayeh ne serait pas inquiétée par les Abases. La remise de la ville a donc été faite au prince Michel, ou plutôt à son représentant Hassan-Bey ; mais Mohammed-Emin-Bey avait expédié 2000 Circassiens, sous le commandement d'Ibrahim-Bey, pour prendre possession de Soukoum-Kalé. Ils sont arrivés peu après le départ des Russes et ont pris possession de la forteresse. »

(2) EXTRAIT D'UNE CORRESPONDANCE PARTICULIÈRE.

« Redout-Kalé, écrit un des officiers de la flotte, était considéré par les Russes comme une de leurs plus importantes possessions des bords

Il fut facile de reconnaître, dès la première inspection, que ce point n'était pas abandonné, comme ceux devant lesquels la division navale venait de toucher ; les bâtiments s'en approchèrent immédiatement. Les batteries étaient armées ; de plus, les vigies placées au haut des mâts signalaient un assez gros corps d'infanterie masqué par les maisons ; dans les environs, se tenaient des cavaliers cosaques et mingréliens, en tout environ 7 à 800 hommes. — *Le Sampson* reçut l'ordre de courir en terre à sondant. D'après les sondes signalées, tous les bâtiments, vaisseaux et vapeurs, pouvaient canonner les batteries placées à l'entrée de la rivière. La destruction de Redout-Kalé n'était donc pas un instant douteuse.

LXIX. — Le commandant de Chabannes, du *Charlemagne*, se rendit aussitôt à bord de *l'Agamemnon*, pour arrêter avec l'amiral Lyons un plan de conduite.

« Détruire un point à portée de nos canons appartenant aux Russes, écrit cet officier à l'amiral Hamelin, était chose simple et sur laquelle il n'y avait pas plus de doute dans l'esprit de l'amiral, que dans le mien ;

---

de la mer Noire ; ce n'est pas une de ces simples forteresses destinées à contenir les montagnards et à les empêcher de recevoir des secours ; c'est à la fois une position militaire et un port de commerce situés sur le bord de la mer, à l'embouchure d'un grand fleuve qui traverse la Mingrélie et la Géorgie, c'est-à-dire des pays soumis aux Russes. Redout-Kalé renferme de grands magasins remplis de marchandises qui se transportent par d'assez grands bateaux dans l'intérieur du pays. »

mais comme le but que nous nous proposons est de servir par tous nos moyens la cause des Turcs, et que, d'une part, si nous pouvions détruire la place, de l'autre, nous ne pouvions l'occuper, nous avons arrêté qu'il fallait, en toute hâte, nous rendre à Tchourouk-sou, auprès de Sélim-Pacha, pour lui demander des troupes. En effet, la position de Redout-Kalé devant avoir pour l'armée turque une grande importance, il valait mieux, au lieu de la détruire, combiner notre action avec Sélim-Pacha, la prendre et la lui laisser. »

Aussitôt cette résolution arrêtée, les bâtiments firent route à toute vitesse vers le sud, et mouillèrent le soir, à six heures et demie, devant Tchourouk-sou. — Sélim-Pacha n'était pas au camp, ce qui fit perdre une dizaine d'heures, car il fallut que le général, qui commandait en son absence, lui envoyât un exprès. Sa réponse arriva le lendemain matin; un bataillon de 800 hommes et trois pièces de canon furent mis aussitôt à la disposition de l'amiral.

Ce petit corps de troupes, réuni sans retard sur la plage, fut embarqué sur les trois vapeurs qui, plus que les vaisseaux, pouvaient approcher la terre.

Rien, depuis la veille, n'avait été changé à Redout-Kalé; les vigies signalaient toujours du monde dans les batteries et devant le corps de garde placé à l'entrée de la rivière; elles avaient aperçu un escadron, soit mingrélien, soit cosaque, se dirigeant dans le bois vers Redout-Kalé. — Tout faisait donc supposer que les Russes n'abandonneraient pas ce point, sans essayer de le défendre; aussi, pour parer aux éventualités, les dispositions d'attaque avaient été prises à l'avance par l'amiral Lyons et concertées avec le commandant de Chabannes.

Voici ces dispositions :

« Stopper à 2 milles sud de la batterie, débarquer nos canots, les envoyer aux bateaux à vapeur pour prendre les troupes. De minutieuses précautions sont prises pour que le débarquement s'opère avec ordre et célérité; les troupes embarquent dans les canots, par compagnies et fractions de compagnies. Le nombre d'hommes à mettre dans chaque canot est déterminé d'avance, le poste de chaque embarcation connu; les canots armés en guerre doivent tous se réunir derrière *le Sampson*, chargé spécialement de protéger le débarquement qui doit avoir lieu, à peu près au point où l'on aura stoppé. Les vaisseaux, mouillés le plus près possible de terre, de manière à prendre les batteries en écharpe, jetteront des obus dans le bois pour en déloger l'ennemi qui aurait pu y être placé, dans le but de s'opposer au débarquement; une fois les troupes assez avancées pour empêcher les vaisseaux de continuer leur feu, les embarcations devront côtoyer la plage, prêtes à appuyer de leur artillerie l'infanterie turque. »

LXX. — Pendant que les canots, sur lesquels le bataillon turc avait été embarqué, se réunissaient par groupe à l'arrière du *Sampson*, chargé de les couvrir, le lieutenant Mapse, détaché de *l'Agamemnon*, abordait au rivage, sous pavillon parlementaire.

Cet officier avait mission de remettre au commandant russe de Redout-Kalé la sommation de se rendre. L'aide de camp de l'amiral anglais fut reçu avec une grande courtoisie; il remit la sommation dont il devait, selon les ordres de l'amiral, attendre la réponse pendant le délai fixé.

Voici le texte de cette sommation :

> Vaisseau *l'Agamemnon* devant Redout-Kalé,
> le 19 mai 1854.

« Monsieur le Commandant,

« Vous vous trouvez placé à Redout-Kalé dans une position qui ne vous permet pas de vous défendre contre les forces supérieures dont nous disposons, pour vous attaquer par terre et par mer.

« La résistance de votre part amènerait des désastres que nous désirons éviter.

« Nous venons, en conséquence, monsieur le Commandant, vous inviter à vous rendre sur-le-champ à nous avec les forces que vous commandez ; vous serez reçus prisonniers avec les honneurs de la guerre à bord de nos vaisseaux.

« L'officier qui vous remettra cette sommation a l'ordre d'attendre dix minutes votre réponse. Si, à l'expiration de ce court délai, vous n'avez pas satisfait à notre demande, nous serons dans la nécessité d'avoir recours à la force, et vous devrez en subir les conséquences.

| « Le contre-amiral, commandant une division de la flotte anglaise dans la mer Noire, Lyons. | Le capitaine de vaisseau, commandant *le Charlemagne* de la flotte française dans la mer Noire, de Chabannes. » |

Un des officiers russes répondit que le commandant étant absent, on ne pouvait donner une réponse immédiate, mais qu'on était allé en toute hâte le prévenir, et qu'il ne pouvait tarder d'arriver.

En raison de cette affirmation l'aide de camp de l'amiral Lyons crut devoir prolonger de quelques minutes le délai fixé, après avoir préalablement prévenu l'amiral par signal; mais cette réponse se faisant trop longtemps attendre, il dut se retirer et retourner à bord.

Aussitôt *l'Agamemnon* et *le Charlemagne* s'approchèrent, autant que le leur permettait leur tirant d'eau, et ouvrirent le feu sur un bois bordant la plage de débarquement, où l'on avait aperçu des Cosaques, puis sur les batteries élevées du côté de la mer.

Les batteries ne répondirent pas, ou plutôt, leur feu cessa subitement après quelques coups dirigés sur les embarcations.

LXXI. — Les troupes turques mises à terre s'élancèrent dans le fort et trouvèrent toutes les batteries abandonnées.

Le délai que les officiers russes avaient demandé pour attendre une réponse qui ne devait point arriver, était un prétexte afin de gagner du temps, assurer la retraite des troupes en bon ordre et préparer l'incendie et la destruction de Redout-Kalé. — A 500 mètres environ de l'entrée, un pont de bateaux réunit les deux rives; c'est par là que disparaissent les derniers Russes, au moment où nous prenons possession de la ville. Derrière eux, ils coupent le pont et rendent ainsi toute poursuite impossible. Au loin, dans la plaine, on aperçoit, hors de portée du canon, 7 à 800 hommes environ d'infanterie et de cavalerie qui se retirent. Un petit nombre de cavaliers mingréliens échangent seuls, à grande distance, quelques coups de fusil avec les tirailleurs turcs.

Fidèles à leur système, les Russes laissaient la ruine derrière eux. A un mille au delà environ, une fumée noire s'éleva bientôt dans les airs en tourbillons épais et lugubres; c'était l'incendie qui commençait déjà de plusieurs côtés, et dévorait les maisons sur les deux bords de la rivière. Bientôt les flammes, comme un torrent de feu, envahirent un grand espace et donnèrent une sinistre clarté à la nuit qui commençait à descendre du ciel.

Le lendemain, la ville de commerce, la veille encore si florissante, n'offrait plus que des décombres et un aspect désolé de ruines encore fumantes. Si quelques maisons restèrent debout, ainsi que les casernes et les magasins, c'est que, dans la précipitation de la retraite, le temps avait manqué aux Russes pour achever entièrement leur plan de destruction.

Les Turcs devaient occuper Redout-Kalé; on se mit aussitôt à l'œuvre pour établir de solides retranchements et un système de fortifications qui leur permît de résister à des forces même supérieures. L'amiral anglais envoya des hommes et des outils pour hâter ce travail, puis vint lui-même, le lendemain, avec le commandant de Chabannes examiner et diriger les travaux.

LXXII. — L'escadre devait s'éloigner dans la soirée pour continuer sa route; mais l'amiral Lyons, avec une sage prévoyance, résolut de laisser en vue de ce point un bateau à vapeur qui, en cas d'attaque imprévue, donnait à la fois aux Turcs une force réelle et un appui moral.

Le Sampson fut chargé de cette mission.

Il ne restait plus aux Russes, sur le versant occidental du Caucase, que les forts d'Anapa et de Soujak.

Un point fort important à constater, c'est que, sur toute la côte de Circassie, les bâtiments alliés furent reçus comme des libérateurs.

« Le temps était beau, écrivait l'amiral Lyons, l'eau profonde, de telle sorte que nous nous sommes approchés très-près de la côte, et toujours à la lumière du soleil. Chaque fois que nous entrions dans la gorge d'une de ces délicieuses vallées, avec nos pavillons anglais et français arborés, les Circassiens accouraient sur le rivage, et témoignaient leur joie en tirant en l'air des coups de fusil, et en agitant des drapeaux et des mouchoirs.

« Lorsque nous avons débarqué dans les localités les plus importantes, les Circassiens nous ont aidés, et, après avoir franchement exprimé leur contentement, ils se mettaient en cercle autour de nous dans l'ordre le plus parfait, tandis que leurs chefs venaient et nous parlaient, au vicomte de Chabannes et à nous, avec un air de dignité personnelle qui, joint à leur belle et haute physionomie, ainsi qu'à leur manière de porter les armes, était excessivement remarquable, et tous répétaient invariablement, qu'en se tournant avec reconnaissance et admiration vers la France et l'Angleterre, comme vers les instruments dont la Providence se servait pour les délivrer de leurs oppresseurs, ils croyaient que ce n'était qu'une juste récompense de leur constance et de leur patriotisme.

« C'est certainement une race belle et intelligente, et je crois qu'il n'en est aucune qui soit plus propre à la guerre irrégulière dans les montagnes. »

Cette mission confiée à l'amiral Lyons terminait la croisière des flottes dans la mer Noire.

LXXIII. — « Il n'a pas dépendu de nous (écrivait l'amiral Hamelin au ministre de la marine, en rade de Baltchick) que les faits de guerre, dont cette croisière de plus d'un mois a été semée, ne fussent plus nombreux, plus importants ; mais les forces navales russes se sont tellement tenues renfermées dans Sébastopol, à l'abri des mille bouches à feu de ce port, que pendant vingt jours passés à croiser à petite distance de ce point, nous n'avons pu amener un seul bâtiment ennemi à livrer combat, même à nos éclaireurs. »

Certes, lorsque l'amiral, dans son ordre du jour à l'escadre française, disait : « Cette dernière croisière n'a pas été sans quelque lustre pour nos armes, » il avait raison; aussi, avant de nous engager dans les grandes questions que nous touchons déjà du doigt, nous avons cru devoir suivre, pas à pas, les flottes combinées. — Ces faits maritimes, passé inconnu, pour ainsi-dire, dans l'histoire de la guerre de Crimée, auront, on le verra, une grande importance dans l'avenir.

De plus, les conséquences immédiates furent grandes et réelles. — Les voici :

Le port impérial d'Odessa et ce qu'il renfermait complétement détruits par nos bateaux à vapeur; la flotte russe défiée dans ses ports qu'elle n'avait pas osé franchir; nos croiseurs, soit en mer, soit sur les rades ouvertes, s'emparant de tous les bâtiments portant pavillon russe, ce pavillon auquel il est interdit, sous peine de capture, de sillonner dorénavant les eaux de la mer Noire, dont le czar avait prétendu faire un lac moscovite. — Plus que tout enfin, l'abandon ou la destruction des seize forts échelonnés par la Russie, pendant plus d'un demi-siècle de travaux et de combats, sur les 200 lieues de côtes qui séparent Anapa, près de la mer d'A.-zoff, de Batoum voisin des frontières de la Turquie, abandon qui laisse l'armée russe d'Asie complétement à découvert ; tels sont les faits qui préparent les événements futurs, et dont les escadres peuvent se glorifier à juste titre.

Il ne faut pas non plus oublier de constater un résultat qui donnait à notre marine une grande confiance en elle-même, c'est que dix-neuf vaisseaux des escadres combinées avaient navigué de compagnie, pendant plus d'un mois, avec un ensemble parfait : c'est, qu'enveloppés par des brumes épaisses et presque continuelles, ils avaient croisé, durant vingt jours, devant Sébastopol, sans qu'il s'en soit suivi aucun accident de mer, aucune séparation.

LXXIV. — Mais nous voici arrivés à une phase nouvelle où la marine va perdre sa liberté d'action, où ses mouvements vont être enchaînés à ceux de l'armée de terre, par une continuelle et indispensable nécessité. Son rôle va changer ; ville vivante, elle transportera sur les flots toute une armée de combattants, et la jettera, en quelques heures, sur la plage étonnée du bruit retentissant des armes. — Toutefois, l'amiral prévoyant que la flotte pouvait être appelée par la suite des événements à agir dans les eaux intérieures du Danube, et à entrer dans la mer d'Azoff, renouvelait au ministre de la marine la demande, d'une flottille de canonnières à vapeur, d'un faible tirant d'eau.

« Je n'entrevois pas, écrivait-il en date du 20 mai, d'opérations actives de guerre sur mer, autres que celles qui pourraient être exécutées avec le concours du corps expéditionnaire d'Orient. Et encore, pour que notre coopération fut ce qu'elle doit être, importerait-il beaucoup que nous eussions dans la mer Noire une flottille de canonnières à vapeur. — Cette flottille sera non-seulement nécessaire, mais indispensable pour pénétrer dans le Danube et ses affluents, alors que nos troupes seront en mesure de chasser l'armée russe du territoire ottoman ; elle sera indispensable encore, si l'on veut opérer la conquête de la Crimée, lorsqu'après avoir occupé l'isthme de Pérécop, on s'emparera également de Kertch, cette clef de l'entrée de la mer Noire, pour faire sillonner les eaux de cette mer à des divisions navales franco-anglaises, et intercepter par mer toute communication de la Russie avec la Crimée.

« Cette flottille nous sera nécessaire enfin, si l'on veut également attaquer l'armée russe d'Asie, dont un des flancs est resté découvert, depuis l'abandon des forts de Soukoum-Kalé, Redout-Kalé, etc., par où elle recevait jadis ses renforts et ses approvisionnements, et par où elle doit s'attendre, un jour, à voir arriver un corps d'armée ennemi. »

Dès cette époque, on le voit, l'importance de l'occupation de la mer d'Azoff et du détroit de Kertch, en cas de descente en Crimée, n'avait pas échappé au commandant en chef de notre escadre.

CHAPITRE VII.

LXXV. Disons, en quelques mots, où en sont les événements de la guerre; nous ne ferons ici qu'indiquer rapidement leur passage, car nous les avons retracés fidèlement, pièces officielles en main, dans les deux volumes que nous avons déjà publiés sur l'expédition de Crimée (1).

Le maréchal de Saint-Arnaud et lord Raglan sont arrivés à Constantinople, et chaque jour amène de nouvelles troupes à Gallipoli, notre base éventuelle d'opérations.

Les Russes jettent des ponts sur le Danube et marchent sur Silistrie. — Les deux généraux accourent à Varna avec le séraskier; de là, ils se rendent à Shumla, où l'armée turque s'est retranchée, forte de 45 000 hommes. — Un courrier arrive apportant des nouvelles. « Les Russes, au nombre de 70 à 80 mille, pressent l'attaque de Silistrie avec acharnement. — L'investissement complet est imminent. »

Il n'y a pas un instant à perdre; le rôle des armées alliées est tracé : elles doivent être portées en toute hâte sur Varna, pour opposer une digue au torrent, et donner

(1) *Expédition de Crimée*, vol. I, pages 23 et suivantes.

à l'armée turque qui combat, une puissance morale et un appui réel.

Omer-Pacha, en concentrant toutes ses forces disponibles sur différents points, pouvait, disait-il, réunir en vingt jours 70 000 hommes et 180 pièces de canon. — Pendant le même espace de temps, lord Raglan espérait amener 20 000 Anglais, nous 35 000 Français. Total, 120 à 125 000 combattants, appuyés par plus de 300 pièces de canon.

Mais il fallait que les flottes, par une activité et une énergie sans égales, missent, pour le transport des troupes, tous leurs moyens à la disposition des généraux en chef.

L'amiral Hamelin et l'amiral Dundas, prévenus de l'arrivée de lord Raglan et du maréchal de Saint-Arnaud, se rendent à Varna, le 22 mai; l'amiral Hamelin, sur *le Caton*, l'amiral Dundas, sur *le Furious*. — Les généraux en chef doivent être de retour, le soir même, de Shumla.

LXXVI. — C'est dans la nuit du 22 au 23, qu'eut lieu cette première et grave conférence. Les amiraux apprennent que Silistrie est serrée de près par les Russes et enveloppée de toutes parts; un danger de mort plane sur la ville assiégée : — c'est là, peut-être, que doit se juger toute la question de la guerre. Les généraux demandent avec instance aux commandants en chef des escadres tous les bâtiments à vapeur dont ils peuvent disposer, pour transporter sans retard leurs armées de Gallipoli à Varna.

La conférence fut longue ; elle dura plusieurs heures.

L'amiral Hamelin, pénétré de l'importance de la situation, met toute son escadre au service du maréchal. Celui-ci, dont la pensée, comme il le dit lui-même, était déjà fixée sur une expédition en Crimée, interrogea avec avidité l'amiral sur la croisière qu'il venait d'effectuer dans la mer Noire, sur le résultat de ses explorations, et sur les points les plus propres à un vigoureux et hardi coup de main.

Les renseignements recueillis jusque-là disaient : que les Russes avaient en Crimée près de 80 000 hommes ; tous les ports sont défendus ; sur toutes les crêtes, près de la mer, des sémaphores sont établis avec des signaux, et des postes de cavaliers, aussitôt qu'apparaît un bâtiment, en donnent avis et courent prévenir dans l'intérieur de Sébastopol et à Simphéropol. Les Russes sont déterminés à une défense à outrance ; ils brûleront et dévasteront le pays. Ils ont 20 000 soldats à Anapa, prêts à être lancés en Crimée par la mer d'Azoff.

Dès le 23, *le Vauban* part en toute hâte porter aux vapeurs de guerre français échelonnés dans les détroits, l'ordre de se rendre sur-le-champ à Gallipoli, pour y embarquer nos troupes. — Tous les vapeurs turcs disponibles ont reçu la même mission. — De son côté, l'amiral Bruat donnera le concours de son escadre mouillée en rade de Gallipoli.

Le 1er juin, les amiraux proclament le blocus effectif du Danube et de ses embouchures avec la mer Noire.

afin d'arrêter les transports d'approvisionnements destinés aux armées russes (1).

LXXVII. — Le 2 juin, le vapeur *le Cacique* amène le général Canrobert, son état-major et les premiers détachements des troupes françaises.

A son arrivée à Varna, le général trouve le chef d'état major de l'escadre française qui s'y était rendu, dès le matin, pour organiser le débarquement des corps, et s'entendre avec le général, sur la mise à terre de sa division.

Les Anglais ont déjà plusieurs milliers d'hommes débarqués sur ce point, et la plage offre cet aspect mouvementé et pittoresque que devait lui donner, pendant plusieurs mois, l'arrivée successive des corps apparte-

---

(1) 1*er juin* 1854. — *Baltchick.* — *Escadres combinées dans la mer Noire.*

« Par suite du passage du Danube par l'armée russe, de l'occupation de la Dobrutcha, de la prise de possession des embouchures, ainsi que des deux rives dudit fleuve.

« Nous soussignés, vice-amiraux commandant en chef les forces navales combinées de France et d'Angleterre dans la mer Noire, déclarons par la présente, au nom de nos gouvernements respectifs, et portons à la connaissance de tous ceux que la chose peut intéresser, que nous avons établi le blocus effectif du Danube, afin d'arrêter tout transport d'approvisionnements aux armées russes.

« Sont comprises dans ce blocus toutes celles des embouchures du Danube qui communiquent avec la mer Noire, et avertissons, par les présentes, tous les bâtiments de toutes nations, qu'ils ne pourront entrer dans ce fleuve jusqu'à nouvel ordre.

Le vice-amiral commandant en chef l'escadre française.	Le vice-amiral commandant en chef les forces britanniques.
HAMELIN.	S. W. D. DUNDAS.

nant soit à l'armée anglaise, soit à l'armée française. — Au milieu de la population turque, qu'une avide curiosité a entraînée sur la plage, se pressent aux portes étroites de la ville les soldats des deux nations, mêlés aux fourgons du train, aux chevaux et aux arabas que conduisent des Bulgares avec des cris perçants. — C'est une activité tumultueuse, vie inconnue à cette ville d'ordinaire calme et silencieuse : c'est la guerre avec ses mille voix qui se presse dans son sein, ou s'agite autour d'elle. — Deux brèches ont été pratiquées dans le mur d'enceinte, pour faire pénétrer le matériel des deux armées dans la ville ; — le personnel entre par la porte de mer. Les arrivages se succèdent avec rapidité, et la marine se multiplie en efforts infatigables.

Le lendemain, arrive un convoi de vapeurs et de transports qui contient 6000 hommes, toute la première brigade de la division Canrobert. — Le vaisseau *le Henri IV*, que commande le capitaine de vaisseau Jehenne, et *le Bayard*, commandant Borins, dirigent le débarquement du matériel et des troupes. Le 4, tout est à terre, hommes, chevaux et bagages.

LXXVIII. — Le 7 juin, l'amiral Hamelin et le maréchal de Saint-Arnaud se réunissent de nouveau en conseil à Varna ; le maréchal est dévoré par la fièvre de l'impatience et par l'ardeur du combat. — Ignorant des choses de la mer, il ne s'était point rendu un compte exact de toutes les éventualités, de tous les obstacles, de toutes les difficultés qu'entraîne avec elle la navigation des bateaux à voiles : les retards impossibles à éviter le désolent.

Cependant les nouvelles de Silistrie sont meilleures; les Turcs résistent aux attaques de l'armée ennemie; mais d'un instant à l'autre, un fatal événement peut changer la face des choses.

Les armées alliées arriveront-elles à temps?

C'est la marine qui tient leur destin dans ses mains; aussi, l'amiral usera de tous les moyens en son pouvoir, pour continuer et activer le transport de l'armée et de son matériel, d'abord de Gallipoli à Constantinople, puis de Constantinople à Varna. — Il est convenu, en outre, à la suite de cette conférence, que les vaisseaux demeureront à Baltchick, prêtant leur appui moral à notre armée; des vapeurs éclaireront et surveilleront de près Sébastopol. Et si l'action ne s'engage pas sur le Danube; c'est là qu'il faudra frapper, soit à Sébastopol même, soit sur un point important de la côte.

Le Descartes, *le Furious* et *le Terrible* appareillent pour remplir cette mission, et quittent leur mouillage, le 10 juin.

LXXIX. — Toutes ces croisières qui ont fouillé la mer Noire, exploré ses abords et tenu en échec les forces navales de la Russie, jusqu'au débarquement des troupes alliées en Crimée, sont fort intéressantes à suivre dans leurs détails. — A cette époque, c'était à la marine qu'était échu le rôle actif.

La frégate *le Descartes*, en compagnie des frégates anglaises, *Furious* et *Terrible*, ont quitté le gros des escadres, et sont en vue de Sébastopol le 11, vers cinq heures du soir environ.

Le commandant Loring, du *Furious*, a pris, par ancienneté de grade, le commandement de cette petite croisière. C'est un officier audacieux, actif, dont le nom se retrouve souvent placé avec honneur dans le cours de cette campagne.

Les bâtiments approchent l'entrée de la baie, afin de constater, par de nouvelles observations, si rien n'est changé depuis les dernières reconnaissances. Le temps est clair et permet aux vigies de bien voir. Tout paraît dans le même état.

« Nous avons compté (écrit le commandant Darricau, du *Descartes*) 18 bâtiments de grande dimension, dont 12 vaisseaux et 4 frégates; 2 frégates à vapeur, plus un grand nombre de mâtures appartenant à des bâtiments de plus petites dimensions. »

Trois bâtiments à vapeur avaient quitté la rade; les croiseurs, pensant qu'ils étaient en course, et selon toute probabilité, du côté de Nicolaïeff, résolurent de naviguer dans le golfe de Pérékop, au nord du cap Tarkan. — La côte, qu'ils observent soigneusement, est gardée avec vigilance dans toute son étendue; un service actif de surveillance et de transmission de dépêches est établi partout.
— En effet, aussitôt que les bâtiments étaient en vue, deux Cosaques partaient de toute la vitesse de leurs chevaux dans des directions opposées.

LXXX. — « Nous étions attendus, écrit le commandant Darricau, et même les Russes ont voulu, je crois, nous tendre un piége que nous avons évité. 3 vaisseaux se tenaient sous la terre, à très-petite distance, remontant vers le nord ; 6 bâtiments à vapeur, dont 2 frégates, s'étaient placés un peu à l'ouest de la baie de la Quarantaine, sans faire paraître de fumée ; le but était de nous laisser approcher et de chercher à nous resserrer ensuite entre les frégates et les vaisseaux. Nous venions du nord ; les vaisseaux étaient sous la terre, à droite de Sébastopol ; les frégates étaient dans les baies situées entre le port et le cap Chersonèse. »

Les vigies avaient signalé un bâtiment ennemi, et les trois frégates alliées gouvernaient sur cette direction, lorsqu'elles aperçurent les six bateaux à vapeur et les trois vaisseaux. Elles changèrent aussitôt de route, en obliquant, pour rendre inutile la présence des vaisseaux ; déjà elles avaient dépassé la parallèle des vapeurs russes, lorsque ceux-ci firent route sur elles.

Heureuses d'un engagement avec la marine russe, elles se forment en ligne de front.

Le *Furious* et le *Terrible* sont aux deux ailes ; le *Descartes* au milieu. Sur les trois bâtiments chacun s'apprête à combattre ; les hommes sont à leurs pièces, les filets sont posés ; les commandants, debout sur leurs dunettes, ont jeté à leurs équipages quelques paroles énergiques, et donnent les derniers ordres.

Les Russes, de leur côté, ont imité notre manœuvre, et gouvernent sur nous dans le même ordre.

Il est midi, dix minutes. — Une frégate russe, *le Wladimir*, tire un coup de canon à grande distance; nous lui répondons aussitôt, en hissant nos couleurs qui flottent étincelantes au haut des grands mâts; mais l'ennemi est encore trop éloigné pour pouvoir engager le feu. Les bâtiments alliés ralentissent leur marche, puis stoppent tout à fait. — A une heure et demie, la distance qui séparait les navires est franchie, et les boulets peuvent arriver de plein fouet; les trois frégates virent aussitôt de bord et laissent porter sur les Russes; mais ceux-ci prennent chasse à toute vitesse.

Quel avait été leur but en venant ainsi à nous; et pourquoi, aussitôt les premiers coups de feu échangés, refusaient-ils le combat? — Sans nul doute, hors de certaines conditions, leurs instructions leur défendaient de s'engager sérieusement.

Les bâtiments alliés, faisant feu des pièces de chasse, poursuivirent à toute vapeur les navires ennemis, dans la direction de Sébastopol; à trois heures et demie, ils s'arrêtèrent. « Ce fut, écrit le commandant du *Descartes* à l'amiral Hamelin, avec un sentiment de bonheur, je dirai presque d'orgueil, que nous avons vu, en présence de cette escadre de vaisseaux, les pavillons des 6 steamers disparaître derrière les murailles des fortifications du port. »

Hélas! l'espoir du combat s'était évanoui, comme la fumée des navires perdue à l'horizon.

LXXXI. — Depuis le vendredi 16, jusqu'au lundi 29,

la petite escadrille se tint, sous vapeur, dans le sud de Balaclava. — Le lundi, elle atteignait le cap Chersonèse; mais le temps s'était couvert de brumes, une pluie fine tombait presque sans interruption, et l'humide brouillard qui enveloppait l'horizon ne permettait aucune reconnaissance; seulement, de temps à autre, quelques éclaircies laissaient apercevoir dans le lointain des voiles dont on ne pouvait compter le nombre.

Dans l'après-midi, le temps se leva tout à coup; le manteau de brumes qui s'était abaissé sur la mer remonta vers le ciel et montra quatre bâtiments ennemis louvoyant vers le port. — *Le Furious, le Terrible* et *le Descartes* portèrent sur cette division russe, qui se composait de deux frégates et de deux vaisseaux, dont un à trois ponts; mais, cette fois encore, ils refusèrent le combat, quoique les navires alliés se fussent approchés à portée et demie de canon. Les vapeurs restèrent mouillés derrière la ligne d'embossage, au fond de la rade de Sébastopol. — Les vigies purent constater que rien n'était changé au nombre des bâtiments présents dans ce port.

Tels furent les faits qui signalèrent cette nouvelle croisière; il était évident que la marine russe ne voulait pas s'engager dans un combat naval, et se maintenait sur une défensive chaque jour plus étroitement resserrée.

LXXXII. — Les événements marchent. Silistrie est plus que jamais sérieusement menacé. Le fort d'Arab-Tabia résistera-t-il aux efforts des assiégeants?

Ce sont de fréquentes conférences entre les généraux en chef et les amiraux. Le maréchal court de Varna à Constantinople, de Constantinople à Varna. L'inquiétude le dévore; tous les plans, toutes les combinaisons des armées alliées sont soumis aux événements du siége de Silistrie. Les transports arrivent, les vapeurs se croisent, remorquant des navires de commerce chargés de troupes. Chaque jour, pour ainsi dire, on voit, aux environs de Varna s'élever, comme des villes soudaines, des milliers de tentes et des barraquements en feuillages; les rues étroites de la ville turque résonnent sans cesse, sous le pas régulièrement cadencé des fantassins, ou sous le piétinement des chevaux.

La plume est impuissante à retracer ce rapide tableau qui, à tout instant, varie et se transforme sous les efforts infatigables de l'intelligence humaine.

L'escadre de l'Océan, aux ordres du vice-amiral Bruat et dont les bâtiments ont amené des troupes à Gallipoli, doit, par un ordre nouveau du ministre, se fondre avec celle de la Méditerranée et constituer désormais une sorte d'armée navale, sous le commandement en chef de l'amiral Hamelin. Ces deux escadres se réuniront, aussitôt que l'amiral Bruat aura déposé à Varna une division qu'il transporte en son entier sur ses bâtiments.

Tout à coup on apprend que les Russes ont levé le siége de Silistrie, et cela, au moment où l'héroïque cité touchait à sa dernière heure; ils repassent le Danube, détruisent leurs batteries et bouleversent les redoutes qu'ils avaient élevées.

LXXXIII. — Le 25, en abordant à Varna, le maréchal reçoit cette nouvelle avec désespoir. L'occasion était si belle ; elle lui échappe au moment où ses troupes, dont il était si fier, sont prêtes à marcher au combat.

Le cœur humain est partout le même ; il a des replis secrets. — Certes, le dévouement entier à la chose commune, l'abnégation de tout sentiment personnel, noble cachet du vrai patriotisme, étaient grands dans les âmes ; et pourtant, la levée inattendue du siége de Silistrie fit naître bien des impressions diverses.

Pour les armées, c'était la mise à néant de tous les plans de campagne sur le Danube ; elles voyaient s'évanouir de glorieux combats et des succès assurés, dont les imaginations ardentes des soldats et des chefs se berçaient déjà. — Cruelle déception, profonde amertume, dont la conséquence immédiate était une inaction forcée. — Dans les flottes, au contraire, la retraite des Russes fut accueillie avec une joie sincère, car c'était pour elles l'espérance et le présage d'opérations nouvelles, où, sans doute, la marine aurait sa part de mouvement et d'action réelle.

Quelques jours encore, et la concentration des troupes sur Varna allait être accomplie. — Les vapeurs de l'escadre de l'amiral Hamelin ont amené au grand complet la troisième division embarquée à Constantinople, et le 30 juin, l'amiral Bruat entrait à Varna avec la quatrième division (9000 hommes).

« J'ai mouillé sur rade le dernier, à onze heures et

demie, avec *le Montebello*, écrivait-il au ministre; le soir de notre arrivée toutes les troupes ont été mises à terre; la matinée du lendemain a été employée à décharger les bagages. »

Et il s'empressait de faire savoir à l'amiral Hamelin qu'il attendait ses ordres à Varna (1).

LXXXIV. — Le 1er juillet, l'amiral commandant en chef l'informait, qu'il pouvait le rallier au mouillage de Baltchik, aussitôt que sa présence ne serait plus utile à Varna pour le service de l'armée.

Le lendemain, à huit heures cinq minutes, il fut signalé à cette escadre d'appareiller successivement, les vaisseaux les plus en dehors, les premiers; puis, tous firent route sur Baltchick par une belle brise. Vers une heure, ils avaient atteint leur nouveau mouillage, et jetaient l'ancre au poste qui leur avait été fixé.

Ce fut une belle journée. Lorsque l'escadre de l'Océan apparut, de tous les bâtiments des deux nations s'élevèrent des acclamations joyeuses, auxquelles répondirent les marins de la nouvelle escadre. — Ce jour de réunion fut un jour de fête; mais d'autres souvenirs précieux pour la marine vinrent s'y rattacher.

---

(1) *A l'amiral Hamelin*, 30 *juin* 1854. — *Varna.*

J'ai l'honneur de vous informer que je suis arrivé aujourd'hui à Varna, avec *le Montebello, le Napoléon, le Suffren, l'Alger, la Ville de Marseille, le Magellan, le Primauguet, le Véloce;* les deux premiers de ces bâtiments à vapeur, remorquant les navires de commerce, le troisième remorquant *le Suffren*. Nous avons, par ce moyen, transporté la 4e division à Varna, où j'attends vos ordres.

Vice-amiral BRUAT.

Le maréchal de Saint-Arnaud, embarqué le matin sur *le Vauban* avec tout son état-major, s'était aussi rendu à Baltchick, pour remercier solennellement les amiraux Hamelin et Bruat, ainsi que la marine impériale tout entière, de leur concours dévoué et des efforts puissants qu'ils avaient déployés.

La veille, le maréchal avait publié un ordre du jour, dont les nobles sentiments, dignement exprimés, venaient resserrer encore la fraternelle union des armées de terre et de mer par le sentiment du devoir et d'un mutuel dévouement.

« Varna, le 1er juillet 1854.

« Soldats,

« Pour vous rapprocher de l'ennemi, vous venez de mettre, en quelques jours, 100 lieues de plus entre la France et vous. Depuis que vous l'avez quittée, votre activité, votre énergie ont été à la hauteur des difficultés qu'il fallait vaincre, mais vous ne les auriez pas dominées sans le concours dévoué que vous a offert la marine impériale.

« Les amiraux, les officiers, les marins de nos ports et de nos flottes se sont voués à la pénible mission de transporter vos colonnes à travers les mers. Vous les avez vus livrés aux plus durs travaux, pour réaliser des opérations d'embarquement et de débarquement souvent répétées, et nous pouvons dire qu'ils se sont disputé l'honneur de hâter la marche de nos aigles.

« Témoin de cette loyale confraternité des deux armées, je saisis avec bonheur l'occasion qui s'offre de lui rendre hommage, et j'irai demain porter solennellement aux flottes des amiraux Hamelin et Bruat des remercîments, auxquels j'ai voulu associer chacun de vous, et qui s'adresseront à la marine impériale tout entière.

« *Le maréchal, commandant en chef l'armée d'Orient,*

« A. DE SAINT-ARNAUD. »

LXXXV. — Tous les bâtiments étaient pavoisés dans la rade, et le canon accompagnait de sa voix retentissante les acclamations des équipages rangés sur les vergues.

A une heure le maréchal se rend à bord du vaisseau amiral anglais; celui-ci le salue de 19 coups de canon, que s'empresse de rendre, coup pour coup, *la Ville de Paris*, où flotte le pavillon de l'amiral Hamelin; puis le canot qui porte le maréchal aborde *la Ville de Paris*. L'amiral Hamelin, et l'amiral Bruat qui s'est rendu auprès du commandant en chef de la flotte, reçoivent le maréchal; celui-ci remercie la marine au nom de la France, et ses paroles chaleureuses donnent à cette scène un cachet de virile grandeur et de douce émotion.

A deux heures et demie, le maréchal quitte le vaisseau amiral pour se rendre à bord du *Vauban*, qui doit le ramener à Varna. 19 coups de canon saluent son départ, et des hurrahs unanimes se font aussitôt entendre, ainsi que les cris cinq fois répétés de : *Vive l'Empereur!*

LXXXVI. — De ce jour, les deux escadres françaises de la Méditerranée et de l'Océan sont réunies, sous le commandement en chef de l'amiral Hamelin (1).

Pour assurer une plus grande régularité dans les détails du service, ces deux forces navales sont organisées par un ordre du jour, en date du 2 juillet : la première escadre placée sous les ordres directs du vice-amiral

---

(1) *2 juillet* 1854. — *A bord de* la Ville de Paris. — *Baltchick.*

Conformément à la dépêche ministérielle du 29 mai 1854, qui prescrit de fondre ensemble les forces navales, dont se composaient précédemment les deux escadres de la Méditerranée et de l'Océan, et de concentrer dans une seule main, celle du plus ancien des vice-amiraux, le commandement en chef de l'armée navale formée à l'aide de 15 vaisseaux, 14 frégates, corvettes et avisos de ces deux escadres, cette armée navale est constituée à dater de ce jour, et placée sous les ordres immédiats et directs de M. le vice-amiral Hamelin, commandant en chef. M. le vice-amiral Bruat en devient commandant en second.

MM. les contre-amiraux Charner et Lugeol continuent à y commander en sous-ordre. M. le comte Bouët-Villaumez prend le titre et les fonctions de chef d'état-major général.

Le service général sera donc centralisé par l'état major général placé près le vice-amiral commandant en chef. Toutefois, pour assurer l'exécution de certains détails de ce service, l'armée sera divisée en deux escadres : la première placée sous les ordres du vice-amiral commandant en chef, se composera du vaisseau-amiral *la Ville de Paris*, du *Jupiter*, du *Henri IV*, du *Valmy*, de *l'Iéna*, du *Marengo*, du *Friedland*, et du *Charlemagne*.

La deuxième escadre, en restant placée sous les ordres directs du commandant en chef, sera plus particulièrement surveillée par le vice-amiral commandant en second, en ce qui touche l'exécution de ces ordres. Elle se composera des vaisseaux le *Montebello*, le *Napoléon*, le *Jean-Bart*, le *Suffren*, l'*Alger*, la *Ville de Marseille* et le *Bayard*.

Hamelin, commandant en chef; la seconde sous ceux du vice-amiral Bruat, commandant en second.

Les chefs des armées alliées comprenaient que l'inaction n'était plus possible en face de cette rapide concentration des forces de terre et de mer. Les drapeaux de la France et de l'Angleterre devaient se déployer; il fallait faire entendre le canon des nations protectrices.

Agir, voilà le point sur lequel chacun était d'accord.

Le 8 juillet, une commission d'officiers de toutes armes tint sa première séance, sous la présidence du maréchal de Saint-Arnaud. Son but était de discuter les moyens d'entreprendre une expédition combinée de terre et de mer.

Au sein de cette commission avaient été appelés les chefs de service du génie et de l'artillerie, les chefs d'état-major généraux de terre et de mer, un intendant et un ingénieur de la marine.

LXXXVII. — Dans cette séance il fut reconnu que les premières bases d'une opération de ce genre seraient :

15 vaisseaux de ligne transportant 15 000 hommes d'infanterie et 10 jours de vivres.

10 frégates à vapeur portant l'artillerie et les chevaux de l'état-major.

1 frégate-transport portant le matériel du génie et de l'ambulance.

C'était un point de départ. — Grâce à cette combinaison première et à la présence de 4 vaisseaux à hélice, la flotte entière serait toujours en mesure de faire route à la remorque.

On le voit, il ne s'agissait en ce moment dans les pensées que d'une rapide expédition. Combien les plans ultérieurs et les événements qui se produisirent, devaient changer et agrandir ces premiers projets!

Dans cette séance, sur la demande de la marine, la construction immédiate à Constantinople de 30 chalands, destinés à débarquer simultanément des forces importantes, fut aussi décidée.

Ces chalands, dont nous manquions complétement, et sans lesquels, nulle opération de débarquement ne pouvait être sagement tentée, étaient tellement utiles, que l'amiral envoya, le 10 juillet, à Constantinople, par *le Berthollet,* 100 ouvriers maritimes de la flotte chargés de s'en occuper activement, sous la direction de M. Legrand, ingénieur de la marine. Les bases de constructions avaient été soigneusement étudiées sur la plage de Varna, devant l'état-major général du maréchal, par le chef d'état-major de la flotte et ce même officier du génie. On prit pour unité d'embarquement, soit deux pièces de campagne pourvues de leurs canonniers, de leurs chevaux et de leurs caissons, soit une compagnie d'infanterie.

LXXXVIII. — C'est alors, qu'apparut pour la première fois ce terrible fléau qui devait tout mettre en question et semer, avant le combat, la mort dans les rangs de l'armée.

Cruelle et affreuse révélation qui frappa de douleur les esprits les plus forts et les plus résolus ! Dieu voulut envoyer à notre armée d'Orient tous les maux, toutes les épreuves, pour qu'elle pût avoir toutes les gloires et tous les dévouements.

Le 9 juillet, le choléra se déclarait dans les hôpitaux de Varna, et, le 13, *le Primauguet* apportait à Baltchick ce mortel ennemi. C'est après avoir débarqué à Varna des troupes passagères atteintes par l'épidémie, que les premiers symptômes se firent sentir dans son équipage.

Toutes les précautions, que pouvaient suggérer la prudence et l'art médical, furent prises par les ordres de l'amiral Hamelin. *Le Primauguet* fut mis en quarantaine; son équipage campé à terre sous des arbres, dans les endroits reconnus les plus salubres. Mais l'épidémie devait fatalement continuer son œuvre et faire sa funeste moisson, aussi bien sur nos bâtiments, que dans l'armée de terre.

Nous avons déjà retracé fidèlement cette première période de la guerre d'Orient, les incertitudes, les projets divers, les conflits des opinions; nous avons suivi dans tous ses replis cette lutte contre le fléau, contre les éléments, et nous avons montré cet audacieux enfantement d'une expédition aventureuse qui devait être une gloire nouvelle pour les aigles ressuscitées de la France(1).

LXXIX. — Arrivons au 18 juillet.

Bien des fois déjà le mot de Sébastopol avait été pro-

---

(1) *Expédition de Crimée*, tome I, pages 110 et suivantes.

noncé ; bien des fois les pensées s'étaient arrêtées sur ce vaste et formidable arsenal de la puissance maritime de la Russie en Crimée. Les regards se sont détournés du Danube, car lord Raglan a reçu des instructions qui lui interdisent toute expédition de ce côté. Notre gouvernement moins impératif, laissait plus à l'inspiration et à l'initiative du chef auquel il avait confié les destinées de l'armée. Le maréchal de Saint-Arnaud pâlissait, comme il le dit lui-même, sur les plans de la Crimée.

La saison avançait, il fallait prendre une décision irrévocable ; l'Europe en suspens attendait ce qui allait sortir de la réunion formidable de ces deux flottes et de ces deux armées, les soutiens de l'empire musulman.

Le 18, donc, les amiraux Dundas, Hamelin, Bruat et Lyons, se réunissent en grand conseil chez le maréchal, auprès duquel se rend également lord Raglan. — Cette journée est le véritable point de départ de l'expédition de Crimée.

Certes les forces matérielles et les moyens de transport dont on disposait alors, étaient encore bien insuffisants pour une aussi vaste entreprise, mais chacun sentait que, pour l'honneur des armées alliées, il fallait agir.

« Les décisions auxquelles le conseil s'est arrêté, écrivait le maréchal, doivent être considérées comme définitives. »

Ces décisions étaient un débarquement en Crimée.

Comme conséquence inévitable de cette résolution,

il fut convenu dans cette conférence, entre les généraux en chef et les amiraux, qu'une commission composée d'officiers des deux armées explorerait minutieusement les côtes de Crimée vers Sébastopol, en vue d'un débarquement de troupes.

Cette commission, à la tête de laquelle étaient les généraux Canrobert et Brown, comptait en outre le colonel Trochu, aide de camp du maréchal, et plusieurs officiers supérieurs de l'artillerie et du génie appartenant aux deux nations. — Une escadre de 16 vaisseaux (8 bâtiments anglais sous les ordres de l'amiral Dundas, 8 français sous les ordres de l'amiral Bruat) devait protéger les explorateurs.

XC. — Au conseil tenu le 18 juillet, avaient assisté le comte Bouët-Willaumez, chef d'état-major de la flotte, le général de Martimprez, chef d'état-major de l'armée, et le colonel Trochu, premier aide de camp du maréchal; ils furent chargés de jeter les bases d'un projet pour l'embarquement de l'armée d'Orient à bord des vaisseaux et frégates de l'armée navale. — Ce projet rédigé par le chef d'état-major de la flotte et portant la date du 20 juillet, fut, par ordre de l'amiral Hamelin, communiqué à l'amiral Dundas, dès le lendemain, et approuvé par lui, sous certaines réserves.

La flotte serait divisée en deux escadres, l'une de transport, l'autre de combat; les vaisseaux de cette dernière, dont l'artillerie devait demeurer *manœuvrante*, n'embarquerait qu'un tiers du nombre de soldats mis sur les vaisseaux-transports, car pour un bâtiment de guerre, la première condition de succès réside surtout dans un jeu rapide et assuré de son artillerie, manœuvre qui devient impossible, dans le cas d'une agglomération de passagers (1).

XCI. — Les généraux Brown et Canrobert sont arrivés à Baltchick dans la journée du 20 juillet avec les officiers supérieurs qui composent la commission explorative. — Ils doivent partir le lendemain.

---

(1) On trouve ainsi, dit le projet :

15 vaisseaux français.	9 de transport à 1500 h. 6 de combat à 500 h...	portant 16 500 h.
10 frégates à vapeur françaises. 5 frégates à vapeur turques...	40 bouches à feu et leur personnel et matériel.	
Les corvettes et avisos à vapeur français	Les chevaux des états-majors.	
Les frégates et corvettes-transports à voiles.............	1500 hommes et du matériel.	

C'est donc un effectif de 20 000 hommes environ, emporté par l'armée navale française.

Si on y ajoute maintenant les 8 vaisseaux turcs, à 1000 hommes chacun, on peut élever cet effectif à 28 000 hommes.

Puis un second voyage immédiat de tous les vapeurs français et turcs amène, sous 5 ou 6 jours, 12 000 hommes de plus.

De son côté, l'amiral Dundas fait connaître qu'en réservant 8 de ses vaisseaux pour le combat, ses deux derniers vaisseaux et son immense flotte de transports à vapeur suffisent à transporter l'armée anglaise, s'élevant au chiffre d'environ 25 000 hommes.

Le débarquement opéré, l'amiral anglais consent à prêter ses transports à vapeur, pour aller chercher la cavalerie française, dont il est impossible d'emmener aucune portion au premier voyage.

Quant à la question des subsistances, la flotte française se charge de nourrir notre armée pendant 10 jours. Passé ce terme, les bâtiments marchands, que l'intendance doit à l'avance charger à Varna, Constantinople et Baltchick, suffiront à entretenir ce service.

A 5 heures du matin, l'escadre combinée appareille. — *Le Montebello* qui porte l'amiral Bruat et les membres de la commission, est accompagné du *Napoléon*, du *Jean-Bart*, du *Friedland*, de *l'Iéna*, du *Marengo*, du *Suffren* et de la frégate *le Cacique*.

En attendant le retour des explorateurs, les amiraux et les généraux en chef continuaient à s'occuper sans relâche des préparatifs de l'expédition projetée.

L'amiral Hamelin comprenant toutes les difficultés et les nécessités mêmes imprévues d'une semblable entreprise, se mit à l'œuvre pour réunir toutes ses ressources maritimes et les compléter dans leur ensemble. Les chalands arrivaient de Constantinople, ainsi que les petits vapeurs du Bosphore. — L'escadre turque tout entière devait s'adjoindre à nos vaisseaux-transport, et l'amiral écrivait avec une grande instance au ministre de la marine, pour obtenir quatre vapeurs de la division du levant, et les dix frégates ou corvettes en service, entre Toulon et Gallipoli.

XCII. — Le 22 juillet, le chef d'état-major de la flotte est envoyé par l'amiral Hamelin à Varna, pour soumettre au maréchal le projet d'expédition dont nous avons parlé plus haut. — Ainsi que l'avait fait l'amiral Dundas, le maréchal l'admit en principe, comme base première : mais il restait à en perfectionner les détails, en ce qui touchait chaque service de l'armée ; tâche difficile et délicate, les exigences de chacun de ces services croissant et se multipliant, pour ainsi dire chaque jour, à mesure que les chefs se rendaient un compte plus exact de la vaste entreprise à laquelle ils allaient concourir.

Les essais de débarquement de l'artillerie de campagne et de son matériel se font avec un plein succès, à l'aide des chalands nouvellement construits, sous les yeux des chefs d'état-major des armées de terre et de mer (1).

Sur ces entrefaites, *le Vauban*, commandant d'Herbinghen, est de retour de sa double mission près de l'armée turque de Mingrélie et sur les côtes de Circassie.

CHAPITRE VIII.

XCIII. — Cette mission confiée au brave commandant d'Herbinghen par le maréchal de Saint-Arnaud, avait une grande importance, au moment où une expédition en Crimée occupait la pensée des généraux en chef.

Déjà, deux mois auparavant, le 7 mai, une division navale, sous les ordres de l'amiral Lyons, avait parcouru les côtes de Circassie, dans le but d'une opération éventuelle de ce côté, et pour savoir de quel esprit étaient animées les populations circassiennes envers

---

(1) Ces batteries avaient été réduites momentanément à 6 pièces avec avant-trains, 6 caissons avec avant-trains, 2 voitures accessoires, 86 chevaux; cent coups par pièce. On les embarqua sur la frégate *le Descartes*, et on les débarqua avec une grande rapidité. Ces essais se firent le 29 juillet sur la plage de Varna.

les armées alliées. Mais, cette fois, le but n'était plus le même; les mois qui s'étaient écoulés devaient avoir changé la situation. On avait dit à ces tribus : « Tenez-vous prêtes à vous lever en masse; seulement, attendez pour agir que le moment soit venu. » Le moment était venu. Un appui sérieux de la part des Circassiens pouvait peser d'un grand poids dans la balance des décisions futures; il s'agissait donc de connaître au juste, quelle était la réalité des espérances possibles, de ce côté.

Sous ce point de vue, l'excursion du *Vauban* nous a paru offrir un grand intérêt; elle complétait celle du *Cacique* et du *Sampson*, et résumait, pour ainsi dire, celle de l'amiral Lyons et du commandant de Chabannes; car toutes ces explorations, ces croisières, ces missions aventureuses, perdues aujourd'hui dans l'ensemble général des grands événements qui se sont accomplis, étaient alors la vie réelle, le mouvement, la pensée incessante; elles resteront les jalons indispensables de l'histoire de cette guerre, et pour nous servir de l'expression énergique d'un marin, *elles balisaient l'avenir* dans ces mers inconnues et lointaines.

XCIV. — *Le Vauban* partait ayant à bord un régiment d'infanterie turque, fort de 1100 hommes et deux pièces de campagne. — Sous les ordres du commandant d'Herbinghen, étaient deux frégates turques portant chacune 1000 hommes environ; une troisième frégate devait suivre chargée de vivres et de munitions. Ces renforts étaient destinés à l'armée de Sélim-Pacha, qui campait, supposait-on, près de Batoum, entre la Géorgie et l'Arménie (1).

Les instructions du maréchal de Saint-Arnaud au commandant du *Vauban* étaient celles-ci :

« Aller à la rencontre du général turc, que des versions faisaient tour à tour victorieux et vaincu ; lui porter des renforts, des vivres, des munitions, s'aboucher avec lui et savoir ce que l'on pouvait, ce que l'on devait en attendre.

« Après avoir ravitaillé l'armée de Sélim, *le Vauban* devait rejoindre la frégate anglaise *le Sampson* (capitaine Jones) qui naviguait sur les côtes de Circassie, visiter avec elle tous ces parages, étudier avec soin les points jadis occupés par les Russes, et se mettre en rapport avec les principaux chefs circassiens, afin de connaître leurs intentions, leurs forces, leurs ressources réelles.

« Le maréchal autorisait le commandant d'Herbinghen à certaines avances de sa part, et approuvait qu'on lui amenât, s'il était besoin, à Varna, les personnages les plus influents. »

Un officier du génie, M. le commandant de Saint-Laurent, et un capitaine d'état-major, M. Bertrand, étaient officiellement embarqués sur *le Vauban* et placés

---

(1) Les rapports disaient que cette armée, réduite à 10 000 hommes, serait hors d'état de défendre les passages de Tiflis et Kutaïs à l'armée russe ; celle-ci avait, assurait-on, le projet de pénétrer dans l'Anatolie.

sous les ordres du commandant d'Herbinghen, ainsi que M. Durand-Brager, le peintre de marine, qui avait déjà fait la première reconnaissance des côtes de Circassie, et dont la présence, par la connaissance qu'il avait déjà prise des lieux et des points défensifs de la côte, devait être d'une grande utilité.

XCV. — Le 7 juillet, la petite flottille turque ayant rallié *le Vauban*, celui-ci leva l'ancre et fit bonne route par beau temps.

Le 9 juillet, il relâchait à Sinope. Ce nom rappelait à tous les souvenirs une catastrophe récente encore; *le Vauban* visita la rade où les carcasses des vaisseaux gisaient çà et là. La plage était couverte de cadavres à demi enterrés, et les traces de l'immense incendie qui avait dévoré la ville, semblaient avoir laissé un linceul funèbre sur cette malheureuse cité.

Le 11 juillet, à 6 heures du matin, la petite flottille vit les terres devant elle; sur la gauche, l'aspect de la Mingrélie est partout plat et uniforme. — Sur la droite, se dessinent à l'horizon lointain des montagnes aux crêtes azurées; à mesure que les bâtiments avancent, les arbres qui couvrent le littoral jusqu'au bord de la mer, semblent sortir des eaux. Dans la matinée, on était voisin de la côte; mais, comme rien ne paraissait déceler la présence d'une armée, la flottille présumant avoir atterré plus au nord que la rivière Tchourouc-Sou, descendit vers le sud. Partout c'était le même aspect, une zone d'arbres serrés et sombres, une complète solitude.

Vers midi, au-dessus des arbres, on aperçut s'élever une fumée blanchâtre, et bientôt le camp turc et les redoutes armées sur lesquelles flottait le pavillon ottoman, annoncèrent la présence du corps de troupes commandé par Sélim-Pacha.

L'escadre vint mouiller aussi près de la côte que le lui permettait la profondeur de l'eau : bientôt plusieurs officiers arrivèrent à bord ; parmi eux était l'aide de camp du général turc. La venue des renforts et des munitions si longtemps attendus, répandit bientôt la joie dans le camp, et Sélim-Pacha ne tarda pas à se rendre lui-même à bord du *Vauban ;* il ne dissimula pas au commandant le vif contentement que lui faisait ressentir cette heureuse nouvelle, qui, en lui apportant un précieux concours, retrempait le moral de ses soldats, parmi lesquels il comptait un grand nombre de malades.

Le commandant d'Herbinghen, suivant ses instructions, consacra trois jours entiers à visiter les troupes et le camp dans toutes ses parties. L'impression que produisirent sur lui ces hommes mal chaussés, mal armés (selon l'expression même du maréchal de Saint-Arnaud), ne fut pas très-favorable. Cette petite armée n'avait presque pas de cavalerie régulière, elle se composait de quelques régiments d'infanterie incomplets, et de 4 à 5000 bachi-bouzouks. — Sélim-Pacha, homme robuste, à la stature d'athlète, était un brave soldat, énergique et entreprenant de sa personne.

La position du Tchourouc-Sou était habilement choisie; elle s'appuyait sur deux points forts; dans le nord sur Batoum et dans le sud sur Chef-Kétil, deux petites villes autrefois revêtues d'ouvrages assez importants, surtout Chef-Kétil, dont les défenses à l'embouchure d'une rivière, sur le bord de la plage, sont entourées de marécages. — Le camp de Sélim-Pacha, protégé par des abatis d'arbres, avait une enceinte à crémaillère assez bien garnie d'artillerie. Les officiers du génie, qui étaient à bord du *Vauban*, tracèrent de nouvelles lignes de fortifications autour du camp, et engagèrent le général turc à élargir ses fossés. Malheureusement il était difficile d'avoir une autorité complète sur les hordes enrégimentées des bachi-bouzouks, et surtout, de les astreindre à un travail sérieux.

XCVI. — Le 14 juillet, *le Vauban* appareillait de Tchourouc-Sou à 8 heures du matin, se dirigeant sur Redout-Kalé. Les Russes avaient complètement évacué ce point par lequel ils ravitaillaient, au moyen de caboteurs, leur armée d'Asie. Tout y était brûlé, détruit, ravagé; mais ils n'avaient pu ôter au pays son aspect de riche végétation. Au milieu des ruines, on voyait errer çà et là quelques paysans abases plus sauvages que les maigres bestiaux qu'ils gardaient. — Ce fut là que le commandant d'Herbinghen apprit que la frégate anglaise, *le Sampson* (commandant Jones), avait mouillé au même endroit quelques jours auparavant. Sans nul doute, les deux bâtiments pourraient se rallier l'un à l'autre dans les eaux de Soukoum-Kalé, visiter ensemble les baies de

Gelendjik et de Novorosiusk, voisines d'Anapa, s'assurer si elles étaient également abandonnées par les Russes, et pratiquer un sondage de nuit sous les forts même d'Anapa.

Le 15, *le Vauban* quittait à 6 heures du matin Redout-Kalé et mouillait à midi devant Soukoum-Kalé. Un officier turc occupait la forteresse avec une cinquantaine d'hommes. Les Russes en l'abandonnant s'étaient contentés d'enclouer les pièces et de les jeter dans les fossés; mais l'équipage du *Sampson* avait aidé les Turcs à en relever une partie; puis ce bâtiment avait continué sa route en prolongeant la côte de Circassie; mais il avait annoncé son prochain retour.

Le Vauban se trouvait au centre de l'Abasie, province circassienne. A l'horizon, le Caucase développait déjà ses gorges montueuses et tordues; le sol, accidenté dans presque toutes ses parties, s'étendait parfois en larges et belles plaines. — Le commandant français se rendit auprès du commandant turc, espérant obtenir quelques renseignements sur la position des Russes à Kutaïs. Peut-être même, le chef ottoman s'était-il déjà abouché avec les principaux chefs abases, et pourrait-il, en l'éclairant sur leurs dispositions, le mettre en rapport avec eux.

XCVII. — Il n'y avait dans la forteresse qu'un faible détachement de soldats; l'envoyé du général en chef de l'armée française fut aussitôt conduit vers le commandant, Circassien de naissance. Personne au monde ne se doutait moins que lui des événements à venir ; il avait été envoyé à Soukoum-Kalé avec une cinquantaine de réguliers et cent bachi-bouzouks. Ses irréguliers avaient disparu courant la campagne et pillant, partout où ils trouvaient quelque chose à piller ; les réguliers étaient réduits à une vingtaine d'hommes en fort mauvais état, qui erraient à demi nus dans les ruines. Qu'étaient devenus les autres ? Le chef l'ignorait, et paraissait s'en inquiéter fort peu. — Il restait fidèlement au poste qui lui avait été assigné. Voilà tout.

Certes ce tableau était triste, et détruisait les illusions que s'était faites le commandant d'Herbinghen ; aussi s'apprêtait-il à lever l'ancre, lorsqu'on signala *le Sampson*. Le commandant Jones, vieille connaissance du commandant d'Herbinghen, vint aussitôt son arrivée à bord du *Vauban*. Mouillé à douze lieues plus au sud sur la côte de Circassie, il avait eu la visite de plusieurs chefs tcherkèses. Celui qui paraissait commander aux autres, l'avait prié de le conduire à Soukoum-Kalé avec ses compagnons. « Il voulait, disait-il, conférer avec le chef turc de l'établissement le plus voisin de l'armée turque de Tchourouk-Sou. Ce personnage était accompagné d'une dizaine de Circassiens.

XCVIII. — « J'étais, écrit le commandant d'Herbinghen (1), mieux servi par les circonstances que je ne

(1) Nous devons à l'obligeance du commandant d'Herbinghen communication de quelques notes fort curieuses sur son exploration des côtes de la Circassie.

pouvais l'espérer. Celui qui paraissait commander aux autres, et qu'ils nommaient : le *naïb* (titre qui équivaut à peu près à celui de grand pontife), était un lieutenant, ou plutôt un ami et confident de Shamyl. Ce prince caucasien connaissait parfaitement les événements ; il avait appris l'arrivée à Varna de l'armée alliée, et espérait de notre part une puissante diversion. Il ne savait pas, au juste, quels étaient nos forces et nos plans de campagne, mais de grandes espérances s'étaient éveillées dans son esprit pour la liberté des siens, et l'affranchissement de celles des provinces caucasiennes et circassiennes qui avaient subi le joug moscovite. Varna, les bords du Danube étaient bien loin de lui; mais il savait que là, les Russes allaient être étreints par une énergique agression ; il ne prévoyait pas la guerre portée en Crimée, mais il espérait que les Russes, forcés de se concentrer sur le Danube, amoindriraient leur corps d'armée de Tiflis et de Kutaïs; il savait aussi que les Turcs gardaient à Tchourouc-Sou les passages de l'Anatolie ; il eût voulu soulever en masse toute la Circassie, la joindre avec l'armée de Sélim qui eût pris alors hardiment l'offensive. Cette masse se serait jetée sur l'armée russe de Mingrélie, en l'attaquant de front; lui, Shamyl, arrivait alors avec ses vieilles bandes d'un courage invincible, trempé dans mille combats, et le pavillon russe disparaissait du sol de l'Asie et des monts caucasiens.

« Certes de pareils projets étaient vastes, hardis, et bien à la taille de ces énergiques guerriers. Seulement il fallait agir avec certitude ; la discrétion, l'habileté et l'autorité du caractère du messager étaient une grande condition de succès ; il fallait réunir en faisceaux toutes les familles si divisées des indépendants et ombrageux Circassiens ; il fallait trouver une force réelle chez les Turcs, et décider les Circassiens à se joindre à eux, malgré une vieille défiance qui les sépare depuis tant d'années ; la tâche n'était pas facile ; le problème était même presque insoluble pour qui connaît bien ces populations. Shamyl, sans nul doute, avait choisi parmi ses fidèles le plus capable et le plus dévoué ; c'était l'homme que j'allais voir et qui arrivait avec une mission singulièrement analogue à la mienne. Seulement, moi, je représentais un intérêt secondaire pour la fortune de nos armées, tandis que le *naïb* venait pour une guerre sainte, qui pouvait pour longtemps assurer la gloire, la force et la liberté de son pays. »

Telle était la pensée, telles étaient les espérances des chefs circassiens, que le commandant du *Sampson* avait amenés à Soukoum-Kalé.

Pour comprendre l'importance et la vraie signification du titre que ces chefs donnaient à l'envoyé de Shamyl, il faut savoir que celui-ci, pour concentrer en sa personne la puissance la plus étendue, avait réuni en lui le double titre de chef militaire et de chef de sa religion ; il a autour de lui une tribu sainte et vouée à Dieu. Dans la hiérarchie de cet ordre religieux, *naïb* est l'un des premiers titres.

XCIX. — Il est très-intéressant de suivre dans tous leurs détails ces entrevues qui devaient réduire à néant tant d'espérances.

Lorsque le commandant du *Vauban* se rendit à la forteresse, il apprit qu'il y avait dans le même moment grande conférence entre le commandant turc et les tcherkèses.

Le commandant d'Herbinghen crut devoir ne pas interrompre cette entrevue dès son début, et ce ne fut, que deux heures après, qu'il fit prévenir le chef turc de son arrivée. Celui-ci qui, tout d'abord, l'avait pris en grande amitié, l'introduisit aussitôt en déclinant devant tous ses titres, et la mission dont il était chargé. Il était assez difficile de s'entendre, car les Circassiens ne connaissant pas la langue turque, la pensée de chacun des assistants devait être traduite par des interprètes.

Le commandant d'Herbinghen expliqua avec netteté ce que le général en chef de l'armée française attendait des populations circassiennes et demanda une réponse précise ; cette brusque façon d'entrer en matière parut étrange aux chefs montagnards qui échangèrent entre eux quelques rapides paroles.

« J'ignorais alors, écrit le commandant, quel était exactement le naïb ; à la déférence ostensible dont tous l'entouraient, je le croyais le vrai chef de ces pères de tribus qui le suivaient; j'appris bientôt qu'il n'en était rien. Le naïb était pour eux un objet de respect ; mais il se trouvait au milieu d'eux pour solliciter leur assistance; il priait et ne commandait pas (1). »

C. — Avec les propositions dont il était porteur, l'envoyé français devenait un incident tout à fait imprévu, surtout pour le lieutenant de Shamyl. — Celui-ci venait au nom de son maître invoquer le concours de tous les Circassiens et les persuader de se joindre aux Turcs, pour accabler les Russes de l'Asie, tandis que le Caucase, soulevé en masse par Shamyl lui-même, se jetterait sur les derrières de l'ennemi;

---

(1) *Notes du commandant du* Vauban.

« Les chefs que j'avais sous les yeux justifiaient bien la réputation de courage et de mâle beauté de la population guerrière du Caucase. Tous ces chefs tcherkèses étaient des types remarquables : tous étaient grands, beaux, d'une apparence de vigueur élégante; ils avaient les traits nobles et fiers; leur allure était distinguée, facile et martiale, bien que la plupart fussent au-dessus de la taille de cinq pieds cinq à six pouces. Malgré l'ampleur des muscles, la carrure des épaules, leurs mouvements étaient toujours d'une souplesse gracieuse; leurs pieds et leurs mains, d'une étonnante petitesse, avaient le caractère le plus aristocratique. L'élégant et riche costume que quelques-uns portaient ajoutait singulièrement à leur distinction naturelle; ils représentaient bien les nobles enfants d'une patrie invaincue, les fiers et robustes habitants des montagnes, braves, indépendants, vivant au grand air d'une vie large et abondante.

« Le *naïb* dépassait tous ses compagnons par sa taille, par sa beauté pleine de dignité, et par tous les avantages d'une intelligence supérieure. Tous étaient dans la force de l'âge; le naïb paraissait avoir 35 ans. Les Tcherkèses portaient des armes brillantes et leurs tuniques à la hongroise étincelaient de toutes sortes de broderies, souvent en or ou en argent; le naïb seul ne portait point d'armes, et ses vêtements étaient d'une blancheur éblouissante. Il affectait ainsi tous les dehors d'un ministère religieux, de conciliation, d'union et de fraternité. »

le commandant d'Herbinghen venait, au nom de son général en chef, les convier tous, Circassiens et Caucasiens, à s'unir pour attaquer la Crimée, tandis que d'un autre côté nous y entrerions avec nos forces réunies. D'abord, c'était complétement renverser le plan de campagne de Shamyl; de plus, ce projet leur paraissait d'une incroyable témérité. Interdits d'abord, ils ne répondirent que par de nombreuses questions : Où est votre armée? Combien sont les Français et les Anglais ? Est-il bien vrai que vous ayez une flotte formidable, plus forte que celle des Russes? Puis mille autres questions sur nos diverses armes et notre manière de combattre.

Le naïb fit dire qu'il demandait jusqu'au lendemain pour répondre.

Le lendemain était le 16 juillet. — L'envoyé de Shamyl révéla alors au commandant du *Vauban* sa vraie mission; avant d'y renoncer, il voulait, disait-il, s'assurer par lui-même de la force réelle et de la situation de l'armée turque de Tchourouc-Sou.

Hamet-Pacha, l'amiral de la flotte ottomane, venait d'arriver à Soukoum-Kalé; il accepta avec empressement de mener les chefs tcherkèses au camp de Sélim, et appareilla aussitôt, afin d'être de retour, dès le lendemain.

En effet, le 17, à 7 heures du matin, la frégate qui portait le pavillon amiral turc mouillait de nouveau devant Soukoum-Kalé.

Les chefs circassiens se rendirent aussitôt à bord du *Vauban*. Ce qu'ils avaient vu de l'armée de Sélim-

Pacha leur avait clairement démontré qu'ils ne pourraient y trouver les éléments d'un concours puissant et efficace. « D'ailleurs, disaient-il, nous préférons agir et combattre avec les Français.. »

Il fut décidé que la petite flottille composée du *Vauban*, du *Sampson* et de la frégate amirale turque longerait de près la côte circassienne, afin de s'arrêter devant tous les points occupés par les tribus les plus importantes. Les principaux chefs seraient convoqués, et, dans une grande délibération, un plan définitif serait adopté pour l'avenir.

CI. — Le 17 juillet, à 9 heures du matin, les trois bâtiments levèrent l'ancre. Deux points avaient été désignés par les Tcherkèses, comme étant les centres de réunion les plus faciles pour tous les chefs de la montagne. C'étaient les petites baies de Sotcha et de Vardan, distantes de Soukoum d'environ 40 ou 45 milles dans le nord.

A 2 heures de l'après-midi, *le Vauban* mouillait à Sotcha et *le Sampson* à Vardan.

A 5 heures, une quinzaine de chefs de tribus étaient déjà à bord; quelques-uns pouvaient demeurer avec nous, d'autres voulant retourner à terre, le soir même, laissèrent leurs pouvoirs et leurs décisions à ceux qui restaient.

Dans la soirée, il y eut une grande conférence entre tous ces chefs et l'envoyé de Shamyl.

» Mes offres et mes projets bien connus, bien expliqués, écrit le commandant du *Vauban*, je laissai, pendant plusieurs heures, la discussion se développer libre et ardente. Cette assemblée ne manqua jamais de dignité et de mesure, car, tout passionnés que me paraissaient mes braves montagnards, ils avaient entre eux de constants égards, comme cela devait arriver entre gens qui s'estiment et qui de plus, sont armés jusqu'aux dents.

« Chacun était pleinement d'avis qu'il fallait s'unir aux Français et attaquer la Crimée par l'est, pendant que nous l'aborderions par le nord. Avant de franchir le détroit de Yenikalé à Taman, il restait à enlever aux Russes, de ce côté de la Circassie, Anapa, Soujak et Gelendjik; mais avec un renfort d'artillerie et d'infanterie française, rien ne leur paraissait impossible. — Tous unanimement juraient qu'ils pourraient réunir 80 000 sabres; car presque tous les tcherkèses combattent à cheval. Ils se chargeaient de nourrir et de bien entretenir, à leurs frais, un corps de 20 000 hommes, et cela, aussi longtemps que nous consentirions à le leur confier. Ils me montraient leurs fertiles montagnes et me disaient : « Nous sommes riches en grains et en bestiaux; les Français ne manqueront de rien chez nous. »

« Toutes ces propositions étaient bien propres à exalter mes espérances, et je m'y serais laissé aller peut-être, si la profonde tristesse du naïb ne m'eût mis en défiance. Lui, d'abord si passionné, si ardent, que j'avais vu longtemps dans la discussion, si expressif et si énergique dans la noble autorité de sa parole, il était maintenant froid, silencieux et sombre. Je n'ai pas mémoire d'avoir jamais vu, sur une figure humaine, une plus éloquente expression du plus profond chagrin. »

La cause de cet abattement et de cette amertume, le commandant français la connut bientôt.

CII. — Les chefs tcherkèses n'avaient montré que le beau côté de la médaille : ce qu'ils s'étaient gardé de dire, c'est que chez eux, personne n'obéit à personne.

« — Ils sont, en effet, aussi nombreux qu'ils l'affirment, dit le naïb au commandant; mais il serait impossible d'en réunir cent voulant obéir à un seul; c'est là notre malheur; ce sera un jour la cause certaine de notre perte! »

Le naïb disait vrai; et les chefs circassiens interrogés, avouèrent franchement leur invincible répulsion pour toute obéissance à l'un d'eux. — « Chez nous, répétaient-ils, nous pouvons être inégaux en fortune, mais nous sommes tous égaux en pouvoirs et en liberté. Nous ne sommes pas des chefs de tribus, mais des chefs de famille, et toutes les familles tcherkèses sont aussi nobles l'une que l'autre. Pourquoi l'une obéirait-elle à l'autre?

Ce principe inné d'indépendance paraissait à chacun d'eux un droit inviolable, au-dessus même des droits sacrés de la cause commune.

Ils eussent obéi à un général français, mais la plus grande difficulté subsistait toujours, c'est-à-dire cette hiérarchie de grades et de pouvoirs établie depuis le soldat jusqu'au chef suprême, pour transmettre le mouvement, la volonté, l'action.

Combattre et vaincre les instincts d'un peuple, même lorsque ces instincts sont contraires à ses propres intérêts, est une mission difficile, et que des années peuvent seules accomplir. Le commandant d'Herbinghen vit bien qu'il n'y avait aucun concours sérieux à espérer, et que les efforts de Shamyl viendraient toujours se briser devant un écueil terrible.

Le commandant de Chabannes, dans son exploration du mois de mai avec l'amiral Lyons, avait ressenti la même impression, ainsi qu'il l'avait écrit à cette époque à l'amiral Hamelin; mais on a vu qu'il espérait beaucoup de l'influence du naïb sur les chefs de tribus, pour concentrer l'obéissance sur un seul chef. — Ce naïb, le premier lieutenant de Shamyl, que l'amiral Lyons et le commandant du *Charlemagne* eussent tant désiré rencontrer, et qu'ils avaient attendu vainement à Gelendjick; c'était celui-là même qui avouait avec amertume, au commandant d'Herbinghen sa cruelle impuissance.

Toutefois, les Circassiens demandèrent avec instance à être conduits à Varna auprès du chef de l'armée. Un instant le commandant du *Vauban* hésita; mais les instructions données par le maréchal de Saint-Arnaud avaient prévu ce cas, et le commandant Jones du *Sampson*, ainsi que l'amiral turc, offrirent si gracieusement de participer à ce transport, qu'il fut décidé que les principaux chefs seraient, selon leur désir, conduits à Varna.

Cette détermination les combla de joie. — On devait mouiller d'abord devant un point appelé Golovinsk, pour y prendre quelques chefs exerçant une très-grande influence sur tout le reste des montagnes.

CIII. — Le 18 juillet, à 5 heures et demie du matin, les trois bâtiments appareillèrent de Sotcha et Verdan, et mouillèrent à Golovinsk vers 7 heures et demie.

« J'y complétai mon chargement de Tcherkèses, écrit le commandant, et je m'apprêtai à remplir le reste de ma mission. »

Mais, devant une exploration qui pouvait se prolonger avec des éventualités de combat, il y aurait eu, pour *le Sampson* et pour *le Vauban*, de graves inconvénients à garder à bord tant de personnages étrangers et inutiles. — L'amiral turc, auquel cette difficulté fut soumise, offrit aussitôt de les prendre à son bord, de les mener à Varna, et même, de les ramener ensuite sur les côtes de la Circassie.

Cette proposition conciliait tout, et il ne resta à bord du *Vauban* que trois chefs qui connaissaient parfaitement la partie des côtes que l'exploration devait parcourir, et dont la présence pouvait être utile, le cas échéant.

Le Vauban et *le Sampson* firent route pour Gelendjik, aussitôt qu'ils se furent séparés de la frégate turque. Le commandant Jones, qui avait déjà navigué dans ces parages, prit les devants en éclaireur, et *le Vauban* navigua dans ses eaux.

Le 19 juillet, à 7 heures et demie du matin, les deux

frégates entrèrent dans la baie de Gelendjik. — Là, tout était désert et abandonné, comme sur les autres points de la côte. On devinait que ce lieu avait été charmant ; chaque maison possédait son petit jardin ; mais partout l'incendie et la ruine avaient passé : les seuls êtres vivants que l'on vit errer au milieu des débris étaient des chiens ; ces pauvres animaux, depuis le départ de leurs maîtres, n'avaient point voulu quitter les habitations, dont ils étaient autrefois les hôtes.

De Gelendjik, les explorateurs se dirigèrent sur la baie de Soujak. Le port de droite, en entrant, était abandonné ; mais les Russes occupaient encore Novorosiusk, dans le fond de la baie, où le peu de profondeur des eaux ne permettait pas aux bâtiments d'approcher à bonne portée. *Le Sampson* et *le Vauban* firent le tour de la baie et lancèrent, avant de s'éloigner, mais à une distance de 3000 mètres, leurs bordées sur la ville : — celle-ci ne répondit pas.

Les bâtiments reprirent leur route ; *le Sampson* naviguait avec une grande hardiesse, rasant à toute vitesse la côte au plus près, à moins d'un mille. — Tout à coup il s'arrêta brusquement ; il était fortement saisi entre deux roches : la position n'était pas sans danger ; car les vents du large pouvaient survenir et soulever la mer. — Quelques lieues seulement séparaient encore les bâtiments, d'Anapa, point extrême de l'exploration. On travailla activement à remettre *le Sampson* à flot, et le 21, vers 4 heures du soir, on touchait en face d'Anapa.

CIV. — Il se passa devant cette ville un épisode assez curieux et qui mérite d'être rapporté.

« Je jetai l'ancre à 2000 mètres de la place, écrit le commandant du *Vauban*. — Nous fûmes témoins alors d'un très-singulier spectacle : les remparts se couvrirent instantanément de toute la population de la ville; les crêtes des redoutes étaient jonchées d'ombrelles de toutes couleurs; les dames d'Anapa n'avaient pu résister au désir de voir les bâtiments signalés. En même temps la garnison s'était précipitée aux pièces, et il y avait là une forte et nombreuse artillerie. Sur notre pont, nous étions en branle-bas de combat; nos chefs de pièces pointant sur la ville, prêts à faire feu. A terre on voyait de même les servants attentifs, faisant suivre notre direction à tous leurs canons. On distinguait parfaitement des militaires russes qui cherchaient à faire évacuer les remparts; mais la foule persistait, et chassée d'un point, elle reparaissait sur un autre. Nous eussions été désolés de mitrailler ces pauvres populations; le commandant de la place le comprit aussi sans doute, car il envoya des officiers à cheval, que nous vîmes courir d'une embrasure à l'autre pour arrêter les chefs des pièces qui auraient pu ouvrir le feu sur nous. — Il se fit donc, pour ainsi dire, une armistice de sentiment; je désarmai mes pièces, les Russes en firent autant, et nous continuâmes, jusqu'à la nuit, à nous entre-regarder. »

La nuit venue, *le Vauban*, aidé par *le Sampson*, commença le travail de sondage qui lui avait été prescrit;

ce travail fut complet et d'une grande exactitude, car les canots purent, à la faveur de l'obscurité, opérer jusqu'au pied des murailles mêmes de la ville, qui baignent dans la mer.

CV. — Le lendemain, 22 juillet, à 8 heures du matin, les deux bâtiments s'apprêtèrent à retourner à Baltchick, où ils arrivèrent le 24, après avoir fait très-bonne route.

Le maréchal de Saint-Arnaud avait reçu, avec de grandes marques de distinction les chefs circassiens (1); mais les circonstances ne permettaient plus d'utiliser leur bon vouloir, dont la réalisation même, dans les limites les plus circonscrites, eût souffert, ainsi que nous l'avons expliqué plus haut, de grandes difficultés. — D'un autre côté, une expédition du côté d'Anapa était devenue, dans les circonstances actuelles, de trop mince importance : les esprits se tournaient vers un plus grand but qui absorbait toutes les ressources, comme toutes les préoccupations ; — et ce but, les tribus circassiennes par leur marque d'homogénéité, ne pouvaient y concourir.

Peut-être trouvera-t-on, que nous sommes entrés dans de bien grands détails sur cette mission du *Vauban;* mais, à nos yeux, elle avait une importance réelle. Elle montrait les tentatives essayées pour une

---

(1) On trouvera tous les détails de la réception des chefs tcherkèses au camp français. — *Expédition de Crimée*, vol. 1, p. 115.

conflagration générale, qui eût pu amener les plus grands résultats; elle montrait aussi le bon vouloir des chefs tcherkèses, contrecarré par l'indépendance ombrageuse des populations de ces contrées, et les appels incessants, les vains efforts de Shamyl, le grand guerrier du Caucase.

De plus, il nous a semblé que cet épisode, si curieux et si intéressant dans tous ses détails, était comme une sorte d'étape, où le lecteur pouvait un instant se reposer, avant d'entrer au cœur des graves événements qui vont se dérouler devant lui.

LIVRE II

LIVRE II.

CHAPITRE PREMIER.

I. — Cette campagne de Crimée, résolue dans la pensée des chefs, et qui devait porter si haut la gloire de nos armes, avait encore à traverser de cruelles épreuves et à subir de douloureuses alternatives, avant de toucher au but glorieux qu'elle se proposait.

Quoique les décisions du conseil tenu le 18 juillet aient été conservées secrètes, le mot de Crimée est dans toutes les bouches. Avec quelle impatience les généraux en chef attendent le retour de la commission; — c'est elle qui doit prononcer en dernier ressort sur la possibilité d'exécution. Les instructions qu'elle a reçues sont précises; le maréchal de Saint-Arnaud et lord Raglan ont désigné eux-mêmes les points principaux, sur lesquels doivent porter les explorations.

L'amiral Bruat écrit au ministre de la marine, en date du 25 juillet :

« Chargé, par l'amiral Hamelin, d'escorter, de concert avec la flotte anglaise, la commission qui doit reconnaître la côte méridionale de la Crimée et, en particulier, les environs de Sébastopol, je suis parti le 21 juillet, accompagné du *Napoléon*, du *Jean-Bart*, du *Suffren*, de *l'Iéna*, du *Friedland*, du *Marengo*. Il avait été convenu avec l'amiral anglais que nous naviguerions sur deux colonnes, chacun de nous marchant à la tête de son escadre. Celle de l'amiral anglais se composait de 7 vaisseaux à voiles et d'un vaisseau à hélice; mais elle comptait sur le secours de 5 frégates ou corvettes à vapeur pour la remorquer et éclairer sa route. — De notre côté, nous n'avions en dehors que la frégate à vapeur *le Cacique*. »

II. — Il était important, en cas de vents contraires ou de mauvais temps, de préciser un point de rendez-vous; aussi l'amiral Bruat se rendit à bord du *Britannia* pour communiquer avec l'amiral Dundas.

Le rendez-vous est fixé à 30 milles ouest de Sébastopol.

Le 24 au matin, on avait atteint la hauteur des bouches du Danube.

« Nous n'étions plus, écrit l'amiral (1), qu'à 30 lieues de Sébastopol; je sentis la nécessité de préparer un plan de campagne adapté à la composition actuelle de l'armée combinée. Au point du jour, je l'adressai à l'amiral Dundas. »

Plus loin, il écrit : « Nous avons arrêté que, profitant du calme, nous avancerions, en modérant notre marche,

---

(1) Correspondance particulière avec le ministre.

vers la baie d'Eupatoria. Les généraux Brown et Canrobert s'embarqueront à 7 heures du soir sur la corvette à vapeur *le Fury*, que je ferai accompagner par *le Cacique*. Ces deux bâtiments prendront les devants. Nous les suivrons de près, et, les ralliant près de l'embouchure de l'Alma, nous défilerons, si le temps le permet, le long de la côte, les navires à vapeur serrant la terre d'aussi près que le leur permettra leur tirant d'eau. *Le Fury* doit, après cette exploration, faire directement route pour Varna, où il ramènera les généraux. »

Telles étaient les dispositions premières arrêtées pour assurer le succès de l'exploration. — La mission des deux escadres consistait surtout à empêcher les vaisseaux russes d'entraver la reconnaissance des côtes.

III. — Le 25, à 5 heures 1/2 du soir, le général Canrobert, le général Brown et les officiers qui les accompagnent se rendent à bord du *Fury*, qui se dirige dans l'est. — *Le Cacique* l'accompagne pour le couvrir. — A ce moment, *le Napoléon* signale la terre; l'amiral Dundas la signale aussi au *Fury*. — Ordre est aussitôt donné d'avoir tous les feux cachés pendant la nuit.

Le Fury, que guide l'audacieux amiral Lyons, prolonge la côte depuis le cap Chersonèse jusqu'à Eupatoria. Il examine les plages de l'Alma et de la Katcha, étudie dans tous ses détails la configuration du terrain, et approche de si près l'entrée de Sébastopol, qu'il est couvert de boulets, dont quatre pénètrent dans sa coque.

Au point du jour, *le Fury, le Terrible* et *le Cacique* sont à l'entrée du port de Sébastopol ; les vaisseaux russes font aussitôt leurs dispositions pour en sortir et pour leur donner la chasse ; mais, dès qu'ils aperçoivent l'escadre à 15 ou 16 milles, à l'ouest du cap Loukoul, ils changent d'avis et restent au mouillage.

De son côté l'amiral Bruat, avec cet esprit d'audace et d'initiative qui lui était particulier, profitant des facilités que lui offrait l'appareil à vapeur du *Montébello*, voulut aussi observer la côte par lui-même ; suivi de près par les deux escadres, à la remorque des vaisseaux et des frégates à vapeur, il s'approcha jusqu'à un mille environ du cap Loukoul, et laissa dériver son bâtiment le long des côtes, afin d'en explorer minutieusement tous les abords. Arrivé en face de l'embouchure de la Katcha, il fit route, à petite vitesse, vers Sébastopol et sur le cap Chersonèse, approchant les forts, pendant que les longues vues fouillaient l'intérieur de l'arsenal et de la ville (1).

---

(1) *Journal du* Montebello, *vaisseau amiral, 26 juillet.*

« Au jour on aperçoit les terres de Crimée (de 4 à 8 heures). L'armée est sur 2 colonnes, les Anglais à gauche. On aperçoit successivement de grandes bâtisses et des bâtiments au mouillage. C'est le port de Sébastopol ; 3 vapeurs sont en vue sur la côte. On suppose que ce sont nos croiseurs. Sondé à 7 heures, et trouvé 19 brasses de fond. (De 8 à midi), *le Montebello* s'approche de terre jusqu'à 10 brasses. Il se tient en panne devant la route, sonde continuellement et trouve un fond de 10 à 20 brasses (gravier). A 11 heures, signalé l'ordre de marche sur 2 colonnes, la 2ᵉ escadre à droite. Au *Jean-Bart* de se tenir au poste intermédiaire pour répéter les signaux. L'escadre française se forme sur 2 colonnes. L'escadre anglaise la suit. Nous visitons les baies

« J'ai pu m'assurer, écrit l'amiral au ministre de la marine, qu'il régnait une grande activité aux abords de Sébastopol. Les Russes paraissent fort occupés à fortifier, par de nouveaux ouvrages, les côtés faibles du fort Constantin. — *Je crois avoir constaté la présence, dans le port, de 14 vaisseaux, dont 3 à trois ponts et de 6 frégates. Je n'ai vu que 4 navires à vapeur; mais plusieurs de ces bâtiments pouvaient être cachés dans les différentes anses du port.* »

IV. — La commission a terminé son travail d'exploration sans rencontrer d'obstacle sérieux. Elle a pu examiner soigneusement les points désignés. Le soir même, l'amiral Dundas fit proposer à l'amiral Bruat d'envoyer le vaisseau à hélice *l'Agamemnon* à Varna, avec les généraux que *le Fury* venait de ramener, puis de faire route sans plus tarder avec les deux escadres. Mais l'amiral français craignit que ce brusque départ ne trahît les projets des armées alliées,

---

en sondant, et nous longeons la côte d'assez près, jusqu'à Sébastopol. Le *Montebello* continue à gouverner, de manière à passer à 1 mille ½ environ des batteries de Sébastopol. Pendant qu'il longe la côte, les vaisseaux des escadres sont au large. On aperçoit distinctement les batteries qui forment la défense extérieure de la place, puis les bâtiments qui sont dans la rade. On y compte 9 grandes matures, et l'on suppose qu'il y a 14 vaisseaux, dont 3 à trois ponts. L'un d'eux porte le pavillon de vice-amiral. Plusieurs bâtiments de rang inférieur et quelques vapeurs occupent différents points de la rade, dont l'entrée est défendue par 5 vaisseaux. Après avoir suffisamment observé l'arsenal, la rade, etc., l'amiral donne l'ordre de gouverner sur l'amiral anglais. A 6 heures ½ l'amiral se rend à bord du *Britannia*. A 8 heures ½ mis en marche; l'escadre anglaise occupe la droite. »

et ne donnât, par suite, l'éveil aux Russes sur le point de la côte qui avait le plus particulièrement fixé l'attention. — A 6 heures 1/2 du soir, il se rendit à bord du *Britannia*, pour communiquer à l'amiral Dundas les instructions qu'il avait reçues de l'amiral Hamelin, et insister auprès du commandant en chef de la flotte anglaise, sur l'utilité de montrer les escadres dans la baie de Balaklava.

« L'amiral Dundas, avec sa courtoisie habituelle, s'est empressé de se rendre à mes désirs (écrit l'amiral Bruat) ; » et il ajoute : « J'ai rencontré à bord du *Britannia*, les généraux Brown et Canrobert, l'amiral Lyons, les colonels Trochu et Lebœuf, et le commandant Sabatier; tous étaient très-satisfaits de la reconnaissance qu'ils venaient de terminer, et ne semblaient plus mettre en doute l'expédition projetée (1). »

L'Agamemnon partit, ramenant à Varna les membres de la commission si impatiemment attendus.

V. — Le 27 au matin, les deux escadres étaient devant la baie de Balaklava.

Le Britannia, remorqué par *la Retribution*, et accompagné par deux autres navires à vapeur, fit aussitôt route pour le fond de cette baie. — *Le Montebello* suivait, pendant que les autres vaisseaux se tenaient au large. La carte indiquant un fond considérable, *le Monte-*

---

(1) Correspondance de l'amiral Bruat avec S. Ex. le ministre de la marine. 28 juillet 1854.

bello s'approcha de la côte jusqu'à un demi-mille environ.

Partout, cette baie est bordée de falaises abruptes et escarpées ; on n'aperçoit aucune fortification élevée en vue de la défense ; seulement, sur les hauteurs qui dominent la droite, en entrant dans le port, se montrent les ruines d'un vieux château et quelques parties de parapets qui semblent nouvellement construits; mais on n'y voit aucun canon. Sur ces hauteurs, une centaine de soldats environ se tenaient, à demi cachés, abrités derrière les parapets ou dans les anfractuosités des rochers. Comme les bâtiments ne paraissaient pas vouloir faire usage de leur artillerie, ces soldats s'enhardirent, et, se montrant peu à peu plus à découvert, finirent par border les falaises comme une crête vivante, observant tous nos mouvements avec une curieuse attention. Sans nulle doute, ils appartenaient aux casernes que les vigies avaient signalées au fond du port. L'absence de fortifications sur cette partie de la côte de Crimée indiquait suffisamment que les Russes ne redoutaient pas un débarquement de ce côté.

La baie de Balaklava paraît d'ailleurs un assez mauvais mouillage, puisque le moindre fond ne présentait pas moins de 40 brasses.

Aussitôt que *le Montebello* l'eut quittée, il rejoignit *le Britannia*, ainsi qu'il en avait été convenu le matin avec l'amiral Dundas.

Le Cacique et *la Tribune*, munis d'instructions détaillées, firent aussitôt route vers la baie de Kaffa pour y opérer une fausse reconnaissance, et laisser ainsi nos ennemis dans le doute sur le point où doit s'opérer un débarquement; ils rallieront les escadres au mouillage de Baltchick.

Dans le même moment, deux navires anglais partaient aussi pour se montrer devant Odessa.

Les escadres, vers la fin du jour, étaient à 30 lieues de Baltchick. — Le mauvais temps les prit en route, et elles n'atteignirent que le 30, ce mouillage, où l'amiral Bruat vint jeter l'ancre à son ancien poste.

VI. — L'*Agamemnon* était arrivé le 28; son retour fut signalé aussitôt au grand quartier général, et le conseil s'assembla sous la présidence du maréchal de Saint-Arnaud.

Dans l'opinion des explorateurs appelés au sein du conseil, rien ne s'oppose à la possibilité d'un débarquement : seulement les opinions, après s'être d'abord partagées entre les plages du cap Loukoul, près de l'embouchure de l'Alma et la petite baie de la Katcha plus rapprochée de la place ennemie, penchent décidément pour ce dernier point.

L'armée d'invasion y trouvera de l'eau et du bois : elle n'aura à parcourir que deux lieues à peine, pour atteindre le grand fort étoilé du Nord, que l'on regarde comme le centre probable de la résistance.

Il est vrai que cette vallée de la Katcha paraît assez encaissée, et que l'ennemi pourra profiter des hauteurs voisines, pour s'opposer au débarquement; — toutefois, l'étendue de cette plage permet le développement simultané de plusieurs bataillons ; elle est surtout assez accore pour que les vapeurs puissent couvrir l'opération par des feux efficaces et nourris ; les difficultés de terrain qu'on a reconnues ne paraissent pas de nature à arrêter nos soldats d'Afrique.

VII. — Pendant que se dressent ainsi les plans de l'expédition projetée, le choléra, qui déjà était violent à Varna, et sévissait cruellement dans les rangs de notre pauvre armée, atteignait aussi peu à peu la flotte.

Après avoir frappé *le Primauguet*, le fléau éclatait sur la frégate à vapeur *le Magellan*, puis sur le vaisseau à trois ponts *le Valmy*, que montait le contre-amiral Lugeol, arrivé récemment dans l'escadre. Ce vaisseau stationnait à Varna où le contre-amiral avait été envoyé pour centraliser le service maritime.

Enfin, le 31 juillet, date sinistre, l'épidémie envahissait les vaisseaux mouillés sur rade à Baltchick, en se déclarant simultanément à bord de *la Ville de Paris*, du *Friedland* et du *Jean-Bart*. — Le même jour, *le Cacique* s'éloignait, emmenant le général Canrobert qui allait rejoindre à Kustendjé sa division fatalement engagée dans les marais pestiférés de la Dobrutcha et qu'il devait retrouver écrasée par le fléau mortel.

Les nouvelles rapportées par *le Lavoisier* et par *le Cacique* étaient si alarmantes que l'amiral expédia sur-le-champ à Mengalia et à Kustendjé, cinq frégates ou corvettes à vapeur, *le Magellan, le Descartes, le Cacique, le Lavoisier*, avec ordre de rejoindre, au plus vite, *le Pluton* déjà sur les lieux.

VIII. — Nous avons retracé dans un précédent travail ce triste tableau de mort et les scènes navrantes de cette lutte silencieuse avec un fléau implacable(1); qu'il nous soit permis aujourd'hui de passer rapidement sur ces jours de deuil. Mais ce qu'il faut dire, c'est que pendant ces lugubres voyages, souvent répétés pour ramener les cholériques, le moral de nos marins ne se démentit pas un instant au contact de toutes ces agonies. — Avec un courage calme et un profond sentiment du devoir, les équipages, déjà frappés eux-mêmes, semblaient oublier leurs propres souffrances, pour secourir les malheureux soldats entassés sur les ponts, funèbres convois qui venaient s'arrêter à Varna.

Ce qu'il faut dire aussi, c'est que, pendant les ravages épidémiques, ces nobles exemples se retrouvaient partout, dans tous les rangs comme dans tous les cœurs, chez les chirurgiens soit de terre, soit de mer, qui se multipliaient pour arracher des victimes au fléau, et chez les aumôniers soit de l'armée, soit de la flotte, qui passaient leurs jours et leurs nuits penchés sur les lits des agonisants, leur donnant par de touchantes paroles le vrai courage de la mort chrétienne, puisqu'ils ne pouvaient leur rendre les forces de la vie. Il faudrait ici citer bien des noms

---

(1) *Expédition de Crimée*, vol. I, p. 120 et suivantes.

de ces courageux apôtres du devoir et de l'abnégation.

Dans ce livre, destiné surtout à retracer les faits qui se rattachent à la marine, bornons-nous à rappeler ceux de M. Marroin, chirurgien en chef de la flotte et de M. l'abbé Cresp, aumônier en chef de l'escadre, dont le zèle constant fut au-dessus de tout éloge.

IX. — En cette circonstance, l'abbé Cresp, si dignement secondé par tous ses collègues, ne faisait qu'interpréter les vues généreuses de l'aumônier en chef de la marine française, l'abbé Coquereau qui avait en vain sollicité plusieurs fois, avec la plus vive instance, de quitter le service qu'il centralisait et dirigeait à Paris, pour venir partager les dangers de la flotte, pendant qu'un fléau implacable y faisait tant de victimes.

Mais, s'il n'avait pu lui-même se rendre en Orient, ses instructions aux aumôniers leur servaient, en toute circonstance, de guide et de préceptes ; elles étaient empreintes des sentiments les plus élevés, et marquaient à chacun avec une paternelle affection, sa ligne de conduite.

« Souvenez-vous, leur disait-il, que l'unique autorité à bord est celle du commandant ; que tout doit lui obéir ; et vous êtes tenus à la même obéissance que les officiers et le reste de l'équipage.

« Que votre tenue soit digne et toujours paternelle ; vous êtes le pasteur de cette paroisse flottante.

« Dans les dangers du combat, du naufrage, des

manœuvres, des épidémies, si l'honneur et les règlements militaires imposent aux chefs l'obligation de prendre la plus large part du péril, votre sacerdoce, dont la charité de Jésus-Christ est la dernière expression, vous dit assez qu'il ne peut y avoir de limite à votre dévouement.

« Il appartient de montrer à tous, que ce n'est pas d'esprits aventureux, impatients de tout joug et de toute discipline, d'ecclésiastiques mal à l'aise dans leurs diocèses que se compose le corps des aumôniers de la flotte ; mais de prêtres vraiment dignes de ce nom, prêtres dévoués à Dieu, à l'Église, à leur pays, à leurs devoirs, à leur nouvelle famille, la famille maritime, au sein de laquelle ils trouveront, en échange de leur dévouement, l'affection et le respect de tous. »

Pour l'honneur de ce corps qui, pendant toute la durée de la guerre, a si dignement rempli sa mission, partout où l'ont appelé les dangers et les souffrances, nous avons voulu citer ces instructions qui avaient présidé à leur conduite et s'étaient gravées dans leurs cœurs.

X. — Les demandes successives qui se produisaient, dépassaient déjà de beaucoup les prévisions précédemment admises : car les différents chefs des armes spéciales, maintenant que le fait allait remplacer la théorie, reconnaissaient des nécessités impérieuses échappées aux investigations d'un premier travail. De plus, la reconnaissance envoyée sur les lieux, ayant dénoté la présence de forces russes plus considérables qu'on ne l'avait supposé d'abord, ces résultats avaient dû modifier d'une manière notable les premières données hypothétiques.

Aussi, par suite de l'augmentation de personnel d'armée, que le maréchal jugeait nécessaire pour l'expédition, il n'était plus possible de s'en tenir au nombre des navires précédemment arrêté (1).

Il fallut, pour satisfaire à ces exigences, que le commandant en chef de la flotte appelât à lui toutes ses ressources, et demandât même à y ajouter d'autres bâtiments, provenant en partie de la station navale de Grèce; secondé par son chef d'état-major, officier plein d'activité et d'initiative, il multipliait ses moyens d'actions et créait sans cesse des combinaisons nouvelles.

Le 1er août, l'amiral en chef appelait à bord de *la Ville de Paris* l'amiral Bruat et son chef d'état-major, le capitaine de vaisseau, Jurien de la Gravière. — Dans cette conférence, le capitaine de vaisseau Bouët-Willaumez, chef d'état-major de la flotte, donna lecture des projets concertés avec le général de Martimprey, chef

---

(1) Il fut décidé que l'intendance ferait deux divisions de son grand convoi : la première, composée de 25 bâtiments, serait remorquée par l'armée navale, la seconde devrait attendre à Varna des remorques, ou un vent favorable. Le chef d'état-major de la flotte ayant notifié ces décisions des amiraux aux chefs de service de l'armée, dans une nouvelle conférence tenue le 5 à Varna, le maréchal de Saint-Arnaud les invita lui-même à opérer toutes les réductions compatibles avec les opérations, d'abord un peu hasardées, d'un corps d'armée de 30 000 hommes, soudainement jeté sur le territoire ennemi.

d'état-major général de l'armée, et avec les chefs de service.

Aussi, le 5 août le maréchal de Saint-Arnaud écrivait à l'amiral Hamelin :

XI. — « J'estime dès à présent que les moyens répondront à la grandeur de l'entreprise ; et si l'on considère, mon cher amiral, l'énorme effet moral que portera avec lui ce développement des forces de terre et de mer des deux plus grandes puissances du monde, il y a lieu de compter sur le succès, pour peu que le temps et les vents ne nous soient pas trop défavorables. Les hommes de guerre les plus connus ont bien souvent risqué autant pour des objectifs militaires et politiques bien moins importants. Est-il bien prouvé que les flottes ne trouveront pas le moyen d'écorner les batteries du port, pendant que, pour arriver à l'occupation, nous jouerons au-dessus d'elles le jeu que vous savez ? Bref, de toute façon, il ne s'en produira pas moins autour de Sébastopol, par les efforts combinés des armées et des flottes, des influences qui prépareront utilement le succès, même avant les grands chocs. »

XII. — Le choléra alors était dans toute son intensité ; chaque jour nous perdions cent hommes environ. Si le fléau continuait ainsi ses mortelles dévastations, il réduisait à une réelle impossibilité d'action ce corps d'armée, il y a un mois à peine, si plein d'ardeur et de noble énergie.

Certes, de semblables tableaux et de si cruelles appréhensions étaient de nature à abattre les cœurs les plus forts et les plus résolus. Pendant quelque temps, les décès quotidiens de la flotte furent loin d'atteindre ce chiffre : quelques bâtiments même semblaient devoir être épargnés, mais cet espoir fut de courte durée :

Ainsi, l'amiral Bruat écrivait au ministre : « L'état sanitaire du *Montebello* me faisait espérer qu'il échapperait au fléau qui venait de sévir si cruellement dans les rangs de notre armée, et qui enlevait depuis quelques jours un certain nombre d'hommes sur plusieurs bâtiments. Mon espoir a été tristement déçu : dans la nuit du 9 au 10 août, le vent, qui avait jusqu'alors régné du sud ouest, passa au nord. L'invasion du choléra à bord du *Montebello* fut soudaine et foudroyante. L'épidémie sembla fondre sur nous avec l'orage : *la Ville de Paris* en fut également atteinte, ainsi que plusieurs autres vaisseaux. »

XII. — Il nous semble intéressant de réunir ici les lettres que ces tristes circonstances dictaient aux chefs de l'armée et de la flotte.

« Le choléra qui sévit sur vos vaisseaux est une bien triste complication à ajouter à toutes celles qui nous enchaînent (écrivait à cette époque le maréchal de Saint-Arnaud à l'amiral Hamelin), la Providence nous réservait de rudes épreuves ; supportons-les avec calme et comme des gens de cœur, et marchons au but jusqu'au dernier moment.

« Si, quand nous aurons fait tous nos efforts, l'impossibilité se dresse devant nous, nous nous inclinerons, mais avec la conviction d'avoir rempli notre devoir.

« Notre état sanitaire dans l'armée s'améliore, mais lentement, nous avons tant de malades. Triste condition pour entreprendre une expédition, dont la principale chance de succès réside dans l'élan, la vigueur et la force. — Il le faut! »

La mortalité avait augmenté subitement dans une telle proportion, que l'amiral Hamelin s'empressa d'appeler auprès de lui les officiers généraux et les commandants de l'escadre. Il fut décidé dans cette conférence, tenue le 10 août, que tous les vaisseaux, excepté *le Henri IV*, *le Jean-Bart* et *le Montebello* restés à Varna, prendraient immédiatement la mer, pour chercher à arrêter les ravages du fléau. L'escadre croiserait dans le sud de Baltchik.

Du 11 août, jour de l'appareillage, jusqu'au 14, l'épidémie fut dans toute sa force.

Le 13, l'amiral Hamelin écrivait au ministre de la marine :

« Je ne doute pas que, s'il était possible de faire évacuer nos vaisseaux du mouillage, on ne tarderait pas à en faire disparaître le foyer d'infection; mais, on ne peut l'oublier, dans les circonstances actuelles, nos devoirs sont complexes, et si nous devons multiplier nos efforts pour améliorer l'état de nos équipages, nous devons, d'un autre côté, ne pas laisser la mer Noire libre à la flotte russe, qui ne manquerait certainement pas d'en profiter, si elle pouvait supposer surtout que nos vaisseaux sont hors d'état de rester sous voiles et de combattre au besoin. »

A cette même époque aussi, l'amiral Bruat, frappé de la gravité des événements devant une épidémie qui exerçait de si grands ravages, doutait, lui aussi, malgré son cœur plein d'audace et de résolution, de la possibilité d'entreprendre l'expédition de Crimée dans de telles conditions; ses doutes, il les exposait au maréchal de Saint-Arnaud, et, dans une lettre datée du 13 août, il rend ainsi compte à l'amiral Hamelin de sa conversation avec le commandant en chef de l'armée d'Orient.

« Le maréchal regarde toujours le débarquement en Crimée comme la seule chose bonne; cependant, sur mon observation, il convient que l'agglomération de troupes, qui elles-mêmes ont subi les atteintes du choléra, avec des équipages où le fléau n'a pas même complétement cessé ses ravages, peut amener, au moment où l'on s'y attend le moins, au débarquement même, les effets les plus fâcheux. Je lui ai fait observer aussi que, vu l'état avancé de la saison, il pourrait se faire que, le débarquement achevé, nous fussions obligés de quitter les côtes. »

XIII. — A partir du 15, l'épidémie, qui s'était si soudainement abattue sur l'escadre, entrait heureusement dans sa période décroissante, et, le 17, la flotte reprenait son mouillage de Baltchik.

On se compte, on s'interroge; notre escadre a déjà perdu huit cents matelots, et ses malades s'élèvent au nombre de douze cents. Parmi tous, les vaisseaux amiraux, *la Ville de Paris* et *le Montebello* ont été le plus cruellement éprouvés. La flotte anglaise, de son côté, avait considérablement souffert.

Des ambulances provisoires ont été établies dans les hangars à blé du village, et tous les cholériques qui peuvent supporter le transport y sont immédiatement installés.

Enfin, la vie renaît, le fléau s'éloigne; mais dans l'état où est l'armée ainsi décimée, en face de l'affaiblissement des troupes et des équipages, en face de l'époque avancée de la saison, des gros temps qui peuvent d'un instant à l'autre survenir, et surtout d'une épidémie fatale prête à renaître par l'entassement des soldats sur les vaisseaux, l'expédition de Crimée était-elle encore possible, et n'offrait-elle pas bien des chances défavorables?

C'est une question que chacun s'adresse tout bas, car l'avenir, surtout à la guerre, est un livre fermé, et cette entreprise audacieuse ne comptait plus que de rares partisans. Ceux qui, quelque temps auparavant, la prônaient avec le plus d'enthousiasme, étaient aujourd'hui irrésolus ou opposés.

Le découragement ou l'enthousiasme se suivent de bien près dans les masses, et tous deux, selon les circonstances imprévues qui les font naître, se propagent comme des traînées de feu.

XIV. — Nous répétons ici ce que nous avons déjà écrit dans les précédents volumes : notre rôle est celui du chroniqueur qui enregistre, jour par jour, les faits qui se produisent, sans les juger, sans les apprécier. L'heure n'est venue pour personne de porter un jugement sain et solide sur des événements vivants encore, et qui frémissent et palpitent, pour ainsi dire, sous le doigt qui les touche.

Les amiraux en chef surtout, qui, dans leur vieille expérience et leur juste appréhension des dangers de la mer et des hasards d'une navigation à une époque périlleuse de l'année, redoutaient de voir toute une armée jetée en proie à ces hasards terribles, comprenaient, plus que d'autres, la responsabilité immense qui s'assumait sur eux ; ils se disaient qu'en un jour toutes ces espérances de gloire et de lutte pouvaient se changer en désastre.

Le 20, ils eurent une conférence à Baltchik, à la suite de laquelle, et après un mûr et sérieux examen, obéissant à une sage prudence et à un impérieux devoir, ils représentèrent aux généraux en chef :

« 1° Que cette côte de Crimée sur laquelle on allait se jeter en *enfants perdus*, était sans ports (1) dans toute la

---

(1) Les qualités de la baie de Kamiesh, comme port, qualités ignorées des Russes eux-mêmes, ne furent découvertes qu'au mois de septembre suivant.

partie qu'on allait attaquer. Donc, nul abri pour leurs flottes, dont l'existence demeurerait toujours à la merci de la première tempête de l'automne ;

2° Que le ravitaillement de l'armée, si grands que fussent les efforts de la flotte et de l'intendance, serait sans cesse compromis par ce manque de ports et par les difficultés de navigation de la mer Noire, en cette saison ;

3° Qu'en cas de revers éprouvé par l'armée, tout rembarquement, devant l'ennemi, demeurait impossible, sans des sacrifices équivalents à un désastre.

L'amiral Bruat partageait ces appréhensions. « J'étais pour une expédition au mois d'août, disait-il, je ne suis pas pour une entreprise au mois de septembre. »

Mais hâtons-nous d'ajouter que toute sa confiance lui revint, aussitôt que l'amiral Lyons l'eut mis en rapport avec un agent anglais, ancien consul à Kertch pendant quatorze ans, et qui assurait que, sur la côte de Crimée, les mois de septembre et d'octobre présentaient généralement de très-beaux temps et des vents modérés.

Le chef d'état-major de la flotte, qui travaillait depuis deux mois à préparer les éléments de cette campagne, n'avait pas cessé d'en être un des plus chauds partisans; et, pendant tout le cours de l'épidémie fatale, ses conférences avec les différents chefs de service n'avaient pas cessé.

XV. — Le 20, les amiraux anglais et français se réunirent à bord de *la Ville de Paris*, afin de combiner la navigation simultanée des flottes pour l'expédition projetée (1).

(1) (SÉANCE DU 20 AOUT 1854).

Les amiraux soussignés se sont réunis, aujourd'hui 20 août 1854, afin d'examiner diverses questions qu'il importait de résoudre pour assurer la navigation et l'action communes des flottes combinées de France et d'Angleterre.

Aux six questions énoncées ci-dessous, ils ont répondu comme suit :

Première question.

« Dans quel ordre doivent partir et naviguer les flottes militaires et marchandes des forces de France, d'Angleterre et de Turquie ? »

Par suite de l'arrangement convenu entre les généraux en chef des armées de terre, l'armée anglaise devant débarquer dans le nord de l'armée française, la flotte anglaise devra nécessairement naviguer et mouiller dans le nord de la flotte française. Quant à la flotte ottomane, elle se tiendrait en arrière des serre-files de la flotte française.

Cette question a été ainsi résolue à l'unanimité.

Deuxième question.

« S'il fait calme ou petit temps, les bâtiments composant les flottes, doivent-ils partir tous à la vapeur par groupes de remorqueurs et remorqués d'une même nation, naviguant ensemble ? »

A l'unanimité : Oui.

Troisième question.

« Si, une fois en mer, le vent se déclare contraire, mais petit frais, n'y aura-t-il pas lieu de soulager les remorques, en ne laissant aux remorqueurs que le soin de traîner les bâtiments de commerce, et faisant alors naviguer les bâtiments de guerre à la voile, au vent de ces derniers, et sur deux colonnes ? »

L'amiral Dundas, ayant suffisamment de steamers pour remorquer ses vaisseaux et son convoi dans pareille circonstance, ne croit pas se trouver obligé d'avoir recours à ce moyen, lequel est cependant adopté à l'unanimité pour ce qui touche la flotte française, moins bien pourvue de bâtiments à vapeur.

Quatrième question.

« Si la brise de nord-est, la plus habituelle dans cette saison, vient à fraîchir, une fois les flottes en mer, et, par suite, à obliger à larguer les remorques, soit pour éviter qu'elles se rompent, soit pour ne pas

Toutes les questions que nécessitaient les circonstances furent posées, résolues et paraphées par les amiraux.

faire des consommations de charbon inutiles, devra-t-on tenir la mer et lutter contre le vent de bout avec des ris aux huniers, ou laisser porter, pour gagner le mouillage le plus à proximité sous le vent? »

Le cas peut arriver, et, par suite, doit être prévu : mais la résolution que prendront les amiraux dépendra, et de l'apparence du temps, et de la position où se trouveront alors les flottes en mer.

En cas de relâche, la flotte française mouillerait à l'est de la flotte anglaise.

Décision unanime à ce sujet.

Cinquième question.

« Dans quel ordre mouilleront les flottes et les divers groupes de bâtiments de guerre ou de transport qui les composent, devant le territoire ennemi? »

Elles mouilleront, l'une par rapport à l'autre, dans l'ordre où elles navigueront.

Quant aux positions de mouillage que devront prendre les divers groupes dont se composent chacune d'elles, elles ne peuvent être uniformes pour les deux flottes, en raison de la double obligation où se trouve la flotte de guerre française, et dont la flotte anglaise est exempte en grande partie, de pourvoir à la fois aux nécessités de débarquement de troupes et de protection de ce débarquement, à l'aide des six vaisseaux de combat français, les seuls bâtiments de cette nation qui ne soient point excessivement encombrés.

Adopté à l'unanimité.

Sixième question.

« Dans le cas où il y aurait lieu de forcer les passes de Sébastopol, comment navigueront les deux escadres française et anglaise? »

La chose ne peut être décidée que sur les lieux et suivant l'opportunité des événements ; mais les amiraux sont unanimes pour reconnaître que les deux amiraux en chef ne peuvent faire donner leurs vaisseaux, de vive force, dans Sébastopol, sans s'être consultés à l'avance.

Fait et arrêté à bord du vaisseau *la Ville de Paris.*

Vice-amiral DUNDAS.   *Vice-amiral* HAMELIN.
Contre-amiral LYONS.   *Vice-amiral* BRUAT.

Le chef d'état-major de la flotte.

Contre-amiral BOUËT-WILLAUMEZ.

Le 26, un dernier conseil de guerre s'assemblait à Varna, chez le maréchal.

Dans ce conseil siégeaient, outre les généraux et les amiraux en chef, les amiraux Bruat et Lyons, les généraux Canrobert et Burgoyne, le général de Martimprey, le chef d'état-major de la flotte, Bouët-Willaumez, récemment promu contre-amiral (1) et le colonel Trochu.

(1)   LE CONTRE-AMIRAL BOUËT-WILLAUMEZ.

Le capitaine de vaisseau Bouët-Willaumez, qui venait d'être nommé contre-amiral, avait acquis, par de longs et glorieux services, la haute position qu'il allait occuper dans la marine. Au moment où la guerre d'Orient armait nos vaisseaux dans tous les ports, les deux amiraux Hamelin et Bruat, recevant deux commandements en chef, le premier celui de l'escadre de la mer Noire, le second celui de l'escadre de l'Océan, écrivaient tous deux simultanément au commandant Bouët-Willaumez pour lui demander de venir remplir, auprès de leur personne, les fonctions de chef d'état-major : il opta pour l'escadre de la mer Noire, non sans exprimer tous ses regrets au digne amiral Bruat. La vie de marin du nouveau contre-amiral a toujours été active et a réuni le double bonheur d'enregistrer de périlleux voyages dans les contrées les plus lointaines, et de nombreux combats dans lesquels il s'est brillamment distingué.

Né en 1808, et enfant de Brest, c'est par vocation qu'il est entré dans la marine ; sa navigation s'est faite à bord de toute espèce de bâtiments à voiles ou à vapeur, depuis le vaisseau de ligne jusqu'à la simple canonnière. — Il a tour à tour visité les côtes du Portugal, de l'Espagne, de Provence, de l'Italie, de Tunis, de l'Algérie et du Maroc. Il a été dans l'archipel du Levant, sur les côtes de la Guyanne, du Brésil, dans l'Inde, dans la mer du Nord, et enfin sur les côtes occidentales d'Afrique. Sa vie n'a pour ainsi dire pas connu de repos.

Comme campagnes de guerre, il compte l'expédition de Morée, le blocus et la prise d'Alger, le blocus d'Anvers, la prise de Mogador. Il a commandé plusieurs expéditions de guerre à la côte d'Afrique : une comme gouverneur du Sénégal, contre les tribus rebelles de ces contrées ; les autres, alors qu'il était envoyé en Afrique pour rétablir notre souveraineté méconnue dans nos établissements de Guinée.

Lieutenant de vaisseau en 1835, il commande, en 1836, le vapeur de guerre *l'Africain*, sur les côtes du Sénégal. C'est là qu'il gagne la

Cette séance, qui succédait aux terribles émotions de tant d'événements divers, fut agitée, tumultueuse et

croix de la Légion d'honneur, à la suite d'une expédition poussée à 200 lieues dans l'intérieur de l'Afrique, aux cataractes du Félou (Haut-Sénégal), pour y fonder le comptoir de Médine.

Tous ses avancements, soit en grade, soit dans la Légion d'honneur, sont la récompense de services actifs, d'entreprises périlleuses ou de combats sur les côtes occidentales d'Afrique, où il navigua pendant douze années consécutives.

En 1839, des peuplades sauvages ont pillé plusieurs de nos bâtiments de commerce; il les poursuit, les combat, ramène prisonniers les chefs qu'il force à restituer, en or, en ivoire et en ébène, la valeur des objets pillés. Pour ce fait, il est nommé officier de la Légion d'honneur.

En 1849, il se jette à la tête de ses marins débarqués au milieu de tribus révoltées, et les réduit dans une lutte sanglante, après avoir échappé par miracle à la mort qui frappe tous ceux qui l'entourent. Cette action d'éclat lui valut le grade de commandeur de la Légion d'honneur « *pour le récompenser*, disait la lettre du ministre, *du brillant courage qu'il venait de déployer dans l'attaque des tribus rebelles.* »

Tous les chefs avec lesquels le comte Bouët-Willaumez a navigué, l'ont signalé à l'attention spéciale du ministre par des notes qui sont, pour ce marin, les titres les plus honorables de son active carrière.

En 1846, l'amiral Montagniès de la Roque écrivait au ministre : « Cet officier supérieur est très-remarquable sous tous les rapports, comme marin, et possède en outre cette haute intelligence qui, dans mon opinion, ne peut manquer de le conduire promptement au grade de contre-amiral. »

L'amiral de la Roque resta un de ses plus chauds protecteurs et amis, et l'amiral Bruat écrivait au capitaine de vaisseau Bouët ces paroles, qui avaient une précieuse valeur dans la bouche d'un semblable marin.

« Personne plus que vous, dans notre arme, n'a su braver le climat, les balles et les dangers; je connais tous les services que vous avez rendus, et je serais heureux d'unir mes efforts à ceux de l'amiral Montagniès de la Roque pour faire valoir vos titres. »

C'est à ces titres justement appréciés qu'il devait le grade de contre-amiral, qui venait de lui être conféré, le 12 août 1854, au moment où, dans les difficiles et importantes fonctions de chef d'état-major général de la flotte, sous les ordres de l'amiral Hamelin, il préparait les éléments de cette glorieuse campagne.

souvent interrompue par des conversations particulières. Des obstacles toujours nouveaux semblaient à chaque instant se dresser pour entraver les projets d'une descente en Crimée et frappaient bien des esprits comme d'un pronostic fatal; les avis, les assentiments, comme les objections, voulaient se faire jour à la fois; mais l'expédition néanmoins fut définitivement et irrévocablement résolue dans ses détails, comme dans son ensemble.

Dès lors les différences d'opinions s'effaçèrent devant le sentiment absolu du devoir, et, dans tous les esprits, il n'y eut plus qu'une seule pensée, celle d'activer, par les moyens les plus sûrs et les plus énergiques, les derniers préparatifs de cette campagne.

De son côté, l'amiral Hamelin, chassant loin de lui toute autre préoccupation, s'occupa sans relâche et avec une infatigable ardeur de la mise à exécution des détails si difficiles et si multiples, que nécessitait pour la marine une semblable opération (1).

(1) Tous les faits que nous venons de retracer, nous les avons écrits ayant en main les pièces et correspondances authentiques et officielles.

CHAPITRE II.

XVI. — De tous côtés, c'est un mouvement, une activité impossibles à décrire, car tous comprennent, les marins surtout, l'impérieuse nécessité de prendre sans retard la mer, pour devancer les grandes brises contraires qui commencent à se faire sentir.

Le maréchal s'étant décidé à embarquer une division de 7000 Turcs sur l'escadre ottomane, il fallut forcer, au delà des limites d'abord convenues, le chiffre des troupes françaises agglomérées sur nos vaisseaux et sur nos vapeurs. Le chef d'état-major de la flotte termine à la hâte les changements devenus nécessaires dans les ordres relatifs au transport et à la répartition de notre armée sur la flotte expéditionnaire; ces différents ordres forment la série des dispositions du service maritime. Le contre-amiral Bouët les fait autographier en grand nombre à Varna et les distribue aux officiers de terre et de mer.

Chaque officier de l'armée sait déjà sur quel vaisseau ou bâtiment à vapeur il doit s'embarquer; chaque officier de marine, quel canot il doit commander plus tard, pour jeter sur la plage ennemie les passagers militaires de son vaisseau, et comment il doit opérer sur cette plage. — Ces instructions précises redoublent la confiance de chacun. Dans tous les cœurs et dans toutes les pensées il y a une fièvre d'impatience qu'on ne saurait décrire.

XVII. — Le 28 août, la frégate à vapeur anglaise *la Retribution* arrive d'Odessa. Elle rapporte que, dans cette ville, on estime à 40 000 hommes les forces russes stationnées autour de Sébastopol, et que des renforts sont attendus d'Anapa et de la Russie méridionale. — Qu'importe! l'armée ennemie fût-elle plus considérable encore, le sort en est jeté : les drapeaux alliés se déploieront sur la terre de Crimée; l'audace et l'énergie doubleront le nombre de nos soldats.

Le 31 août, l'embarquement de la 2ᵉ division (général Bosquet) doit s'effectuer à Baltchik; cet embarquement s'opère avec tous les moyens de l'escadre française, sous la direction supérieure de l'amiral Hamelin et de son chef d'état-major, qui circulent dans leurs baleinières pour en surveiller les mouvements. Le capitaine de vaisseau Jehenne, du *Henri IV*, secondé par le lieutenant de vaisseau Aubert, en organise le détail sur la plage.

Ce fut un beau spectacle, de voir descendre des hauteurs du ravin de l'Aiguade, sous l'œil vigilant de son digne général, cette belle division déjà bronzée par de longues marches à travers les Balkans. Pendant que chevaux et bagages sont embarqués au village de Baltchik, on voit accourir les zouaves, les chasseurs à pied, les tirailleurs algériens; tous ont hâte de quitter la plage et, comme par un pressentiment de l'avenir, saluent de leurs acclamations nos beaux vaisseaux qui, de cette terre empestée par une épidémie mortelle, vont les conduire au combat.

Le lendemain, la 3⁰ division (prince Napoléon) s'embarque à son tour à Baltchik. Chaque portion de troupes a son emplacement désigné à l'avance; il n'y a pas un seul instant de retard ou de confusion, tant les moindres détails ont été combinés avec une habile prévoyance. — Le même jour, la 1ʳᵉ division (général Canrobert), encore convalescente des cruelles épreuves qu'elle vient de traverser, s'embarque à Varna sur les vapeurs chargés d'en faire la répartition à bord des bâtiments; on veut ainsi lui éviter toute fatigue nouvelle.

Divers détails d'approvisionnements retiennent encore à Varna une partie des frégates à vapeur destinées à porter la 4ᵉ division ; son embarquement est effectué le 2 septembre, à 11 heures du matin. *Le Montebello*, qui porte le pavillon de l'amiral Bruat, et les derniers vaisseaux et vapeurs mouillés à Varna rallient Baltchik. — Il en est de même d'un grand nombre de bâtiments et de convois tout chargés dans ce port, soit par l'intendance, soit par les armes spéciales.

A 7 heures du soir, le maréchal de Saint-Arnaud, amené par *le Berthollet*, monte à bord de *la Ville de Paris*, avec son état-major et les généraux commandant l'artillerie et le génie. — Par son ordre, le général Canrobert s'embarque aussi sur ce même bâtiment.

XVIII. — Le 3 septembre, dans la soirée, l'amiral Hamelin avait achevé de prendre toutes ses dispositions de départ; les officiers chargés des signaux ont été appelés à bord et ont reçu des instructions précises. Les groupes de remorque sont prêts à se former, et les navires du convoi sont mouillés derrière les vaisseaux ou vapeurs qui doivent les conduire; les commandants des bâtiments de guerre, réunis dans la grande chambre du vaisseau-amiral, reçoivent du chef d'état-major de la flotte toutes les explications verbales de nature à compléter les ordres de navigation. Chaloupes et canots sont embarqués; les chalands sont appliqués aux flancs des navires. — Qu'un signal parte du vaisseau-amiral, et notre flotte prend la mer, et cette ville flottante, portant une armée, vogue vers la Crimée sous l'œil vigilant de ses chefs et avec l'aide de Dieu (1)!

L'état de la mer a rendu très-difficile l'embarque-

---

(1) La flotte expéditionnaire française comprenait :

15 vaisseaux de ligne, dont 4 à trois ponts et 4 à hélice,
11 frégates
et 14 corvettes ou avisos } à vapeur,
5 frégates ou transports à voiles,
et 3 vapeurs de commerce français.

Total...... 48

Ces 23 groupes, comprenant un total de 45 navires de guerre et de 3 bâtiments de commerce, remorquaient, en outre, 49 bâtiments du convoi, donnant, pour toute la flotte expéditionnaire française une masse de 97 navires.

Un certain nombre de bâtiments de commerce chargés pour l'intendance, qui n'avaient pu trouver place dans l'ordre de remorque de la flotte expéditionnaire, partaient à la voile, à l'avance (par groupes placés sous la direction de lieutenants de vaisseau destinés, une fois

ment des chevaux, que nos alliés emmènent en plus grand nombre que nous, et retarde leur départ.

La journée du 4 se passe ainsi. — Le 5 au matin, une lettre de l'amiral Dundas annonce que ses vaisseaux sont prêts à faire route. Il pense que son convoi pourra, dans la matinée, partir de Varna, pour rejoindre le nôtre en mer.

L'amiral Hamelin ordonne alors d'appareiller. — Il est 6 heures 15 minutes du matin.

XIX. — Au moment où ce signal tant attendu monte

en Crimée, au service de la plage), afin de ne retarder, dans aucun cas, la marche de l'expédition.

Cette flotte emportait vers la Crimée une armée composée de :

	Hommes.	Chevaux.	Canons.
Infanterie	25 200	498	»
Artillerie	2 000	939	68
Génie	800	»	»
Total	28 000	1437 (*)	68

De son côté, la flotte ottomane, dont l'amiral Hamelin avait bien voulu accepter la protection et la surveillance générale, avait été organisée d'une manière analogue, d'après les propositions du chef d'état-major de la marine française.

Cette flotte comprenait :

    8 vaisseaux de ligne,
    8 frégates à vapeur, dont 2 françaises (*Albatros* et *Panama*) et 2 anglaises.

Ces 8 groupes, comptant 16 navires de guerre, remorquaient autant de navires du convoi français. La flotte ottomane présentait donc une masse de 32 bâtiments, ayant à bord une division d'infanterie de 7000 Turcs.

(*) Ce chiffre ne comprend que celui des chevaux emportés par les bâtiments de guerre et 10 navires-écuries. Le nombre total de chevaux français transportés en Crimée devait dépasser 2000.

au grand mât de *la Ville de Paris*, le soleil est splendide, l'air est frais et vivifiant, l'atmosphère pure et transparente. La brise vient du nord; chacun cherche et voit dans ce beau temps inespéré des pronostics de succès. — Les 14 vaisseaux et les 2 frégates de la flotte française mettent seuls à la voile : le convoi à vapeur confié par l'amiral en chef au contre-amiral Charner, dont le pavillon flotte à bord du vaisseau à vapeur *le Napoléon*, a reçu ordre d'attendre le convoi anglais, pour ne pas brûler inutilement du charbon en mer.

Le difficile appareillage des vaisseaux et des frégates dont chacun doit sortir de la forêt de navires qui couvre les eaux de Baltchik, s'exécute en ordre parfait et sans accident. L'amiral Hamelin observe les manœuvres du haut de sa dunette, et fait un signal de satisfaction aux bâtiments à voiles. La flotte turque suit de près; le Capitan-Pacha, secondé par le lieutenant de vaisseau Aubaret, détaché sur le *Mahmoudié* avec les instructions de l'amiral français, vient former la colonne, sous le vent de notre flotte à voiles, dont l'amiral en chef conduit la colonne du vent, et l'amiral Bruat la colonne du centre.

Dans la nuit, un petit vapeur de commerce, commandé par un lieutenant de vaisseau français, apporte une lettre de l'amiral Dundas, annonçant qu'il n'a pu partir la veille, ainsi qu'il en avait l'intention. — L'amiral Hamelin, prévoyant que le vent le forcerait de s'éloigner plus au large dans la journée, informe, par *le Caton*, les amiraux Dundas, Lyons et Charner de la route qu'il va suivre. — Sur ce bâtiment s'embarque aussi le général Rose porteur d'une lettre du maréchal pour lord Raglan.

Le lendemain 7, le vent est devenu favorable, la mer est belle; notre flotte fait bonne route vers *l'île des Serpents*. L'amiral Hamelin expédie le vapeur *Primauguet* pour en donner avis à l'amiral Dundas et aux deux convois. — A midi, nous sommes à 5 lieues des terres basses du Danube, l'amiral craint de trop s'éloigner et met en panne; il signale qu'il restera ainsi toute la nuit; un service de surveillance très-actif est aussitôt établi.

XX. — *Le Caton* est de retour, ramenant le général Rose, qui a laissé l'amiral Dundas se préparant à appareiller, le 7, avec les convois à vapeur.

La nuit est calme. — Le 8, dans la matinée, les premiers vaisseaux anglais apparaissent à l'horizon (1). Entre le sud et l'ouest, on voit la fumée des re-

---

(1) *Journal du bord.*

« L'amiral signale aux vaisseaux de la première escadre de naviguer sur la ligne de relèvement, et fait connaître à l'amiral Bruat que son intention est de former l'armée sur 2 colonnes, la deuxième escadre au vent. *Le Montebello* signale alors aux vaisseaux de la deuxième escadre de se mettre en ligne de relèvement, à l'est. Cette manœuvre s'exécute, et l'escadre turque vient se former à gauche; sous le vent, on aperçoit l'escadre anglaise à la remorque. (De midi à quatre heures) la mer devient houleuse; la flotte anglaise et les convois anglais et français arrivent du sud à la vapeur. Ces convois forment deux groupes, les anglais à gauche des français. Ils se dirigent vers le N. N. E. A 1 heure 20, l'armée met en panne.

morqueurs s'élever comme de gros nuages. Chacun d'eux traîne quatre ou cinq navires, dont les mâtures semblent se confondre. — Quand plusieurs de ces groupes se sont rapprochés les uns des autres, ils forment comme une masse compacte : « On dirait, écrit un officier de la flotte, une de ces villes du désert, dont le profil se découpe sur le ciel à l'horizon de la plaine qu'elle domine, et qu'indique déjà la fumée de mille demeures, avant que l'on ne voie poindre le sommet de ses minarets. »

La réunion s'opère, lorsque les vaisseaux français et turcs sont à la hauteur des bouches du Danube.

Le maréchal de Saint-Arnaud, déjà cruellement atteint par un mal qui chaque jour minait davantage ses forces, fait savoir à lord Raglan et à l'amiral Dundas qu'il désirerait conférer avec eux. Mais la mer a grossi; lord Raglan, privé d'un bras, ne peut quitter *le Caradoc*, sur lequel il a pris passage ; et c'est à bord de ce vapeur anglais que la conférence a lieu, entre lord Raglan et les amiraux des flottes Hamelin, Dundas, Bruat et Lyons. Le maréchal se fait représenter par son premier aide-de-camp, le colonel Trochu.

Le but de cette conférence était de savoir si l'on débarquerait à la Katcha, comme on en avait eu l'intention, à la suite de l'exploration du 21 juillet, ou si l'on se porterait ailleurs.

Il était impossible de prendre une décision avant d'avoir constaté, par une nouvelle et rapide reconnaissance des côtes de Crimée, quels étaient les préparatifs de défense faits par les Russes, depuis le cap Chersonèse jusqu'à Eupatoria, et les points où ils s'étaient le plus solidement retranchés.

Les moments étaient comptés; et il fut décidé qu'une commission se rendrait, en toute hâte, sur les lieux, pour prendre une résolution définitive.

XXI. — A la nuit, le vapeur *Primauguet* (capitaine Reynaud), se détacha de la flotte, ayant à bord les généraux Canrobert, Martimprey, Thiry, Bizot, le contre-amiral Bouët-Willaumez, et les colonels Trochu et Lebœuf, désignés pour composer cette commission.

Le temps était devenu pluvieux, et le vent, qui roulait de gros nuages à l'horizon, donnait au ciel une obscurité plus intense encore; cependant, malgré la pluie qui était violente et malgré des ténèbres profondes, *le Primauguet* parvint à rejoindre sans encombre *l'Agamemnon* que monte l'amiral Lyons, et *le Caradoc*, à bord duquel se trouvaient lord Raglan et les généraux Burgoyne et Brown. Ces trois bâtiments s'étant ralliés firent route aussitôt. — Le vapeur *Sampson* accompagnait les bâtiments explorateurs.

« Le 10, au lever du jour, écrit l'amiral Hamelin au ministre de la marine, en date du 12 septembre, ces 4 navires atterraient sur la presqu'île de Chersonèse, où ils trouvèrent un camp russe assez nombreux. Ils parcoururent lentement, et à petite distance, tout le littoral compris entre le cap Cherson et le cap Loukoul. Rien n'était changé à la situation antérieure du port de Sébastopol et des vaisseaux russes; mais, depuis que la dernière reconnaissance avait été faite, des camps nouveaux et de l'artillerie avaient été établis sur les positions principales de la Chersonèse et des rivières de la Katcha et de l'Alma. Les officiers d'état-major n'évaluèrent pas à moins de 30000, le chiffre des troupes campées sur toute cette partie de la côte, qui fut explorée très-attentivement par la commission.

« Les quatre bâtiments, continuant à remonter le littoral depuis l'Alma jusqu'à Eupatoria, aperçurent, vers le milieu de la côte qui sépare ces deux points, une plage située par le parallèle de 45 degrés de latitude, et qui leur parut très-favorable à un débarquement de troupes. Cette plage correspondait au point marqué : *Old Fort* (vieux fort) sur les cartes anglaises.

« En outre, après avoir contourné la baie d'Eupatoria de très-près, les officiers explorateurs reconnurent que l'occupation de la ville serait fort utile, pour servir de point d'appui aux armées et aux flottes, et qu'un lazaret considérable et bien clos qui s'y trouvait, pourrait au besoin servir de réduit aux troupes débarquées. »

XXII. — La nuit est venue, et la petite division à vapeur fait déjà route pour rejoindre la flotte au rendez-vous assigné devant Eupatoria, qu'elle atteint le 10, avant le coucher du soleil. Lord Raglan réunit, à bord du *Caradoc*, tous les membres de la commission, afin de peser en dernier ressort les chances d'une descente dans la vallée encaissée de la Katcha, sous le feu de l'ennemi, qui occupe en force les versants supérieurs, où un débarquement sur la plage basse d'Old-Fort, qui doit, selon toute probabilité, s'exécuter sans coup férir, car cette plage est déserte. — De plus, dans le cas où les Russes voudraient s'opposer au débarquement, l'artillerie des flottes commandant absolument cette plaine, les aurait bientôt balayés, jusqu'à 2 ou 3 kilomètres de la plage.

Des troupeaux nombreux, des meules de foin, des villages dans l'intérieur, semblent promettre des ressources à l'armée d'invasion.

Telles sont les raisons qui font adopter, sur l'insistance de lord Raglan et des amiraux Lyons et Bouët-Willaumez, la plage d'Old-Fort.

La commission arrêta donc, sauf l'approbation réservée du maréchal et des amiraux en chef :

1° Que le débarquement, au lieu de s'effectuer sous le feu de l'ennemi, dans les baies de la Katcha et de l'Alma, aurait lieu sur la plage intermédiaire entre ces rivières et Eupatoria au point indiqué sur la carte, Vieux-Fort (parallèle de 45° de latitude);

2° Que le même jour, l'occupation d'Eupatoria aurait lieu à l'aide de 2000 Turcs, d'un bataillon français, d'un bataillon anglais, de deux vaisseaux turcs et d'un vaisseau français : cette ville n'a aucune espèce de défense ; il ne paraît même pas certain qu'il s'y trouve une garnison ;

3° Que trois ou quatre jours après le débarquement, l'armée se mettrait en marche dans le sud, sa droite appuyée à la mer et à une escadre de 15 vaisseaux ou frégates à vapeur, qui la suivraient, le long du littoral, pour la protéger de son artillerie et assurer ses approvisionnements.

XXIII. — Le 11, à midi, *le Primauguet* a rallié la flotte française, qui louvoie à 2 ou 3 lieues du point de rendez-vous (40 milles à l'ouest du cap Tarkan). Il s'arrête par le travers de *la Ville de Paris*, qui envoie son canot prendre les généraux et officiers de la commission; les résolutions que celle-ci a adoptées sont communiquées au maréchal de Saint-Arnaud et à l'amiral Hamelin; tous deux les acceptent. Le maréchal ne le fait qu'à regret : « J'aurais désiré, écrit-il, un débarquement de vive force à la Katcha, plus près de Sébastopol; cependant, je cède; on débarquera à Old-Fort. »

Le chef d'état-major de la flotte a communiqué le matin avec les convois mouillés à 7 ou 8 lieues au nord du point de rendez-vous; il en rend compte à l'amiral Hamelin, qui donne les ordres et les communications nécessaires au ralliement des navires.

Chacun brûle de connaître la décision définitive arrêtée pour le débarquement; tous les yeux sont fixés sur le vaisseau amiral. — Il est 3 heures 30 minutes, lorsque ce signal tant désiré monte au grand mât de *la Ville de Paris* (Prévenir l'armée qu'elle débarquera sur la côte de Crimée, par 45° de latitude).

XXIV. — Le 11 au soir, le calme s'est fait : la flotte et

le convoi français sont réunis sur les atterrages de Crimée, et mouillent hors de vue de terre.

Par suite du nouveau point de débarquement adopté à a suite de la dernière exploration, des modifications sont devenues nécessaires dans l'ordre général ; aussi, dans la matinée du 12, un officier de chaque vaisseau se rend à bord de *la Ville de Paris* pour copier l'ordre nouveau qui détermine ces modifications.

Trente copies sont amarrées à des biscaïens, et *le Primauguet* les emporte. — Ce vapeur, que dirige avec habileté son commandant, le capitaine Reynaud, traverse les lignes multiples formées par les navires, et, sans s'arrêter, afin de gagner du temps, lance successivement ses biscaïens sur le pont de chacun des chefs de groupe du convoi.

De 7 à 8 heures du matin, la flotte a mis sous voiles.

« Fasse le ciel maintenant, écrit l'amiral en chef au ministre, que l'état du vent et de la mer ne s'opposent pas aux communications entre l'escadre qui prolongera ce littoral, et la droite de l'armée ! »

Oui, la destinée des deux flottes et des deux armées était dans la main de Dieu, dont la volonté dominait toutes les prévisions, tous les efforts, tous les courages.

XXV. — Vers midi les bâtiments alliés ne sont plus qu'à 18 lieues de la plage de débarquement. — Le vent est tombé ; à peine si les voiles se soutiennent ; la mer est comme un beau lac : l'amiral Hamelin signale de prendre les remorques. C'est une opération difficile ; car les 17 vaisseaux ou frégates à voiles doivent rentrer dans les groupes, déjà formés, des 80 navires du convoi. — En une heure, tous les attelages sont accouplés sans le moindre accident, et avec une sûreté de manœuvres qui montre tout ce qu'on peut attendre des officiers de la marine française.

Dans la soirée, le temps a changé tout à coup ; il est devenu menaçant et orageux ; le vent souffle du nord-est en violentes rafales, et retarde la marche de notre flotte, qu'il menace de disperser ; la nuit, descendue du ciel avec la tourmente, permet à peine de rien distinguer autour de soi. Les feux s'allument, et on les voit, comme des êtres vivants, s'agiter sur la surface des eaux. — Ce furent, pour le commandant en chef de la flotte, des heures de pénibles inquiétudes.

Enfin, le jour parut ; — c'était le 13 septembre. *La Ville de Paris*, remorquée par *le Napoléon*, se trouvait à 10 lieues d'Old-Fort, entre Eupatoria et le cap Tarkan, à proximité de la flotte anglaise, qui y était ancrée, depuis la veille au soir.

Le temps, qui est toujours gros, et l'état de la mer ne permettent pas de songer à débarquer ce jour-là. La bourrasque de la nuit a dispersé les groupes de remorque ; aussi la journée est-elle employée à rallier, à l'aide des avisos, tous les navires du convoi sur la rade d'Eupatoria. Bientôt on les voit arriver successivement autour des pavillons amiraux, où ils reçoivent par signaux les derniers ordres. — On distribue aux troupes passagères leurs sacs et trois jours de vivres. A bord de tous les bâtiments, c'est une activité pleine de fièvre et de joie ; tout semble annoncer pour la journée du lendemain un temps favorable. — La mer s'est apaisée, et autour des escadres réunies, les flots dorment paisibles. —Les feux s'allument et commencent à briller à travers les premières ténèbres de la nuit : on dirait le reflet des étoiles qui resplendissent au ciel (1).

XXVI. — Aujourd'hui, ces événements, contre lesquels le hasard de tant de circonstances pouvait fatalement se réunir, sont des faits accomplis, et il est difficile peut-être de se rendre un compte exact des inquiétudes, des tourments sans cesse renouvelés qui assaillaient ces heures incertaines et agitées. — Que fussent devenues ces belles flottes, que fussent devenues ces héroïques armées, l'espoir de deux nations, et qui devaient porter si haut les drapeaux de l'honneur et du dévouement, si une de ces terribles tem-

---

(1) *Journal du vaisseau-amiral.*

13 *septembre.* (Sept heures et demie). L'amiral signale rendez-vous à Eupatoria. (De huit heures à midi) l'amiral signale que l'armée va au mouillage, qu'elle mouillera dans l'est de la baie, et le convoi au nord, et aux vaisseaux de mouiller à 2 encâblures de distance les uns des autres. (De midi à 4 heures) tous les bâtiments arrivent successivement au mouillage. Le convoi anglais suit le convoi français. Les anglais mouillent dans le nord à nous ; les Turcs sont dans le sud. A quatre heures, l'amiral signale de débarquer les chalands. Les vaisseaux débarquent les chalands, et à six heures tous les capitaines se rendent à bord de *la Ville de Paris.*

pêtes si fréquentes dans l'Euxin, était venue subitement fondre sur les vaisseaux agglomérés ?

Quelques heures avant la nuit, *le Primauguet*, que nous avons déjà vu si heureusement à l'œuvre, *la Mouette*, que dirige avec son habileté et son énergie habituelles le commandant d'Heureux, l'un des officiers le plus justement regrettés de la marine française, partent avec le contre-amiral Bouët-Willaumez et les généraux Canrobert et de Martimprey. Cette dernière reconnaissance a pour but de s'assurer, une dernière fois, que l'ennemi n'a pris aucune disposition nouvelle, et de déterminer le mouillage de nos deux lignes de vaisseaux, ainsi que les positions les plus favorables pour balayer la plage par les feux de nos vapeurs, en cas de résistance. Les plaines de l'Alma, les terrains qui l'entourent et le plateau qui forme la pointe droite, en quittant la rivière de l'Alma, sont examinés avec la longue vue. Le général Canrobert fait remarquer à l'amiral Bouët-Willaumez ce plateau bordé de falaises, et lui recommande de faire mouiller des navires très-près de ce point, afin que leurs projectiles en écartent l'ennemi, le jour où notre armée franchira l'Alma. — Rien n'échappe aux regards de cette dernière et minutieuse investigation.

Dans la journée, le colonel Trochu et le colonel Steel se sont présentés devant Eupatoria avec pavillon parlementaire. — La place s'est rendue sans résistance et a été immédiatement occupée. On apercevait au loin un grand nombre de voitures et de chevaux, qui s'éloignaient précipitamment de la ville. — Des terres rougeâtres et des falaises de peu de hauteur bordent la côte, semées çà et là d'élégantes constructions.

XXVII. — Le moment solennel approche.—Sur une grande étendue, la mer est éclairée de feux scintillants. —Les embarcations armées exercent une surveillance de tous les instants. — A bord des bâtiments, les chefs veillent attentifs et graves. — L'expression de leurs visages porte l'empreinte de l'immense responsabilité qui pèse sur eux.

Que la nuit est lente à marcher!

Enfin, à 2 heures et demie du matin, deux fusées, lancées de *la Ville de Paris*, ont sillonné les airs, portant aux Anglais le signal d'appareillage de notre flotte. Le vent s'est entièrement dissipé ; la mer est tranquille ; —Dieu est avec nous!

« Ce signal de convention, dit le journal tenu sur la dunette de *la Ville de Paris* par le lieutenant de vaisseau Garnault, premier aide-de-camp, est immédiatement suivi de l'ordre d'appareiller, donné à toute l'escadre, et, peu de temps après, vaisseaux et frégates à vapeur, attelés les uns aux autres, partent dans le plus grand ordre, se dirigeant vers la plage du débarquement et laissant, sur rade d'Eupatoria, tous les navires du convoi qui ne doivent nous rallier que dans la journée.... »

Trois bâtiments ont pris les devants; ce sont *le Primauguet*, *le Caton* et *la Mouette*. Ils doivent placer, à petite distance de la plage, des bouées de différentes couleurs destinées à indiquer, par leur alignement, le mouillage de nos trois colonnes, aux points que le chef d'état-major de la flotte a désignés aux capitaines de ces bâtiments dans l'exploration de la veille. — En tête de l'escadre française, marche *la Ville de Paris*, remorquée par *le Napoléon ;* auprès du vaisseau amiral, se tiennent *l'Ajaccio*, *le Berthollet* et *le Dauphin*, prêts à porter, sur tous les points, les différents ordres de l'amiral. — A côté de notre escadre se développe la longue ligne du convoi anglais, que précèdent les vaisseaux *l'Agamemnon* et *le Sans-Pareil* (1).

XXVIII. — Les premières clartés du jour naissant offrirent le plus beau spectacle qui se soit jamais déroulé sur la mer. L'œil a peine à suivre les longues files de navires de toutes grandeurs formant, sur les flots devenus calmes et tranquilles, d'immenses sillons vivants, qui suivent en silence la route que leur indique le vaisseau-amiral. — Pas un faux mouvement, pas une manœuvre inutile ; on dirait que le même fil électrique conduit au but tous ces navires symétriquement rangés.

Une notable portion de l'escadre anglaise, sous le vent

(1) Déjà, dans son premier ouvrage sur l'expédition de Crimée, vol. I, l'auteur a décrit en détail ce débarquement, une des œuvres les plus gigantesques qu'ait jamais accomplies une marine. Ce fait appartient plus encore, s'il est possible, au récit qu'il retrace en ce moment ; aussi l'auteur le complète avec les nouveaux documents qui lui sont parvenus.

de notre ligne, se dirige, à la voile, vers la baie de la Katcha, où l'amiral Dundas doit faire une fausse attaque pour détourner l'attention de l'ennemi. — Cinq frégates à vapeur françaises, chargées des troupes de la 4e division, se sont jointes à l'amiral Dundas, sur l'ordre de l'amiral Hamelin, pour coopérer à cette diversion.

Il est sept heures du matin, l'amiral en chef signale aux vaisseaux que l'escadre mouillera suivant le plan convenu; et « à sept heures dix minutes (dit le journal du lieutenant Garnault), *la Ville de Paris*, larguant ses remorques, laisse tomber l'ancre devant la plage, au poste assigné. »

Le reste de l'escadre, manœuvrant avec une précision mathématique, opère son mouvement, et chaque navire s'arrête ainsi à son mouillage respectif, que lui révèlent les bouées indicatrices.

La flotte est ancrée sur trois lignes parallèles, comme le prescrivait l'ordre de débarquement.

Sur la première, composée des vaisseaux de combat, est la 1re division. — Sur la seconde se trouve la 2e division, et la 3e division sur la dernière; car la 4e division fait partie de la diversion opérée sur la Katcha, sous le commandement de l'amiral Dundas.

Trois pavillons carrés, de couleur différente, sont affectés aux trois divisions et à tous les canots qui doivent les conduire à terre.

1re division, pavillon rouge. — 2e division, pavillon blanc. — 3e division, pavillon bleu.

Trois pavillons semblables devront être plantés aux

points désignés; et c'est sur ces trois points de ralliement que se dirigeront les embarcations et les chalands portant les troupes de la division, dont ils arborent les couleurs.

XXIX. — Dans l'ordre du débarquement, tout a été dit, tout a été indiqué, tout a été prévu, les éventualités de l'ennemi, comme celles de la mer.

Ainsi s'explique comment les 250 navires, dont se composaient les flottes combinées, ont pu sans confusion, sans avarie, sans accidents, exécuter une manœuvre que leur agglomération rendait si épineuse et si difficile.

C'est qu'aussi chacun, comprenant l'importance de cette grande opération, rivalisait d'ardeur, d'activité et de dévouement.

Les chaloupes et les canots ont été immédiatement mis à la mer; les chalands, débarqués depuis la veille et conduits à la remorque par chaque vaisseau, sont accostés le long du bord et prêts à manœuvrer.

Tous les regards sont tournés vers *la Ville de Paris*, qui doit donner le signal du débarquement. — Enfin, il flotte au mât du vaisseau amiral; un cri instinctif, involontaire, s'est échappé à la fois de toutes les poitrines.

XXX. — Il est huit heures dix minutes : les embarcations qui conduisent les chalands nagent avec vigueur vers la plage.

La baleinière de *la Ville de Paris* est en tête; elle porte le contre-amiral Bouët-Willaumez et le général Canrobert; cette baleinière a le vol d'un oiseau.

A huit heures trente minutes, le pavillon français flotte sur la terre de Crimée aux cris de : *Vive l'Empereur!*

Au même moment aborde, de son côté, le capitaine Anne Duportal, désigné comme commandant de la plage.

Presque aussitôt, sur les emplacements où devront se former les trois divisions, on voit se dresser les guidons indicateurs placés par les soins du général Canrobert et de l'amiral Bouët-Willaumez. Comme répondant à ce signal, les chalands, les chaloupes, les canots-tambours, les canots ordinaires remplis de soldats couvrent la mer et s'avancent vers la plage. Les canots, chefs de groupe des embarcations et chalands, portent sur leur étrave le pavillon de la division qu'ils conduisent à terre. — Pas un instant de confusion, de doute ou de désordre; chacun prend sa direction; *l'Ajaccio, le Dauphin, la Mouette,* servent de remorqueurs.

Cette opération multiple se déroule simultanément sur tous les points et couvre le rivage de nos soldats débarqués. — C'est le désordre en apparence, et l'ordre en réalité.

Le détachement d'infanterie de *la Ville de Paris,* et celui des fuséens-marins et artilleurs de la marine prennent immédiatement position sur la falaise du sud, sous le commandement du capitaine de frégate Dompierre-d'Hornoy, commandant en second *la Ville de Paris,* pour couvrir la droite de la plage contre des attaques de cosaques ou de tirailleurs ennemis.

XXXI. — Déjà les vigies placées au haut des mâts explorent du regard le terrain, et cherchent à découvrir les traces de l'ennemi ; rien n'apparaît, aucun mouvement de troupes ne se manifeste du côté de terre. Évidemment, ou les Russes, trompés par la diversion de la Katcha, ne nous attendent pas de ce côté, ou ils ne sont pas en mesure de s'opposer à notre débarquement.

Toutefois, l'amiral ne néglige aucune précaution ; les chaloupes des quatre vaisseaux à trois ponts, chaloupes armées en guerre et approvisionnées de fusées à la congrève, sont dirigées vers la terre, dès que les ancres ont touché le fond. — Deux de ces chaloupes prennent poste à l'angle du nord de la plage, les deux autres à l'angle du sud.

Presque au même moment, une frégate et deux avisos à vapeur, *le Descartes*, *le Primauguet* et *le Caton*, suivent la même direction, avec l'ordre de s'embosser, aussi près de la plage que le permet leur tirant d'eau, de manière à balayer de leurs obus la falaise du sud, point où l'ennemi pourrait se présenter ; leurs feux, se croisant ainsi avec ceux des fuséens et des chaloupes, prendraient d'écharpe l'artillerie ennemie qui voudrait entraver notre opération.

Des vedettes cosaques sont seules visibles au loin sur la falaise, ainsi qu'un groupe des mêmes troupes placé un peu en arrière. Dans la campagne, on distingue de grands amas de foin : la configuration du pays permet aux regards d'embrasser une vaste étendue de terrain.

XXXII. — Il est neuf heures vingt minutes ; nos troupes débarquent en masse et presque toutes à la fois. Aussitôt à terre, elles se forment. — Depuis les soldats jusqu'aux chefs, l'enthousiasme est dans tous les cœurs.

La 1re division au complet est bientôt sur le sol ennemi, munie de son artillerie, que les corvettes à vapeur *le Pluton* et *l'Infernal* ont débarquée dans des chalands, sous l'active direction des capitaines Fisquet et de Rostaing ; ces chalands formés en longs chapelets de remorque, arrivent en même temps qu'elle à la plage, et sont aussitôt ramenés à bord des vaisseaux par nos avisos à vapeur et par deux de nos corvettes, *le Roland* et *le Lavoisier*.

La 2e division, conduite par le général Bosquet, aborde déjà de son côté et prend position sur l'emplacement qui lui a été assigné, en même temps que la 3e division va se placer à son rang, sous le commandement du prince Napoléon. — L'artillerie et le génie arrivent successivement et sans interruption.

Aussi le débarquement, cette œuvre si multiple, si compliquée, s'est opéré avec une célérité prodigieuse et presque mathématique.

A dix heures, les troupes anglaises ont touché terre de leur côté.

« Bientôt nous avons un si grand nombre de soldats sur la plage qu'il n'est plus à supposer que l'ennemi puisse chercher à nous inquiéter : aussi l'amiral commandant en chef rappelle-t-il *le Caton*, en lui donnant la mission de faire mouiller entre la terre et les vaisseaux tous les navires du convoi qui ont quitté le mouillage d'Eupatoria à la voile, et qui rallient l'escadre en grand nombre (1). »

Les vaisseaux turcs ont coopéré au débarquement de nos soldats avec une intelligente activité. — Outre les trois divisions, 18 bouches à feu ont été mises à terre avec tout leur matériel.

Sur la dunette de *la Ville de Paris*, le maréchal de Saint-Arnaud et l'amiral Hamelin suivent ces opérations qui s'accomplissent si heureusement ; la satisfaction se lit dans leurs yeux. Pas un détail n'échappe au regard investigateur du chef de notre escadre.

Le maréchal, épuisé quelques heures auparavant par la maladie, semble avoir retrouvé toute son énergie. Il a vu son armée se grossir, se former, se mettre en marche, et à deux heures, accompagné de son état-major, il descend sur la plage. Un escadron de spahis est déjà à cheval, attendant ses ordres.

XXXIII. — Nous l'avons écrit dans notre précédent travail, nulle plume ne pourra rendre l'enthou-

---

(1) Journal tenu sur la dunette de *la Ville de Paris*, par le lieutenant Garnault, premier aide-de-camp de l'amiral Hamelin.

siasme de ces premières heures. De toutes parts ce sont des acclamations, des hurrahs répétés, des cris frénétiques, qui frappent comme des présages de combats et de victoires les échos de la Crimée.

Le visage d'ordinaire si impassible de l'amiral s'illumine d'une expression de joie immense, lorsque son chef d'état-major, revenant à bord, lui annonce que le débarquement des troupes est accompli. Il félicite vivement l'amiral Bouët-Willaumez sur l'habileté avec laquelle il a dirigé cette difficile opération, parfaitement secondé par le capitaine Anne Duportal, commandant de la plage, et par le lieutenant de vaisseau Grivel, qui, toujours à ses côtés, n'avait cessé de multiplier ses efforts et son zèle.

Certes ce débarquement, exécuté avec un ordre et une rapidité jusqu'alors sans exemple dans l'histoire des expéditions maritimes, restera comme un fait à jamais mémorable. Les moindres éventualités de la mise en action avaient été prévues, préparées, coordonnées à l'avance. Aussi, le jour venu, les détails de ce prodigieux mouvement avaient pu être abandonnés, sans aucune crainte, à l'intelligente activité et à l'heureuse initiative des officiers de vaisseau et des marins de tout grade (1); le chef d'état-major de la flotte qui les voyait à l'œuvre depuis longtemps, leur avait, en cette circons-

---

(1) C'est peut-être ici le cas de remarquer qu'en marine rien ne s'improvise, et que le succès, après l'aide de la Providence, n'est jamais que le résultat de l'étude et de la persévérance jointes à une bonne organisation. Sur une flotte, ainsi que sur un vaisseau, au premier signal du chef, officiers et matelots, pénétrés à l'avance de leur rôle

tance, manifesté une confiance absolue qui doublait leur ardeur.

Ce fut une grande et belle journée, la première où le drapeau de la patrie flottait sur la terre ennemie.

Les troupes se sont éloignées de la plage et dispersées dans la campagne. Les officiers de marine, du haut des mâtures de leurs bâtiments, suivent leurs mouvements avec une émotion indéfinissable. Le terrain offre les plus heureuses dispositions.

Les vedettes cosaques, après avoir assisté impassibles et inoffensives, du haut de leur falaise, à ce magnifique spectacle, se décident enfin à s'éloigner, et on les voit bientôt disparaître dans l'intérieur des terres.

Ainsi le choix du point de débarquement était doublement justifié, par le succès, et par le prince Menschikoff lui-même. En effet, le commandant en chef de l'armée russe écrivait, dans son rapport à l'Empereur, « que, reconnaissant l'impossibilité d'attaquer l'ennemi sur une plage balayée de tous côtés par le feu de la flotte, il avait concentré la majeure partie de ses forces sur une position avantageuse, dans laquelle il se disposait à recevoir vigoureusement les assaillants. »

Cette position était celle de l'Alma, que nos bataillons, quelques jours plus tard, devaient si glorieusement et si rapidement emporter.

---

et de leurs devoirs, doivent voler à la manœuvre ou au combat, prêts à se suffire à eux-mêmes, dans les mille éventualités imprévues du métier, et alors surtout, que l'épaisse fumée des actions navales sera venue intercepter, au milieu de ces grands drames, toute transmission d'ordres de leurs chefs.

XXXIV. — Le soleil qui a éclairé cette belle journée a disparu à l'horizon lointain : le vent s'élève du large, la mer grossit à la plage et ne permet pas de continuer le débarquement de l'artillerie et des chevaux. L'ordre est donné de le cesser ; mais le commandant en chef de la flotte avait déjà pris toutes ses précautions contre les chances probables d'un mauvais temps qui, dans ces parages, et à l'époque de l'année où l'on se trouvait, pouvait tout à coup survenir. — Les vaisseaux avaient été ancrés plus au large, et l'armée débarquée était en mesure de repousser elle-même toute attaque de l'ennemi.

A la nuit close, la 4ᵉ division revenant de la Katcha rallie la flotte. Cette diversion, à laquelle on avait employé cinq de nos bâtiments à vapeur et trois navires anglais, a parfaitement réussi.

XXXV. — Dans la direction de l'Alma, petite rivière à cinq lieues au sud du point choisi pour le débarquement, l'escadrille alliée signala un camp de 6 à 7000 Russes environ, à mi-côte au sud de la rivière, à une distance jugée approximativement de 4 kilomètres ; ce camp avait deux postes en avant, l'un au delà de l'Alma, l'autre plus en arrière, sur le revers opposé. Des Cosaques observaient du rivage les mouvements de la flotte.

Les trois frégates anglaises envoyèrent des obus dans sa direction. *Le Caffarelli* ouvrit aussi son feu ; il était en ce moment neuf heures et demie. Les Russes ne répondirent pas.

Aussitôt des embarcations remplies de soldats furent

mises à la mer, pour simuler un débarquement, sous la protection des feux du *Caffarelli* et du *Coligny*, qui continuèrent à lancer leurs projectiles; les chaloupes approchèrent à 100 mètres du rivage, et s'y maintinrent quelque temps.

Le poste le plus avancé, qui se trouvait à portée de la grosse artillerie des vapeurs, abattit ses tentes; les troupes se formèrent et prirent la direction du grand camp.

A midi et demi, l'escadre continua sa marche vers le sud; elle arriva vis-à-vis de l'embouchure de la Katcha, où les vigies n'aperçurent que deux postes de Cosaques peu importants; elle s'avança encore dans la direction du golfe de Sébastopol, puis se dirigea vers le nord, pour rejoindre la flotte.

XXXVI. — Le 15 septembre au matin, le débarquement a repris son cours; mais la grosse mer, qui vient déferler avec assez de violence sur cette côte sans abri, oblige à plusieurs reprises le capitaine Anne Duportal de le suspendre.

Toutefois on a profité avec activité de quelques embellies, et la 4ᵉ division, ainsi que la division turque, ont été mises à terre, en même temps que trois jours de vivres pour les troupes, tout le reste de l'artillerie et les bagages du maréchal. — C'était le complément des moyens d'action de notre armée.

Le même jour, le vaisseau *l'Iéna*, que commande le capitaine Rapatel, part pour Eupatoria avec mission de protéger les deux compagnies chargées de la garde de cette petite ville.

Lorsque la nuit est venue, la plus active surveillance est ordonnée pour parer aux brûlots et aux attaques imprévues.

Le 16 au soir, le déchargement des dernières frégates à vapeur et des bâtiments du convoi est entièrement terminé. Tous les chevaux, le matériel de campement, celui du génie et du train des équipages ont été mis à terre, ainsi que 200 000 rations de toute nature.

Six de nos chalands sont aussitôt mis à la disposition de nos alliés pour terminer leur débarquement, et le 17, dans l'après-midi, huit de nos bâtiments appareillent pour Varna avec mission de ramener des renforts, de la cavalerie, du matériel et des vivres (1).

XXXVII. — Les journées qui venaient de s'écouler avaient résolu le premier problème de cette audacieuse entreprise. Plus de 60 000 combattants avaient été jetés sur le sol ennemi.

Jusque-là, la plus grande part de travail, d'activité, de dangers, avait appartenu à la marine. C'est elle qui avait préparé les voies, qui avait exploré cette mer in-

---

(1) *Journal du bord.*

α Dans l'après-midi du 17, les vaisseaux *le Marengo*, *le Suffren*, *la Ville de Marseille*, *le Bayard* et *l'Alger*, ainsi que les vapeurs *la Gorgone*, *le Coligny* et *l'Infernal*, font route pour Varna.

connue, elle qui avait marqué ses étapes sur chaque point de cette côte, dont les Russes s'éloignaient déjà, laissant derrière eux des ruines et d'informes débris. C'est elle qui avait pris la France guerrière dans les ports de Toulon et de Marseille, lui avait fait traverser l'archipel, la mer de Marmara, les Dardanelles, le Bosphore, le pont Euxin, et l'avait déposée saine et sauve sur ce sol de Crimée qu'elle devait illustrer par ses héroïques combats.

La tâche qu'elle avait à accomplir était grande; une autre maintenant lui était réservée, toujours de dévouement et d'activité incessante, presque toujours aussi d'abnégation. Dans celle-là comme dans la première, elle ne devait pas un seul instant cesser de se montrer digne d'elle-même et de son patriotisme.

CHAPITRE III.

XXXVIII. — Nous avons décrit dans un précédent travail les mouvements des troupes après leur débarquement; nous nous occupons donc spécialement aujourd'hui des faits qui concernent la marine.

Le 17, le maréchal de Saint-Arnaud avait espéré quitter Old-Fort ; mais, le débarquement de nos alliés n'étant pas encore entièrement terminé, cette journée fut employée à une nouvelle exploration des côtes et des terrains avoisinant l'embouchure de l'Alma et de la Katcha.

Vers une heure environ, le général Canrobert, accompagné des généraux Thiry et Bizot, des colonels Tripier et Lebœuf, des commandants Desaint, de Cornely et de plusieurs autres officiers d'état-major, s'embarqua sur le vapeur *le Roland*, que commandait le capitaine Noury de la Roncière, un des officiers les plus distingués de la marine, nature active, résolue, entreprenante.

Le Roland, en rasant la terre au plus près, se dirigea vers l'embouchure de l'Alma, explorant toute la plage depuis la Bulganack jusqu'au cap Loukoul. — Il était important, dans la prévision certaine d'une résistance de l'ennemi, sur ce point où il avait concentré ses forces, de déterminer la position efficace à prendre par les bâtiments destinés à protéger les mouvements futurs de l'armée.

XXXIX. — *Le Roland* s'arrêta dans la baie située entre le cap Loukoul et l'embouchure de l'Alma, et tira quelques boulets sur le revers du promontoire qui domine au sud cette embouchure.

Le général Bizot, le colonel Lebœuf, le commandant de la Roncière et plusieurs officiers du bord, montent dans les hunes pour découvrir plus au loin les positions ennemies, et observer la portée et la direction des boulets lancés par *le Roland*.

L'inspection des crêtes de l'Alma, que l'on apercevait très-bien de la Bulganack, signalait un corps peu nombreux de troupes russes campé assez loin dans l'intérieur des terres.

Le bâtiment reprit ensuite sa direction vers la Katcha, la prolongea, et, en la dépassant, s'avança à 5 milles environ, au sud du cap Loukoul. — De ce côté, on n'aperçut aussi que peu de troupes; au sud de l'embouchure de la rivière, ainsi que tout le long de la côte, on voyait des sémaphores dont les gardiens se montraient sans crainte, suivant avec curiosité tous les mouvements *du Roland*.

Une frégate et une corvette russe à vapeur croisaient devant l'entrée de Sébastopol, à petite distance de terre.

Le Roland était parvenu à moitié chemin entre la Katcha et le Belbeck, après avoir étudié avec soin l'aspect des côtes, pendant tout le parcours qu'il avait suivi. — C'était là le point extrême de l'exploration projetée; il vira de bord pour rejoindre l'escadre, qu'il atteignit à son mouillage au milieu de la nuit.

XL. — A la suite de l'excursion *du Roland*, le général Canrobert signala de nouveau au chef d'état-major de la flotte, le contre-amiral Bouët-Willaumez, l'importance de faire balayer l'extrémité du plateau de l'Alma par les vapeurs de l'escadre, le jour où s'exécuterait le passage de cette rivière. — L'aviso à hélice *la Mégère*, commandé par le capitaine Devoulx, d'un faible tirant d'eau, mais armé de canons de 30, fut chargé de descendre la côte et d'examiner avec le plus grand soin la position la plus favorable à prendre à l'extrémité de ce plateau.

Dans la soirée du 18, le maréchal fait savoir à l'amiral Hamelin que l'armée combinée se mettra en marche le lendemain 19, au matin. — Il est convenu entre l'amiral en chef et le maréchal, que la flotte appuiera et couvrira la droite de notre armée pendant la marche et durant le combat (1). La portée bien connue des canons de marine était un sûr garant que l'ennemi ne pourrait rien tenter de sérieux, pour couper les communications de l'armée avec les vaisseaux.

Aussitôt les canots et les chalands sont embarqués, et l'amiral prévient la flotte, par signaux, qu'elle se tienne prête à faire route le lendemain matin, le long de la côte.

XLI. — Le 19 au matin, flottes et armées se mettent en marche. — L'escadre française, qui exécute son mouvement à la remorque, navigue sur trois colonnes; les transports au large, les vaisseaux de ligne au centre, et

---

(1) Des signaux de convention entre la flotte et l'armée ont été arrêtés par les deux chefs d'état-major généraux de la flotte et de l'armée : ces signaux se feront au moyen des pavillons indicateurs qui ont servi au débarquement, et assureront ainsi une perpétuelle et rapide communication.

Rouge. — Appuyer l'armée au nord par le feu des bâtiments.
Blanc. — Lui envoyer des munitions.
Bleu. — Lui envoyer des vivres sur la plage voisine.
Rouge sur blanc. — Venir prendre les blessés.
Blanc sur bleu. — Appuyer l'armée au sud par le feu des bâtiments.
Rouge sur bleu. — Envoyer un canot pour communiquer.

les vapeurs le long de la côte. Chaque colonne est précédée d'un éclaireur chargé de sonder continuellement et de signaler la profondeur de l'eau, sage précaution rendue absolument nécessaire par la découverte de divers bancs, le long de cette plage. — Les vaisseaux désignés pour mouiller au cap Loukoul suivent la côte de très-près. Dès que les bâtiments sont arrivés à ce mouillage, les vapeurs s'embossent le long de la plage, afin de protéger l'armée du côté de la mer.

Il est onze heures du matin; la flotte, bien que modérant sa marche, a franchi les trois lieues marines qui séparent Old-Fort de l'Alma, et prend position devant cette rivière, précédant notre armée.

Tous nos vapeurs, répandus immédiatement le long de la côte, observent avec soin les mouvements de l'ennemi, que l'on aperçoit en grand nombre campé sur les hauteurs de l'Alma. On distingue des tentes, de grandes masses d'infanterie, de l'artillerie non attelée et une nombreuse cavalerie échelonnée sur les bords de l'Alma. Des cavaliers parcourent la ligne du camp et se croisent à chaque instant, portant des ordres dans différentes directions. Tous les officiers des bâtiments sont grimpés au plus haut des mâtures et suivent avec une anxiété pleine d'émotion la marche des deux armées. — Devant leurs regards se déploie le paysage avec ses ondulations de terrains; leurs yeux se portent, tour à tour, du camp des Russes aux bataillons français et anglais qui marchent avec ordre sur un front très-étendu et s'avancent rapidement. Déjà ceux-ci ont atteint les hauteurs de la plaine dans l'est de la rivière, dont l'armée ennemie occupe le sud. — Devant eux, les Russes mettent le feu à toutes les habitations d'un village assez considérable, situé près d'un ravin profond. Des vedettes cosaques se tiennent à portée de l'incendie qu'elles propagent sur tous les points, et s'éloignent une à une, à mesure que les alliés approchent. Bientôt ceux-ci ont dépassé le village embrasé; et les flammes d'un second incendie qui dévore un autre village, sur le versant gauche de la rivière, s'élèvent en tourbillonnant. — On dirait qu'un messager de feu nous précède et nous indique la route.

Nos troupes ont dépassé la Bulganack; un petit corps de cavalerie russe et d'artillerie légère s'avance en bon ordre; mais une batterie française lui envoie quelques coups de canon et l'oblige à se retirer. — De leur côté, *le Vauban, le Berthollet* et *le Lavoisier* sont placés à petite distance des ravins dans lesquels on a signalé la présence de l'ennemi, et les fouillent avec des boulets et des obus. Les Russes, dans cette attaque sans portée, semblaient être venus plutôt en éclaireurs que dans le but d'une attaque sérieuse.

Les armées alliées sont arrivées au lieu désigné pour leur campement. — Des bâtiments, on suit les évolutions successives des divisions qui établissent leurs bivouacs et placent leurs grands gardes. — Vers cinq heures, tout mouvement s'arrête, les camps sont installés, les tentes se dressent, et les feux ne tardent pas à s'allumer sur toute l'immense ligne qu'ils occupent

On dirait une grande ville surgie subitement du sol.
— De leur côté, les Russes font aussi quelques feux de bivouac.

C'est un étrange spectacle qu'éclairent encore les derniers rayons du jour. Tout semble calme, tranquille; et cependant, à peu de distance les uns des autres, sont des ennemis prêts à combattre, veillée d'armes, calme trompeur qui recèle l'orage dans son sein. Peu à peu cet immense tableau émouvant et animé, dont les marins ont suivi tous les détails, s'obscurcit et se perd dans les ombres de la nuit. — Quelques feux semés çà et là indiquent seuls la présence des armées.

La nuit qui venait de descendre du ciel sur la terre fut une nuit pleine d'anxiété, de fièvre et d'attente. — On sentait que le lendemain la lutte serait formidable, que l'armée russe, retranchée sur des hauteurs qu'elle jugeait inaccessibles, ne nous livrerait pas facilement passage, et que bien du sang serait versé de part et d'autre, avant que les drapeaux alliés ne flottassent sur les crêtes de l'Alma.

Sur mer comme sur terre, la plus grande vigilance est de rigueur; aussi les vapeurs *le Cacique*, *le Roland* et *la Mégère* ont été mouiller au large de la flotte dans la direction de Sébastopol.

XLII. — Pendant la nuit, l'amiral Hamelin reçoit un billet écrit à la hâte par le maréchal de Saint-Arnaud :

« Bulganack, 19 septembre.

« Nous sommes arrivés sans combat à la Bulganack.

Dans l'après-midi, la cavalerie russe, ayant voulu se jeter sur nos avant-postes, a été vivement chassée. Demain, nous livrerons bataille; l'ennemi occupe des positions fortifiées sur la rive gauche de l'Alma, à une lieue de la mer. L'armée anglaise tournera sa gauche, le général Bosquet sa droite, avec sa division, son artillerie et 8 bataillons turcs; je l'attaquerai de front avec les 1re, 3e et 4e divisions et la réserve d'artillerie.

« Vous pouvez, par le feu des frégates, favoriser le mouvement du général Bosquet, qui longera la mer et abordera les hauteurs de l'Alma par le village d'Almatamack, jusqu'où vos projectiles peuvent arriver, et par le bord de la mer, à l'embouchure de la rivière.

« Le général Bosquet se met en marche à cinq heures et demie du matin, de la Bulganack; il sera vers sept heures au pied des pentes de la rive gauche de l'Alma : je compte sur l'appui qu'il recevra de la flotte, qui aura ainsi sa part directe à cette journée. »

Aussitôt que les premiers rayons du jour ont paru, *le Roland, le Primauguet, le Cacique, la Mégère,* ces deux derniers plus particulièrement, vont prendre position près de terre, pour appuyer l'attaque de notre armée contre la gauche des Russes.

Les officiers de chaque bord et une partie des équipages garnissent les hunes et toutes les mâtures des bâtiments. Chacun salue avec espérance le jour qui se lève, et les vœux ardents de la flotte inquiète et attentive suivent nos soldats aux champs de combat.

Il serait difficile de rendre l'émotion poignante de

cette journée pour ceux qui en virent de loin se dérouler toutes les terribles péripéties, sans pouvoir y prendre part.

C'est l'ensemble de la bataille de l'Alma, vue de la flotte, que nous voulons raconter aujourd'hui (1). Tous les regards des marins sont fixés sur notre camp, dont les tentes sont déjà relevées. — Ce qui rendait ce spectacle plus solennel et plus grave encore, c'est que du sommet des mâtures élevées des bâtiments, on découvrait au loin l'aspect général du champ de bataille, et le développement formidable des forces ennemies, contre lesquelles la lutte allait s'engager.

XLIII. — « La nature (écrit un des officiers supérieurs de la flotte), semblait avoir à l'avance admirablement fortifié le point choisi par les Russes.

« Du côté de la mer, un cap abrupte termine brusquement la steppe qui s'étend à perte de vue vers les montagnes de l'intérieur. Cette steppe est bordée, d'un côté par le cours sinueux de l'Alma, de l'autre par une vallée moins profonde dans laquelle coule un autre ruisseau. Pour se porter sur le haut de la falaise et gagner la steppe, on trouve, en venant de la mer, deux ravins dont un seul peut, à la rigueur, être franchi par l'artillerie ; c'est celui qui est le plus éloigné de l'embouchure de l'Alma. En face de ce ravin, la rivière est guéa-

---

(1) Pour tous les détails de cette mémorable journée, voir *l'Expédition de Crimée*, vol. I, p. 199 et suivantes.

ble et les berges en sont très-adoucies. Au delà, les escarpements de la falaise s'élèvent, comme un mur, jusqu'au sommet de la steppe ; ce n'est qu'à deux kilomètres plus loin que les pentes s'adoucissent, pour se relever à deux lieues environ du bord de la mer. L'ennemi considérant les falaises, en cet endroit, comme inaccessibles et désirant mettre ses troupes hors de la portée des projectiles de nos bâtiments à vapeur, avait arrêté son aile gauche en deça du second ravin, établi son centre sur les pentes qui dominent le village de l'Alma et la route de Sébastopol, et appuyé sa droite aux escarpements qui terminent le plateau du côté de l'est. Les troupes russes occupaient ainsi sur la rive gauche de la rivière la première inflexion de terrain que présente le plateau, avant d'arriver à la mer ; une grande partie était étagée avec beaucoup d'artillerie sur les pentes qui descendent vers l'Alma. Une grosse réserve de cavalerie occupait le sommet des hauteurs. »

La position était donc par elle-même des plus formidables.

Notre armée a commencé son mouvement ; l'aile droite que commande le général Bosquet s'avance résolûment dans la plaine vers les falaises qui bordent la mer. Tout à coup elle s'arrête et attend que les autres divisions soient en marche : mais bientôt le temps, qui était couvert et gris, s'obscurcit davantage ; une brise du S.O., inégale et variable, roule d'épais bancs de brume qui interceptent l'horizon, et ne permettent plus de rien distinguer.

XLIV. — Sur la flotte règne le plus grand silence ; on écoute avec une anxiété croissante si quelque bruit soudain ne viendra pas révéler le commencement du combat.

Pendant ce temps, l'un des bâtiments qui avaient été s'embosser près de terre, *le Roland*, avait reçu l'ordre de profiter de sa position avancée pour s'assurer de la nature de l'eau de l'Alma, et reconnaître si les chaloupes des vaisseaux pourraient facilement s'y approvisionner. Le commandant Noury de la Roncière s'embarqua sur un de ses canots et se rendit à terre vers les neuf heures environ, accompagné de l'enseigne de vaisseau Granteaume et de quelques matelots ; voulant rechercher lui-même les points où la rivière était guéable, il la remonta jusqu'à une petite distance du village Almatamack. A cet endroit, il aperçut plusieurs Cosaques qui se cachaient derrière les arbres et les maisons ; toutefois il continua son exploration, jusqu'à ce qu'il fût assez près pour distinguer le gué du village, dont quelques Tartars, qui le traversaient, lui permirent ainsi de constater la profondeur (2 pieds tout au plus). Le commandant du *Roland* s'assura, en outre, que l'espace entre ce gué et le bord de la mer n'était aucunement praticable, la rivière étant en cet endroit très-encaissée et très-vaseuse. — Le soin avec lequel les abords furent explorés amena la précieuse découverte, le long de la mer, d'une petite barre de sable formée par la rivière, à son embouchure même. Le commandant de la Roncière, jugeant de l'importance que pouvait avoir ce passage, s'empressa d'en faire parvenir aussitôt l'avis au général Bouat, commandant une brigade de la division Bosquet, et le plus rapproché par la position de ses troupes. — Ce fut, en effet, par ce point de jonction de la rivière avec la mer que traversa cette brigade, pendant que celle commandée par le général Dautemarre, et que dirigeait en personne le général Bosquet, gravissait plus directement les pentes abruptes de l'Alma.

XLV. — Heureusement le rideau de brumes qui s'était abaissé sur la terre se dissipa vers onze heures, au moment même où le général Bosquet recevait définitivement l'ordre de marcher en avant.

Déjà *le Cacique*, commandant Guesnet, et *la Mégère*, commandant Devoulx, se sont avancés et ont pris dans la petite anse qui règne entre l'embouchure de l'Alma et le cap Loukoul le mouillage qui leur a été indiqué, mouillage très-hardi, d'où ils pourront prévenir avec succès toute tentative que ferait l'aile gauche russe pour se rapprocher de la mer.

Là, doit forcément se borner le concours actif de la marine, durant cette redoutable ascension des hauteurs de l'Alma.

Les bataillons de la brigade Dautemarre ont franchi la rivière. En vain les tirailleurs russes, embusqués dans les vignes, derrière les arbres, les murs en pierres sèches, ou les plis favorables du terrain, veulent s'opposer à son passage; l'avant-garde de cette intrépide brigade grimpe résolûment par les sentiers les plus ardus. — A l'aide des longues-vues, on la voit escalader, par petits groupes isolés, les flancs rocheux de la falaise ; tous les yeux sont tournés vers ces enfants perdus qu'entraîne un indicible élan.

Nos bâtiments tirent sans relâche leurs bordées, et les Russes, tenus en respect par la longue portée des canons de ces vapeurs, et se refusant en outre à croire à tant d'audace, laissent cette ascension s'accomplir sans résistance aucune.

Il est environ midi et demi ; les fez rouges de nos zouaves ont paru tout à coup sur les sommets des hauteurs, le long desquelles s'étend une ligne de tirailleurs.

La fusillade s'ouvre : la bataille s'engage.

Une longue acclamation sort à la fois de toutes les poitrines, et, comme un lointain écho, va porter aux soldats qui combattent les vœux ardents de leurs frères d'armes de la mer. Mais de la mer, on domine le champ de bataille ; on voit les Russes se former en masses compactes, pendant qu'une nombreuse artillerie accourt au galop de ses chevaux pour refouler nos intrépides bataillons, qui déjà ont pris pied, en bon ordre, sur le plateau.

De tous côtés, dans la plaine, l'armée alliée s'avance, couvrant de soldats cette plaine tout à l'heure encore déserte et silencieuse.

XLVI. — C'est sur l'extrémité des hauteurs occupées par une partie de la division Bosquet que le danger est le plus imminent. Nos marins, qui en embrassent avec anxiété toute l'étendue, tremblent que nos intrépides soldats, assaillis par un ennemi bien supérieur en nombre, foudroyés par son artillerie, ou chargés par sa cavalerie, ne soient précipités du sommet de cette falaise avant d'avoir pu s'affermir sur le terrain conquis. Mais le dieu des armées veille sur nous et sur la noble cause que nous défendons. Notre artillerie, qui a traversé des chemins impossibles, accourt, elle aussi, sur le plateau ; on la voit traîner avec efforts ses canons, se ranger devant les batteries russes et engager résolûment le feu. Les bataillons qui se sont formés disparaissent bientôt derrière des plis de terrain ; une fumée épaisse enveloppe le champ de bataille, la canonnade retentit furieuse et désordonnée. L'ennemi, toujours inquiété par le feu des vapeurs, qui l'empêche de chercher à prendre position le long de la mer, laisse déborder l'extrémité de son aile gauche.

« Pendant qu'un combat acharné avait lieu au centre de la position et à l'aile droite, écrit le prince Menschikoff, l'aile gauche, malgré la distance où elle se trouvait de la mer (2 verstes, plus de 2000 mètres), était atteinte par les projectiles de la flotte. A l'abri du feu de cette artillerie marine, une colonne française, ayant à sa tête des troupes d'Afrique nommées zouaves, traversa la vallée de l'Alma près du rivage de la mer, et gravit rapidement la falaise par un sentier à peine tracé, le long d'un étroit ravin » (1).

(1) Rapport de l'aide-de-camp général prince Menschikoff sur la bataille de l'Alma.

XLVII. — Le centre à son tour s'est engagé; c'est là que combat la division de l'intrépide général Canrobert. La fumée qui s'élève de toutes parts en immenses colonnes permet aux marins de suivre, seulement à de rares intervalles, les différentes péripéties de la bataille.

Il est deux heures. — Sur une tour en construction (appelée *le Télégraphe*), qui semble être le centre de la position ennemie, flottent les couleurs nationales, que des cris de triomphe et de joie immodérée accueillent sur toute l'étendue de la flotte. — Deux fois le drapeau français s'affaisse et disparaît, puis revient de nouveau glorieux et invincible.

De toutes parts le spectacle qui se déroule est magnifique de grandeur. — Sur la gauche, on voit les régiments de la 1re et de la 3e division donner un véritable assaut à ces redoutables positions, s'arrêter, se reformer, puis s'élancer avec un héroïque élan, et refouler les Russes dont les masses profondes se retirent avec rapidité sur plusieurs points, emmenant leur artillerie avec elles.

C'est en cherchant à retracer ces scènes émouvantes, ces mâles et grands tableaux renouvelés à l'infini, que l'on sent son impuissance ; — il est certaines émotions de la pensée qui sont intraduisibles comme elle.

A cinq heures, la bataille est entièrement terminée. Le calme et le silence ont succédé à la tempête du combat. — L'aspect général du champ de bataille est superbe et cruel à la fois à contempler ; la mort et la vie semblent s'y donner la main.

XLVIII. — L'infanterie de marine, faisant partie de la 3ᵉ division, sous les ordres du prince Napoléon, avait eu sa part de dangers et de gloire dans cette première victoire des drapeaux de la France : elle avait combattu noblement à l'Alma.

Le général de Monet rendait dans son rapport, éclatante justice à ce vigoureux régiment (3ᵉ d'infanterie de marine) et à son colonel du Château. — « Ces troupes, ont été remarquables d'élan et d'intrépidité. L'infanterie de marine, composée de jeunes soldats, s'est montrée, par sa bravoure, digne de ses émules (les zouaves), près desquels elle combattait.

« Elle a conquis l'approbation des juges les plus difficiles en fait de courage (écrivait aussi le général au colonel de ce brave régiment). Cette opinion a été justement et hautement exprimée par Son Altesse Impériale le prince Napoléon et par Son Excellence le maréchal commandant en chef. Je suis heureux d'avoir à vous transmettre ces éloges mérités. »

XLIX. — La soirée se passa à prendre les précautions militaires et navales commandées par le voisinage de la flotte russe et par le mouillage qu'occupaient nos bâtiments. — Des chirurgiens de la marine sont envoyés à terre pour aider au pansement des blessés, dont le prompt embarquement a déjà été réglé entre le général de Martimprey, chef d'état-major général de l'armée et son collègue de la flotte.

Dès le 21, de grand matin, chalands et canots-tambours, remorqués par toutes les embarcations légères de l'escadre, se rendent à la plage pour recevoir les blessés français et russes, conduits au rivage, les uns, sur des arabats traînés par des dromadaires, ceux-ci sur des cacolets ou sur des chevaux, quelques-uns même portés à bras. Tous sont embarqués à bord des frégates à vapeur *Albatros*, *Montézuma* et *Panama*, qui appareillent aussitôt pour Constantinople.

C'est sur tous les bâtiments une infatigable activité, soit pour débarquer des vivres, soit pour renouveler les munitions de l'artillerie, ou pour rembarquer les voitures qui ont perdu leurs attelages dans la bataille. — L'on voit, de tous côtés, aller et venir les aides-de-camp de l'amiral, chargés d'activer l'exécution simultanée de ces nouveaux ordres et de parer aux éventualités imprévues.

Cette journée du 21 septembre offrit à la marine un douloureux et touchant spectacle. « Jamais, écrit un officier de la flotte, victimes de la guerre n'avaient souffert avec un plus grand courage que nos pauvres blessés. Durant le pénible passage des cacolets ou des arabats aux ponts des frégates, à peine entendait-on une plainte étouffée ; mais le sang, qui teignait déjà nos canots-tambours, nous disait combien ce calme stoïque cachait de blessures mortelles peut-être. » — Nos alliés les Anglais, vu le plus grand nombre de bâtiments dont ils pouvaient disposer, s'étaient chargés de surveiller l'entrée du port de Sébastopol (la plus grande partie des nôtres ayant été expédiés à Varna pour chercher des renforts).

L. — Les 2 frégates anglaises envoyées en croisière pendant la journée, venaient de rejoindre leur mouillage, ne signalant rien de nouveau; la nuit était venue, orsqu'un canot, parti du vaisseau-amiral turc, ancré plus au large, accosta *la Ville de Paris*. — L'amiral turc envoyait son aide-de-camp prévenir l'amiral Hamelin qu'un mouvement de bâtiments à vapeur, remorquant des vaisseaux, avait été aperçu à l'entrée du port de Sébastopol, peu après le coucher du soleil. — L'escadre est aussitôt mise en branle-bas de combat; en un instant, chacun est à son poste; les batteries sont allumées et le passage des poudres installé. Pendant ce temps, les commandants du *Roland* et du *Primauguet* reçoivent l'ordre de se rendre dans la direction de Sébastopol, et de croiser en avant des escadres, pour reconnaître et signaler les nouveaux mouvements de l'ennemi. Il était huit heures du soir environ.

Ces deux bâtiments veillèrent attentivement toute la nuit, sans rien apercevoir qui pût dénoter un projet d'attaque de la part de la flotte russe; *le Primauguet* rejoignit l'escadre avant le jour, et *le Roland*, suivant les instructions qu'il avait reçues de l'amiral commandant en chef, se rendit une dernière fois devant l'entrée du port.

Le jour se levait peu à peu, éclairant l'horizon; — c'est alors que ce bâtiment put reconnaître, aux premières lueurs naissantes, que le mouvement signalé, la veille au soir, par les vigies de l'amiral turc, provenait du changement de position des bâtiments russes, qui étaient venus se former à l'entrée du port, en dehors de l'estacade, sur une ligne d'embossage très-serrée, dépassant un peu en dehors le fort Constantin au nord, et s'étendant au sud vers le fort Alexandre. Toutefois, la brume, mêlée au soleil levant, empêchait *le Roland* de reconnaître, aussi distinctement qu'il l'eût désiré, la nature et le nombre de ces bâtiments; il s'avança donc hardiment, malgré le feu de la tour Maximilienne qui s'ouvrit sur lui, et atteignit la limite du banc du fort Constantin. — C'est alors seulement que le commandant de La Roncière put constater d'une manière certaine la ligne d'embossage formée par ces bâtiments, reliés les uns aux autres par de fortes chaînes, et mouillés sur des ancres jetées dans le nord-ouest.

« Cette ligne, rapporte le commandant, se composait de 7 bâtiments, dont 5 vaisseaux et 2 frégates; une des deux frégates était à chaque extrémité; l'un des deux vaisseaux, le plus au sud, paraissait neuf et n'avait aucune mâture; à peine s'il avait dû être lancé depuis peu de temps. — L'espace entre le second bâtiment et le troisième, à partir du sud, était plus grand que l'espace laissé entre les autres. — Ces vaisseaux semblaient dégarnis de leur artillerie, et n'avaient conservé que leurs manœuvres de remonte. Rien à bord ne décélait la présence des équipages. »

LI. — Le commandant du *Roland* s'empressa aussitôt de retourner auprès de l'amiral, pour lui rendre un compte exact de ce qu'il avait vu.

Le Roland s'étant, ainsi que nous l'avons dit, approché de très-près, avait pu compter exactement le nombre des bâtiments réunis dans le port de Sébastopol, et ce chiffre, en tout conforme aux renseignements antérieurs sur la force navale des Russes, indiquait clairement que pas un navire n'était sorti. — Ce fait rassurait complétement l'amiral, que les mouvements de la veille avaient fort inquiété pour la sécurité des bâtiments de commerce employés aux transports entre Constantinople, Varna et l'armée.

Quels pouvaient être les projets des Russes en agissant ainsi? L'ennemi, en formant cette ligne d'embossage à l'ouvert de son arsenal et en dehors de son estacade, avait-il eu pour but de provoquer une attaque des flottes alliées, ou bien son intention était-elle de couler ces 7 bâtiments, comme une barrière infranchissable?

Telle était la question que devaient se poser les amiraux.

Le même jour, vers une heure, *le Roland*, accompagné de la frégate anglaise *la Tribune* et d'une corvette anglaise, est de nouveau envoyé devant Sébastopol pour reconnaître, de concert avec les bâtiments alliés, le fait important qu'il avait signalé le matin. Il passa la nuit dans ces parages avec la frégate anglaise, et revint le lendemain, peu après le lever du jour, au mouillage de l'Alma, après avoir de nouveau constaté la ligne d'embossage, à laquelle rien n'avait été changé depuis la veille.

LII. — C'était le 23 septembre. Le départ des armées alliées, retardé jusqu'à ce jour, devait avoir lieu dans la matinée. — Les troupes, en effet, levèrent leur camp à sept heures du matin.

La flotte, de son côté, fait route à la remorque. Quelques bâtiments à vapeur longent la côte de très-près, afin de protéger l'armée.

Les petits vapeurs *le Lavoisier*, *la Mouette* et *le Dauphin*, placés en avant-garde, sondent et éclairent la marche de nos bâtiments.

Vers onze heures, au moment où *la Ville de Paris* vient de contourner le cap Loukoul, une forte canonnade et des explosions successives se font entendre dans le port même de Sébastopol. Bientôt après, l'on aperçoit la mâture des vaisseaux russes embossés à l'extérieur s'affaisser graduellement et disparaître. — Plus de doute; c'est une partie de leur flotte que les Russes sacrifient et coulent eux-mêmes, afin de barrer l'entrée de leur port par une digue sous-marine infranchissable.

A une heure, la flotte mouille devant la Katcha. — C'est la première étape où l'armée doit prendre ses bivouacs; des postes particuliers sont assignés à quelques bâtiments à vapeur près de la plage. L'amiral en chef, après avoir exploré, du haut de sa dunette, l'entrée du port, devant laquelle un seul des bâtiments apparaît encore au point signalé, donne ordre au *Roland*, qui venait de quitter ses remorques, d'aller vérifier ce qui se passait. — A peine ce vapeur s'est-il éloigné du vaisseau-amiral, qu'une violente explosion se fait de nouveau entendre, et, du haut de ce bâtiment, l'on voit le dernier vaisseau de la ligne d'embossage s'incliner tout d'un coup, et disparaître sous les flots.

Il était deux heures environ.

Le Roland, sans que l'ennemi cherchât à s'y opposer, put s'approcher à très-courte distance du point qu'il voulait observer. On apercevait seulement des points blancs à la surface de l'eau : c'étaient les mâtures, hunes et beauprés des bâtiments coulés depuis le matin, dans le but évident d'obstruer la passe : la partie supérieure des mâts coupés, retenue encore aux coques par les cordages, présentait une estacade flottante au-dessus de la digue formée par les bâtiments submergés.

Le Roland continua de s'en approcher, et, après un examen minutieux, vira de bord et retourna vers la Katcha.

LIII. — Sur l'ordre de l'amiral, le commandant de la Roncière se rendit au grand quartier général, pour rendre compte au maréchal de Saint-Arnaud de ce nouvel événement. Le maréchal comprit aussitôt l'immense portée de cette résolution, qui changeait entièrement la nature de la campagne et entravait l'exécution de ses premiers projets ; car, ainsi que l'écrivait l'amiral Hamelin au ministre de la marine, « il avait été en quelque sorte admis qu'une fois le fort Constantin pris et les batteries de la partie nord enlevées, les flottes donnant alors dans le port, en brisant les estacades, non-seulement achèveraient l'œuvre de l'armée, mais offriraient un concours assuré à cette armée, dans le port même de Sébastopol…… »

« En effet, ajoute l'amiral, sous cette condition indispensable de la prise préalable des forts et batteries du nord par l'armée, une attaque maritime de front concordant avec l'assaut de la partie sud, avait été jugée possible par les amiraux. Mais il importe de remarquer que, jusqu'à la prise du côté nord, cette attaque demeurait une folie, car les vaisseaux ayant alors à donner, pour ainsi dire un à un, dans un véritable cul-de-sac hérissé de canons sur toutes ses faces, devaient être successivement, et on peut presque dire infailliblement écrasés de feux et sacrifiés sans aucun résultat. »

Cette résolution désespérée des Russes fut, on doit l'avouer, une inspiration suprême, un éclair de génie : car, en les délivrant de leur principale préoccupation relativement à un assaut maritime des flottes, elle leur permettait de consacrer toutes les ressources militaires de leur flotte de la mer Noire à la défense même de Sébastopol, du côté de la terre. — C'étaient 2000 canons d'un puissant calibre et 20 000 marins, canonniers d'élite, choisis parmi les plus habiles, qui se trouvaient soudainement ajoutés au chiffre de la garnison ennemie.

Les flottes, plus encore que l'armée, regrettèrent cet événement inattendu, car elles y perdaient, au moment de l'assaut général, leur plus grande part de gloire, et, après la bataille, un port assuré contre les tempêtes de l'hiver.

Le même jour, le maréchal, de son côté, faisait connaître à l'amiral Hamelin « que les ouvrages avancés des forts du nord envoyant des projectiles jusque dans le Belbeck, il hésitait à y demander le débarquement de l'artillerie et du matériel de siége, ainsi qu'il en avait été primitivement convenu : une marche de l'armée dans l'est devait trancher ses incertitudes. »

LIV. — La position, on le voit, était grave et sérieuse.

La nuit se passa sur le qui-vive. — Les vaisseaux ont reçu l'ordre d'appareiller au premier signal.

Dans la matinée du 24, *la Mégère*, sous les ordres du commandant Devoulx, doit opérer une reconnaissance le long de la côte jusqu'au fort Constantin. — Le général Bizot, commandant le génie, accompagné d'une commission d'officiers supérieurs choisis dans les armes spéciales, s'embarquent à bord de cet aviso. Le but de l'exploration est de reconnaître les ouvrages avancés du nord, sur toute leur étendue. *La Mégère* serre hardiment la côte pour faciliter le travail de la commission. Les redoutes de la citadelle envoient quelques boulets qui ne lui causent aucun dommage ; et *la Mégère* continue son opération, en se contentant de lancer de son côté quelques projectiles contre les défenses ennemies.

Il avait été arrêté, entre les deux amiraux Hamelin et Dundas, qu'une diversion serait faite dans la journée par quatre de nos frégates à vapeur et un nombre égal de frégates anglaises, contre les ouvrages établis entre le Belbeck et le fort Constantin, afin de soutenir l'attaque principale de l'armée; mais, à la suite d'une conférence avec lord Raglan, il fut décidé, ainsi que l'avait fait pressentir le maréchal, que Sébastopol serait décidément attaqué par le sud, et que les armées alliées par un mouvement de flanc, se jeteraient dans l'Est, pour tourner ainsi la ville, en évitant de se heurter contre les approches meurtrières du fort Constantin. Ce mouvement stratégique très-audacieux devait durer trois jours.

LV. — A midi l'amiral est instruit de cette nouvelle décision. L'attaque en règle, projetée par les frégates de l'escadre, devenait donc inutile. — Contre-ordre est donné à ces bâtiments qui rejoignent leur mouillage respectif, après avoir tiré quelques coups de canon.

Les flottes demeureront provisoirement à la Katcha, prêtes à approvisionner les armées, soit que celles-ci débouchent à Balaclava, ou dans la presqu'île de Chersonèse.

Nos troupes espèrent surprendre l'ennemi par cette

manœuvre hardie, qui a pour pivot Inkermann ; et un nouveau billet du colonel Trochu, premier aide de camp du commandant en chef, annonce à l'amiral Hamelin que le mouvement s'effectue avec succès, et que l'ennemi n'oppose nulle part de résistance ; des cosaques seuls sont restés sur les ailes et sur les flancs de l'armée ; mais quelques coups de fusil les ont promptement éloignés. — Le colonel Trochu prie surtout l'amiral au nom du maréchal de ne détacher encore aucun bâtiment dans la direction de Balaclava ou du plateau de la Chersonèse, dans la crainte de donner l'éveil aux Russes sur les véritables intentions de l'armée.

Toutefois, des événements imprévus peuvent subvenir, et la flotte n'est pas sans inquiétude sur les résultats de cette entreprise hardie. L'armée pourvue de six jours de vivres, a entièrement disparu dans l'intérieur des terres. Tous nos vaisseaux ont en tête de mâts des vigies, qui veillent attentivement et doivent signaler la présence des troupes, aussitôt qu'elles seront en vue. — *Le Roland* détaché en avant suit plus particulièrement leurs opérations, avec ordre de les télégraphier aussitôt à l'amiral ; mais rien encore ne révèle leur approche.

LVI. — Le 26 au matin, un intrépide officier de la marine anglaise, le lieutenant Max, de *l'Agamemnon* arrive à la Katcha ; il a réussi à traverser les védettes cosaques qui parcourent tout le littoral, et annonce que le mouvement des armées alliées s'exécute avec succès. — Au jour les Anglais, qui sont à l'extrême gauche des armées alliées, doivent paraître sur les cimes du petit port de Balaclava.

Dans la soirée du même jour, arrive un enfant perdu de l'armée française qui, lui aussi, est parvenu à gagner le rivage, sans avoir été aperçu ; il donne d'excellentes nouvelles ; nos troupes ont quitté le bivouac du village Makensie, et se dirigent sur la Tchernaïa : mais cet envoyé est porteur d'une lettre du général Canrobert, qui annonce à l'amiral, que le maréchal, à toute extrémité, a dû se démettre de son commandement, et qu'il lui succède, d'après les ordres secrets de l'Empereur.

Cette nouvelle produisit une douloureuse sensation, car tous, dans la flotte comme dans l'armée, avaient pu apprécier avec quelle courageuse et infatigable énergie de volonté, le maréchal de Saint-Arnaud avait lutté contre la mort qui chaque jour l'envahissait davantage. Tous rendaient justice aux éminentes qualités de l'homme de guerre, et déploraient la fatalité qui s'appesantissait si cruellement sur lui.

CHAPITRE IV.

LVII. — Les vaisseaux *le Napoléon* et *le Charlemagne* sous les ordres supérieurs du contre-amiral Charner, sont partis pour Balaclava, remorquant plusieurs navires du convoi chargés de vivres.

Pendant la journée du 26 septembre *le Roland*, cherchant à découvrir les traces de l'armée, poursuit sa croisière le long de la côte. Déjà depuis longtemps l'aspect de la baie de Kamiesh, par la profondeur de ses contours et celle des eaux de son entrée, avait attiré l'attention de nos marins, pendant les diverses explorations tentées de ce côté. Les cartes anglaises dressées plusieurs années auparavant par l'amiral Lyons, en reproduisaient le sondage dans les plus grands détails, mais cet amiral pensait que par des vents d'ouest, l'ancrage des bâtiments n'y offrait aucune garantie. La crainte d'engager imprudemment des navires dans une passe, peut-être fortement défendue, avait jusqu'alors empêché que l'on tentât d'y pénétrer. Le commandant de la Roncière, après en avoir examiné tous les abords et placé des vigies, se décida à pénétrer dans la baie avec une grande précaution et à la sonde. — Après être parvenu à la hauteur d'une maison entourée d'un verger, appelée depuis, *Maison de l'artillerie*, par suite de la destination qui lui fut affectée, il descendit dans son embarcation avec l'enseigne de Besplas et quatorze hommes de son équipage, et aborda devant cette maison. — L'aspect de la côte offrait peu de culture, on apercevait quelques plantations de vignes semées çà et là, et des habitations sans importance, dont les propriétaires s'éloignaient avec terreur, emportant avec eux leurs objets les plus précieux.

Le commandant de la Roncière monta jusqu'à la première crête et ne signala, pendant trois quarts d'heure qu'il resta à terre, que la présence d'un petit nombre de cosaques disséminés dans l'intérieur des terres; les plus rapprochés s'éloignèrent devant lui, sans chercher à contrarier son exploration. Le commandant revint ensuite à bord et expédia plusieurs canots dans différentes directions, pour constater l'exactitude des sondages indiqués sur les cartes anglaises.

Après avoir dirigé cette délicate et importante opération sur tous les points utiles, *le Roland* reconnut aussi l'entrée de la baie de Stréleska, et continua ensuite, à s'approcher de Sébastopol, en s'avançant avec une grande réserve, jusqu'au moment où le banc de la baie de la Quarantaine l'obligea à s'écarter de la côte. Les batteries des forts étaient à ce moment complétement désertes, ce qui permit au bâtiment d'examiner, pendant un quart d'heure environ et à très-petite distance, tous les ouvrages du côté de la mer; mais bientôt l'on vit un bataillon sortant de la porte du bastion de la Quarantaine, se diriger au pas de course vers les batteries. *Le Roland* s'éloigna alors, et rejoignit le mouillage de la Katcha. — Pendant le trajet, les vigies reconnurent que de nombreux travailleurs, hommes, femmes et enfants remuaient les terres sur un point qui dominait le sud de la ville, et proche d'une tour que l'on sut depuis, être le bastion Malakoff. De puissants ouvrages s'élevaient aussi à la pointe qui domine le fort Constantin.

LVIII. — Le commandant de la Roncière s'empressa de se rendre auprès de l'amiral pour lui faire part des résultats de son exploration.

La baie de Kamiesh, dont l'expérience d'un long hiver devait révéler les précieuses qualités, était appelée à devenir la véritable base de nos opérations en Crimée. — Mais à cette époque, on était loin encore de supposer que cette baie pourrait contenir des bâtiments de transport par centaines, ainsi qu'un assez grand nombre de vaisseaux et frégates. — On ignorait surtout que la mer d'ouest au lieu de s'y engouffrer, comme on devait le craindre, viendrait se briser à ces pointes d'entrées, où des jetées sous-marines avaient existé dans les temps les plus reculés (1).

Le général Canrobert ayant fait demander à l'amiral Hamelin de faire transporter à Constantinople ses malades, parmi lesquels on avait reconnu plusieurs cas de choléra, *le Roland*, remorquant *la Caravane*, fut expédié à Balaclava.

Tel allait devenir successivement le sort des bâtiments à vapeur contraints de s'éloigner momentanément du théâtre de la guerre. La flotte, par la nécessité impérieuse des événements, devait pourvoir à tous les besoins de l'armée, et rester le refugium obligé de

---

(1) En effet, lorsque quelques semaines plus tard, des officiers de marine furent chargés de dresser en détail le plan de cette baie, ils constatèrent l'existence de ces constructions anciennes sous-marines, qui avaient dû faire de Kamiesh un des points les plus importants de la colonie grecque établie dans la presqu'île de Chersonèse.

tous ses malades et de tous ses blessés. Si les marins, devant ce rôle entièrement passif, éprouvèrent une profonde amertume, ce fut une impression bien vite effacée par le sentiment du devoir et par un dévouement à leurs frères d'armes qui se montra à la hauteur de toutes les épreuves, rôle noblement accepté, noblement accompli.

LIX. — Le 28 septembre, le général en chef Canrobert fait savoir à l'amiral, que les troupes campées à la Tchernaïa déboucheront le lendemain sur le plateau de la Chersonèse. L'armée française tient définitivement la gauche, depuis le changement de front opéré à Balaclava. — Ce sera, selon toute probabilité, dans une des criques qui découpent la côte nord de la presqu'île, que le matériel de siége devra être débarqué.

Les bâtiments anglais encombrent déjà le petit port de Balaclava; c'est à grand'peine que l'amiral Charner y débarque six jours de vivres.

Le 29, en effet, notre armée était signalée par un des croiseurs de la flotte, *le Descartes.*

A neuf heures du soir arrive une lettre du général en chef qui demande que le matériel de siége soit mis à terre. La crique la plus occidentale du plateau se trouve naturellement indiquée par sa position, comme la seule hors de portée de l'ennemi. « Il y a urgence extrême, disait cette lettre, que notre matériel de siége soit débarqué dès demain. »

Aussitôt que cette lettre fut parvenue à l'amiral commandant en chef, celui-ci appela à l'ordre les vaisseaux *Montebello*, *Jean-Bart*, et les vapeurs *Caffarelli*, *Canada*, *Labrador*, *Primauguet*, *Lavoisier*, *Pluton*, *Mégère*, *Dauphin*. Les commandants sont réunis sur *la Ville de Paris*, où s'est rendu l'amiral Bruat.

Leurs vaisseaux formeront une escadrille sous le commandement de l'amiral Bruat, chargé de la mission importante de débarquer, le plus promptement qu'il sera possible, le matériel complet de siége. Des chalands de la flotte sont mis à la disposition de ces bâtiments pour activer les opérations et gagner du temps.

En faisant part au général en chef des dispositions qu'il avait prises, l'amiral Hamelin ajoutait : « Que la flotte entière, vaisseaux à voiles et vapeurs, était prête à tirer le canon partout où l'armée le demanderait pour appuyer ses opérations. »

LX. — Dans la nuit, les bâtiments qui doivent quitter la Katcha ont fait en toute hâte leurs préparatifs d'appareillage et rallié *le Montebello*. — A quatre heures et demie, le signal du départ est donné, et ce vaisseau, portant le pavillon-amiral, lève l'ancre et se met en marche.

L'escadre à vapeur remorque vingt et un bâtiments du convoi chargés du matériel d'artillerie, six chalands et des embarcations de corvée fournies par les vaisseaux. Tous les bâtiments imitent les mouvements du *Montebello* et partent successivement emmenant leur remorque.

« A six heures cinquante minutes du matin, dit le journal du bord, l'ancre tombe sur un fond de vase, et le déchargement des navires du commerce commence aussitôt dans la baie de Kamiesh, sous l'active direction du commandant Jurien de la Gravière, chef d'état-major de l'amiral. Cet officier s'est rendu aussitôt à terre pour s'entendre avec le commandant de la plage, et le débarquement s'opère avec une grande promptitude à l'aide des chalands, des canots-tambours et des embarcations, qui se succèdent sans relâche dans un service régulier de va-et-vient. »

Vers onze heures, on aperçoit une division de l'armée française; elle prend son campement aux environs de la baie. Les quatorze premiers canons de siége, ainsi que des gabions et fascines en grande quantité, ont été mis à terre dans la journée du 30 septembre. Le lendemain, le déchargement du matériel de l'artillerie continue avec rapidité. Trois cales de débarquement ont été établies dans la baie de Kamiesh par les soins réunis du génie et de la marine. — C'est sur cette plage un mouvement, une activité impossibles à décrire; chaque objet mis à terre est aussitôt dirigé sur un emplacement désigné à l'avance.

L'amiral Bruat a fait explorer la côte avec soin.

« J'ai trouvé, écrit-il à l'amiral Hamelin, un hôpital russe à peu près complet, ayant des lits, et placé à proximité de nos lignes. Cet hôpital est tout à fait en dehors des fréquentations de l'armée; j'y ai fait envoyer les scorbutiques du *Montebello* et du *Jean-Bart*. »

Déjà se révélaient l'infatigable activité et l'esprit de ressource de l'amiral, précieuses qualités qui distinguaient cet éminent officier général.

LXI. — Kamiesh commençait à prendre l'aspect de vie mouvementée qui ne devait plus l'abandonner un seul jour, jusqu'à la fin de cette mémorable expédition. Les arrivages et les départs se succédaient. L'armée, désormais enfermée sur le plateau de la Chersonèse, et ne pouvant tirer du pays lui-même aucune ressource réelle, devait trouver avec abondance, par un miracle prodigieux de prévoyance incessante, les vivres nécessaires à sa subsistance et tout ce qui pouvait la protéger plus tard, contre les cruelles atteintes d'un rude hiver, les tempêtes de neige et les pluies torrentielles. — Mais le rôle de la marine ne se bornait pas là ; elle allait être appelée, elle aussi, à prendre à terre une part des dangers, des fatigues et des combats ; ses vaisseaux devaient donner leurs canons au siége, ses marins devaient donner leur sang à la cause commune.

En effet, l'amiral Hamelin ayant appris le 1er octobre que l'amiral Dundas, sur la demande de lord Raglan, s'occupait de la formation d'une brigade navale destinée à servir un équipage de siége supplémentaire de 50 canons de marine, s'empressait aussitôt d'écrire au général Canrobert pour lui proposer un concours analogue de notre artillerie navale et de nos matelots canonniers.

LXII. — Mais avant d'entrer dans les détails de la composition des batteries fournies par la marine, disons quelques mots sur nos forces navales et leur différente répartition en plusieurs divisions.

L'une, composée de cinq vaisseaux à voiles et de dix frégates ou corvettes à vapeur, a été expédiée à Varna et à Bourgas pour le transport des troupes attendues ; — la seconde, comptant cinq vaisseaux à voiles sous les ordres directs du vice-amiral Hamelin, stationne à deux lieues au nord de Sébastopol, devant la Katcha, dans le voisinage du gros des escadres anglaise et turque ; — la troisième, sous le commandement du vice-amiral Bruat, a trois vaisseaux à hélice et plusieurs bâtiments à vapeur, qui se sont ancrés dans le sud-ouest de Sébastopol, après avoir débarqué le matériel de siége dans la baie de Kamiesh ; — la quatrième, sous le commandement du contre-amiral Charner, composée du *Napoléon*, de *la Pomone*, de *l'Ulloa* et de *la Mégère*, doit faire des descentes sur divers points de la côte comprise entre Balaclava et la baie de Yalta, afin de s'emparer de tous les approvisionnements, en vivres frais et vins, capables d'être utilisés pour les malades des deux armées. Une division anglaise de même force opère avec l'amiral Charner. — Enfin le vaisseau *l'Iéna*, que commande le capitaine Rapatel, est mouillé dans la baie d'Eupatoria avec deux vaisseaux turcs et une frégate anglaise. Les ressources de cette baie sont précieuses à la flotte par les vivres que l'on s'y procure.

A terre comme sur mer l'espérance et l'énergie sont dans tous les cœurs.

Le général en chef Canrobert, comprenant la noble émulation de la marine, qui venait ainsi réclamer sa part de dangers et de combats, mais aussi de gloire à acquérir, s'était empressé, dès le lendemain, de répondre à l'amiral en chef qu'il acceptait de grand cœur le concours des canons et des matelots de la flotte. Ce concours devait lui être précieux en effet, car il n'avait pu lui échapper combien les canons de la marine, d'un calibre beaucoup supérieur à celui de l'artillerie de terre, étaient appelés à rendre d'importants services.

En effet, les parcs de siége des armées alliées, composés dans la prévision des siéges ordinaires de pièces de 16 et de 24, se trouvaient dans une disproportion absolue avec les ressources que Sébastopol allait tirer du désarmement de sa flotte, et des approvisionnements énormes d'un arsenal maritime, qui lui permettait de mettre en batterie un nombre de canons illimité, pour la plupart du calibre de 68.

LXIII. — Un ordre du jour de l'amiral Hamelin, en date du 3 octobre, déterminait la composition des batteries fournies au siége.

Neuf vaisseaux, *la Ville de Paris*, *le Montebello*, *le Valmy*, *le Friedland*, *le Henri IV*, *le Napoléon*, *le Charlemagne*, *le Jean-Bart* et *le Jupiter*, fournissaient 30 bouches à feu, du plus gros calibre, servies par un personnel de 40 officiers de marine et de 1000 matelots (1).

L'ordre qui prescrivait de débarquer de chaque vaisseau un détachement de fusiliers et un de marins canonniers, disposait que ces détachements seraient réunis deux à deux, pour former des compagnies commandées, les premières par des lieutenants de vaisseau provenant des vaisseaux à deux ponts, les secondes par des lieutenants de vaisseau provenant des vaisseaux à trois ponts.

Ainsi, dès l'origine, les détachements de canonniers, sous les ordres des capitaines de frégate Méquet et Lescure, étaient commandés par les lieutenants de vaisseaux dont les noms suivent :

---

(1) Ces batteries de la marine comprenaient :

Matériel.

10 obusiers de 22 centimètres (80) n° 1, et 20 canons de 30 n° 1, formant un total de 30 bouches à feu, approvisionnées à 150 coups par pièce et munies de tout leur attirail marin, ainsi que des moyens de l'approprier au service de terre.

Personnel.

9 lieutenants de vaisseau ;
9 enseignes de vaisseau ;
18 aspirants de la marine ;
1 capitaine d'artillerie et 2 lieutenants d'infanterie de marine ;
3 chirurgiens de marine ;

1 officier d'administration ;

500 *marins-canonniers* armant les batteries.
500 *marins-fusiliers*, armés de carabines, formant un bataillon de soutien, et la réserve naturelle des batteries.
30 fuséens artilleurs de marine, avec des fusées de 95 millimètres.
Ce personnel continuerait à être nourri par la flotte.

MM. Tricault, de *la Ville de Paris ;*

Martel, du *Montebello ;*

Bianchi, du *Friedland ;*

de Marivault, du *Valmy.*

Les fusiliers formaient un bataillon, nominalement destiné à la défense des batteries, mais dont le véritable rôle était de fournir une réserve, pour combler les vides laissés par les hommes malades ou hors de combat, et pour armer les batteries nouvelles, dont la construction serait jugée nécessaire. Ce bataillon de fusiliers était commandé par le capitaine de frégate Pichon, ayant sous ses ordres les lieutenants de vaisseaux Pigeard, Chaperon, Rolland, de Somer et d'Apat.

Le capitaine de vaisseau Rigault de Genouilly, commandant *la Ville de Paris*, reçut le commandement supérieur de cette brigade navale.

Le 4 octobre, le vaisseau *le Jupiter* amenait ce personnel à Kamiesh, ainsi que le matériel provenant des vaisseaux mouillés à la Katcha.

LXIV. — Pendant ce temps, les reconnaissances du génie et de l'artillerie se continuaient vers le côté ouest de la place. L'ennemi, prévenu par des védettes échelonnées, tire à toute volée ses gros canons, qui ébranlent au loin le sol par une pluie de projectiles.

Dans la matinée du 5, sur l'avis du général en chef, les pièces destinées aux batteries de terre commencent à être débarquées, sous la direction du capitaine de frégate Méquet.

Le même jour, cinq bâtiments arrivent sur rade amenant de Varna 9,000 hommes d'infanterie et 100 chevaux. Aussitôt on procède dans le plus grand ordre à leur mise à terre immédiate. — Tous les détails de ce service perpétuel de débarquement difficile et multiple ont été réglés avec le plus grand soin par le capitaine de vaisseau Jurien de la Gravière, chef d'état-major de l'amiral Bruat.

Une surveillance active de jour et de nuit est exercée aux abords de l'escadre, car l'ennemi pourrait par des brûlots causer les plus grands ravages dans l'entassement des navires, souvent difficile à éviter.

Les arrivages se multiplient; *le Caton*, commandant Pothuau, venu d'Odessa, rapporte que, soutenu par *le Cacique* et par deux vapeurs anglais, il a canonné des renforts russes en marche, le long de la mer, vers Pérékop, et les a contraints à un grand détour, hors de la portée de leur feu.

Cette grande lutte de vitesse, pour l'envoi en Crimée des secours de tout genre, hommes, vivres, munitions, venait donc de commencer avec l'expédition de Crimée elle-même. — D'un côté, la Russie mettait en réquisition les vastes moyens de transport fournis par ses provinces méridionales; de l'autre, les puissances occidentales établissaient, à travers la Méditerranée, un grand courant continu de voiles et de vapeur, courant accéléré et alimenté, à l'aide des grandes ressources des deux premières marines de l'Europe.

De cette rapidité, de cette vigilance et de cette énergie,

non moins que de la valeur des armées, dépendait l'issue de ce siége, qui allait prendre tout à coup des proportions gigantesques et imprévues.

LXV. — L'amiral Hamelin, avait résolu d'opérer une reconnaissance détaillée des batteries maritimes de Sébastopol, afin de se rendre personnellement un compte exact des défenses contre lesquelles, dans un moment donné, les flottes pouvaient être appelées à agir.

Le 5, pendant que le matériel de siége fourni par la marine et que les troupes arrivées de Varna débarquaient dans la baie de Kamiesh, *le Primauguet*, aviso mouche, du chef d'état-major de la flotte, portant, cette fois, le pavillon de l'amiral en chef, quittait la Katcha à dix heures, et se dirigeait vers l'entrée du port, longeant hardiment la côte, de manière à se faire successivement canonner par tous les forts ennemis.

Accompagné de son chef d'état-major général, le contre-amiral Bouët-Willaumez et de son premier aide de camp, le lieutenant Garnault, l'amiral, au milieu des volées de projectiles qui font jaillir l'eau de toutes parts autour de l'aviso, observe avec sa longue vue les différents ouvrages, devant lesquels il défile à petite vapeur.

Bientôt les canons de 68 de la tour Maximilienne, dont la portée égale presque celle des mortiers de la marine, envoient des boulets qui passent avec un sifflement aigu par-dessus le bâtiment explorateur. Puis le

Primauguet essuie tour à tour les feux du Télégraphe et du fort Constantin sans presser sa marche ; il est encore dans la zone d'action de ces trois ouvrages, au moment où les premiers boulets de la batterie de la Quarantaine sont dirigés contre lui.

Bientôt enfin, après avoir ainsi promené le pavillon national devant le développement des défenses ennemies, l'amiral Hamelin a dépassé la ligne de feu des mortiers de cette batterie, la dernière de toutes. A une heure, il mouille à l'ouvert de Kamiesh, qu'il visite dans toutes ses parties avec le plus grand soin, à bord du petit vapeur *le Beïcos*.

Cette exploration exécutée avec un si complet mépris du danger avait pour but important de déterminer d'une manière exacte l'action possible des bâtiments de la flotte dans les éventualités à venir, et d'examiner principalement les zones et la portée de tir des batteries du sud. — Celle de la Quarantaine gênait beaucoup les travailleurs de la gauche de notre armée. — Selon les observations faites par l'amiral, des vaisseaux, s'appuyant sur une batterie de pièces de la marine, pourraient la réduire au silence.

LXVI. — Le lendemain, 6 octobre, la division de l'amiral Charner revenait de son expédition à Yalta (1). Les compagnies de débarquement de nos bâtiments, réunies à celles de la division anglaise, ont battu le pays pendant

---

(1) Cette division comprenait : *le Napoléon*, commandant Dupouy; *l'Ulloa*, commandant Baudais; *la Pomone*, commandant Bouët; et *la Mégère*, commandant Devoulx.

deux jours, sans rencontrer beaucoup d'approvisionnements ; les troupeaux avaient été déjà dirigés dans l'intérieur.

La magnificence de cette partie de la Crimée méridionale est telle, que les officiers de la marine l'appelaient : la *Suisse de la mer Noire*. L'hiver semble fuir ce climat; la fertilité du sol est abondante et splendide; partout le pays offre l'aspect le plus riant, et ses riches productions y ont attiré l'aristocratie russe, dont on aperçoit de tous les côtés les luxueuses et charmantes villas (1).

La carte du tir dressée pendant la reconnaissance des forts de Sébastopol, opérée le 5 par l'amiral commandant en chef, avait donné à penser, ainsi que nous l'avons déjà indiqué, que, malgré la force et l'appui mutuel des ouvrages ennemis, une ligne d'embossage de vaisseaux, appuyant sa droite sur la petite anse de Chersonèse et sur une batterie terrestre établie sur ce point, aiderait efficacement aux progrès du siége, en battant le fort de la Quarantaine.

L'amiral Hamelin en fit part au général en chef, et donna ordre à l'amiral Bruat de reconnaître avec soin la baie de *Streletzka* et les terrains propres à l'établissement de cette batterie.

---

(1) On remarque surtout la villa de l'impératrice de Russie et celle du prince Woronzoff.

« L'esprit de courtoisie de nos marins (écrit un officier de la flotte qui faisait partie de cette excursion) a scrupuleusement respecté ces deux belles habitations. On s'est borné à emporter, en les payant, les bestiaux et les vins trouvés dans le pays. »

L'amiral Bruat, partait le 7 au matin pour cette nouvelle exploration. — Le colonel Desaint, de l'état-major du général Canrobert, accompagnait l'amiral.

LXVII. — Les compagnies de débarquement dont le chef d'état-major de l'amiral Bruat, Jurien de la Gravière, avait reçu le commandement supérieur, étaient parties à l'avance sur des canots armés en guerre, et attendaient l'amiral, en se tenant masquées des batteries, par les pointes avancées de la côte. — Ces compagnies étaient ainsi composées : 100 hommes du *Montebello* commandés par le lieutenant de vaisseau Thomasset, et 20 tirailleurs ; — 100 hommes du *Napoléon* commandés par le lieutenant de vaisseau Halibert ; — 50 hommes du *Charlemagne* commandés par le lieutenant de vaisseau Fournier.

Vers huit heures du matin, différentes embarcations se détachèrent du *Montebello*, portant l'amiral Bruat, l'amiral Charner et son chef d'état-major, le capitaine de frégate du Quilio, ainsi que les commandants de Chabannes du *Charlemagne*, Touchard du *Jean-Bart*, Bassière du *Montebello*, et le colonel Desaint envoyé par le général en chef. Aussitôt que ces embarcations eurent rallié les compagnies de débarquement, l'amiral prit la tête avec son canot, sur lequel on voyait flotter le pavillon-amiral. Après avoir quelque temps longé la côte, les embarcations durent se démasquer pour entrer dans la baie de Streletzka. — L'ennemi pris à l'improviste n'eût pas le temps de tirer sur elles. — Au moment où elles entraient dans la baie, *le Mogador*, suivant l'ordre qu'il en avait reçu, lance quelques obus pour fouiller le terrain que les compagnies doivent occuper, et *le Roland*, revenu la veille au soir de Constantinople et de Varna, s'avance aussitôt hardiment; pour appuyer le mouvement des embarcations et des compagnies qu'elles portaient, ce bâtiment a pris à son bord 50 hommes de réserve commandés par le lieutenant de vaisseau Sabourin.

LXVIII.—Mais les Russes, cette fois sur leurs gardes, lancèrent de tous les forts de mer une grêle de boulets. — Par un miracle étrange, *le Roland*, que dirigeait avec sa bravoure et son habileté habituelles le commandant de la Roncière, passa sain et sauf au travers de cette nuée de projectiles, n'ayant été atteint que par un éclat d'obus qui, après avoir touché son flanc gauche, ricocha dans la mer, sans lui causer aucun dommage.

Dans le même moment, les canots portant les compagnies opéraient leur débarquement sous la surveillance du commandant Jurien, et se dirigeaient sur les points indiqués.

Le Roland avait pénétré dans le fond de la baie et mettait aussi à terre sa compagnie de réserve, qui rejoignait les autres détachements. Les Russes ne cessèrent pas de diriger un feu d'artillerie très-nourri sur ce point et sur *le Roland*, dont la disposition du terrain laissait les mâtures complétement à découvert. — Les forts, et principalement la ville, tirèrent avec acharnement pendant les deux heures que dura l'exploration, mais ne pouvant employer que des feux courbes et un tir au jugé, ils firent une énorme consommation de projectiles qui n'atteignirent personne.

A tout instant, sous les pas des hardis explorateurs, le sol était labouré par des boulets ou creusé par des bombes.

« Notre reconnaissance, écrit l'amiral Bruat à l'amiral, commandant en chef (7 octobre), s'est heureusement effectuée malgré la quantité de projectiles qui ont été lancés par la place. A onze heure le rembarquement a eu lieu et nous sommes sortis de la baie. »

LXIX. — Les Russes avaient eu soin de pointer à l'avance les pièces, sous le feu desquelles les embarcations devaient nécessairement passer de nouveau. Dès que nos canots, dont le retour était surveillé, furent aperçus en dehors de la pointe, un feu terrible s'ouvrit sur eux, dans l'espérance de les couler bas. Heureusement le vent qui soufflait perpendiculairement à la direction du tir contribuait à en augmenter l'incertitude, et nos marins essuyèrent le feu de ces batteries de côtes avec la même impunité qu'ils avaient essuyé celui des batteries de la ville. Il semblait qu'un hasard providentiel veillait sur le salut des chefs audacieux qui montaient ces embarcations ; car les boulets rasaient la mer ou s'engloutissaient dans les flots, très-près des canots contre lesquels ils étaient dirigés avec grande justesse. Une embarcation du *Charlemagne* fut seule légèrement atteinte.

Le commandant de la Roncière avait reçu l'ordre de maintenir son bâtiment dans l'intérieur de la baie, pour occuper ce point et communiquer avec la gauche de l'armée, communication qui fut aussitôt établie, au moyen d'un petit détachement de hussards, mis jour et nuit à la disposition du *Roland*.

Ce bâtiment fut prévenu qu'à la nuit, avant le lever de la lune, *le Caffarelli* (commandant Simon), viendrait le renforcer dans cette position aventureuse. Des feux furent aussitôt placés des deux côtés de la baie pour éclairer la marche du *Caffarelli*, qui malheureusement ayant rangé de trop près la côte ouest de l'entrée, s'échoua sur le banc qui la prolonge.

Dès que cet événement fut signalé à la flotte, l'amiral Charner vint diriger en personne les travaux importants de sauvetage, car les moments étaient comptés, et, au lever du jour, ce vapeur eût été infailliblement écrasé par le feu des canonniers ennemis.

— Tous les moyens propres à relever le bâtiment furent employés avec énergie et rapidité, et l'on jeta à la mer les objets dont le poids pouvait augmenter les difficultés.

Une heure avant le jour, *le Caffarelli* était remis à flot, et les bâtiments à vapeur, canots et chaloupes qui y avaient contribué, purent rejoindre leur mouillage, sans être inquiétés par l'ennemi, qui ne se douta pas, le lendemain, de la proie que nous venions de lui arracher.

LXX. — Le général Canrobert avait approuvé l'établissement de la batterie proposée par l'amiral Hamelin.

« Le général de Martimprey (écrivait-il à l'amiral, en date du 8 octobre), m'a communiqué le billet que lui a adressé avec croquis l'amiral Bouët-Willaumez, par votre ordre, relativement à vos projets d'agression sur la place, au moyen de la bombarde *le Vautour*, établie dans la baie de Streletzka, et d'une batterie marine placée entre cette baie et la Quarantaine. Ce projet est excellent, et j'ai envoyé dès aujourd'hui à l'amiral Bruat le colonel du génie Tripier et un officier supérieur de mon état-major, pour qu'une reconnaissance détaillée de l'emplacement fût faite, de concert avec un officier de marine. J'ai d'ailleurs invité l'amiral Bruat à se borner, quant à présent, à appuyer moralement plutôt que matériellement la gauche de nos lignes d'investissement par ses vapeurs. Je désire que le feu réel de la marine ne commence qu'alors que l'armée française et l'armée anglaise seront en mesure d'ouvrir le leur, de sorte que le canon tonne à la fois sur toute la ligne. Il est entendu que je vous ferai parvenir un avis en temps utile. »

Le même jour en effet, dans l'après-midi, l'amiral Bruat, accompagné du colonel du génie Tripier et du lieutenant-colonel Desaint, auxquels s'était joint le général d'Aurelles, revint examiner de nouveau les hauteurs déjà visitées la veille.

LXXI. — A la suite de cette exploration, l'établissement de la batterie armée par les marins au personnel et au matériel fut définitivement arrêté ; le génie devait en désigner l'emplacement, et l'artillerie en diriger la construction. — Un ordre du jour de la flotte en réglait la composition : 6 canons de 50 et 4 obusiers de 22 centimètres (80), servis par 300 marins, sous le commandement du capitaine de frégate Penhoat (1).

Dès le lendemain le vapeur *l'Ulloa* débarquait dans la baie de Streletzka ces canons et ces obusiers.

Tous les détachements de la marine, ainsi que le matériel et l'armement des batteries ont été mis à terre. — La tenue générale des hommes offrait au moment de leur débarquement l'aspect le plus pittoresque ; les marins des pièces portaient le sabre et le pistolet, les fuséens et les marins-fusiliers étaient armés de carabines à tige : chacun avait au dos son petit sac et sa couverture de laine roulée en écharpe autour du corps ; les derniers rangs de chaque peloton portaient les chaudières, les gamelles, les bidons, ainsi que les objets de campement. Ils se mirent aussitôt en marche vers l'emplacement qu'ils devaient occuper. — Les soldats de l'armée de terre les accueillirent avec des acclamations de confraternité, auxquelles les marins répondirent avec

---

(1) Ce personnel, fourni par des détachements des vaisseaux *Bayard*, *Ville de Marseille*, *Ville de Paris*, *Henri IV*, *Alger*, *Suffren*, *Marengo*, et de la frégate *la Pomone*, comprenait :

1 capitaine de frégate. — 4 lieutenants de vaisseau. — 4 enseignes. — 5 aspirants. — 1 chirurgien de la marine. — 150 *marins-canonniers*. — 150 *marins-fusiliers*.

De 1300 environ qu'il était alors, l'effectif des marins et artilleurs de l amarine, employés au siége, devait s'élever graduellement au chiffre de 2500 hommes.

cet élan plein de spontanéité qui leur est propre. Cette petite troupe détachée de nos vaisseaux avait une physionomie à part, et quelque dures que furent les privations et les épreuves auxquelles elle fut soumise, elle conserva toujours ce même cachet, ce même entrain, cette même verve énergique qui lui venait du cœur.

LXXII. — Dans la nuit du 8 au 9 octobre, les travaux de tranchée furent ouverts sur le tracé arrêté par le génie.

Ce tracé forme une sorte de système bastionné sur un plateau, à 900 mètres environ du bastion central. Séduits par les avantages de cette position, c'est sur ce point que nous accumulerons tous les efforts des bouches à feu réparties dans les cinq batteries. — Celles portant les numéros 1 et 2, qui formaient l'extrême gauche de la ligne, doivent être construites et armées par la marine; elles recevront 20 pièces de 30 et de 80.

Le lieutenant de vaisseau de Marivault pour la batterie 1 et le lieutenant de vaisseau Tricault pour la batterie 2, ainsi que le capitaine d'artillerie de marine Sardou furent chargés de coopérer avec les capitaines d'artillerie de Brives et Meignen à leur construction, qui nécessita sans cesse de la part de ces officiers la plus active et la plus constante surveillance.

A partir de la nuit du 10 octobre, des détachements de matelots travaillent nuit et jour à creuser le sol avec la pioche, la pince et les pétards, et à élever les épaulements, tandis que d'autres s'occupent des détails d'armement, qui offrent parfois de sérieuses difficultés. Les pièces de la marine, beaucoup plus courtes que les pièces de siége de l'artillerie de terre, et beaucoup moins élevées au-dessus du sol, nécessitaient des embrasures plus larges, plus profondes et plus découvertes. Les affûts à quatre roues exigeaient des plates-formes pleines; le bois nécessaire se trouvait avec difficulté, et l'ennemi qui a réglé son tir peut, grâce au calibre puissant dont il dispose, gêner considérablement les travailleurs encore inhabitués à ce feu incessant qui laboure le terrain autour d'eux. — Mais chacun sent que les heures ont une valeur précieuse, et le courage et l'énergie de tous se décuplent.

Les pièces sont traînées aux batteries à travers des terrains déjà défoncés par les bombes, ou déchirés par les boulets, elles sont roulées sur place et montées sur leurs affûts. C'est la nuit seulement, que ces opérations peuvent s'exécuter, car elles ont lieu le plus souvent sur des terrains entièrement à découvert. Parfois le bruit des chaînes et du travail éveille l'attention de la place, qui envoie aussitôt des grêles de boulets et de bombes dans toutes les directions où les mouvements de terre observés pendant le jour, peuvent leur faire supposer que des travaux s'exécutent. — Bien souvent quelques hommes mis hors de combat, et des chevaux renversés jetent une confusion inévitable au milieu des travailleurs et des attelages.

LXXIII. — Aussi l'on ne dira jamais tout ce qu'il fallut de patience, d'industrie de chaque instant, de ténacité, de volonté ferme et résolue pour parer à tous ces événements imprévus, à toutes les insuffisances de matériel et surtout à toutes les inexpériences inévitables à cette époque de début. — Mais bientôt les jours en s'écoulant familiarisèrent soldats et matelots avec les nécessités de ce rude travail, et avec le feu de l'ennemi qui, dans le commencement des opérations de guerre, apporte toujours, il ne faut pas se le dissimuler, même chez l'homme le plus calme et le plus froidement courageux, une préoccupation involontaire.

Le capitaine de vaisseau Rigault de Genouilly qui devait montrer à un si haut degré, pendant le cours du siége, les précieuses qualités de haute intelligence et de courage audacieux dont il était doué, surveillait chaque jour le progrès de la construction et de l'armement de ces deux batteries, en même temps qu'il organisait la brigade navale. Ferme, mais bienveillant dans le commandement, cet officier apportait aux travailleurs par sa seule présence une nouvelle énergie (1).

Nos attaques sont assez avancées, pour que l'on puisse prévoir que le feu ne tardera pas à s'ouvrir.

LXXIV. — On avait seulement commencé le 12, la construction de la 3ᵉ batterie de la marine, près des ruines

---

(1) Nous avons détaillé dans notre travail sur l'*Expédition de Crimée*, vol. I, p. 307 et suivantes, les travaux de tranchée et les divers incidents qui se produisirent à terre devant Sébastopol; nous croyons inutile de les reproduire ici.

d'un ancien fort génois. — Les précautions les plus grandes sont prises pour cacher à l'ennemi cette nouvelle attaque, dont il est très-important qu'il n'ait pas connaissance. Déjà le sol se creuse sous les infatigables efforts des travailleurs, que dirige le capitaine d'artillerie Magalon. — Les sacs à terre, les bois de blindages sont apportés et masqués par les débris du fort. Le jour, on couvre d'herbes amoncelées les terres remuées. — Les pièces sont montées à grand'peine sur ce mamelon ; — il faut se hâter, car les autres batteries sont presque toutes terminées.

Les Russes semblent pressentir que nos travaux sont bien près d'être terminés, et donnent parfois à leur feu des proportions inusitées : ce sont des volées soudaines de boulets, d'obus et de bombes qui éclatent dans l'espace, ou ricochent sur les terrepleins.

« On dirait (rapporte un journal de siége des batteries de la marine) un vaisseau de premier rang faisant des feux de section. — Le bastion de la Quarantaine, le bastion Central, le bastion du Mât se font remarquer par la puissance de leur feu, et nous donnent une juste idée des proportions de la lutte qui va s'engager. — Une pluie de fer tombe dans les batteries 1 et 2 sans blesser personne ; le point de mire des feux de la place est la batterie 5. Nous ne comptons pas moins de 60 canons de gros calibre, ayant vue sur l'attaque française. Nous n'en avons que 21 en batterie sur nos ouvrages de circonvallation. »

LXXV. — Au milieu de ces travaux importants qui absorbent tous les esprits, occupent toutes les pensées, un seul épisode se produisit en dehors des événements prévus.

« Hier matin, vers onze heures, écrit l'amiral Bruat à l'amiral Hamelin, en date du 12 octobre (1), je remarquai un trois-mâts autrichien qui, parti du mouillage de la Katcha, paraissait entraîné par le courant vers les forts de Sébastopol.—A onze heures et quart, les batteries russes ouvrirent le feu sur ce bâtiment qui fut abandonné par son équipage, à onze heures vingt-cinq minutes. »

C'était un triste et cruel spectacle de voir ce navire allant à la dérive et contre lequel s'acharnaient les batteries ennemies. Quelques instants s'étaient à peine écoulés, que l'on vit la frégate à vapeur *le Firebrand* se diriger rapidement vers le trois-mâts avec l'intention marquée de le prendre à la remorque. — Aussitôt l'amiral Bruat signale au *Mogador*, qui avait conservé ses feux, de les pousser et d'appareiller pour soutenir la frégate alliée. Mais le *Firebrand* renonçait à son entreprise et s'éloignait en échangeant quelques coups de canon avec les batteries ennemies.—Le navire autrichien livré à lui-même s'approchait de plus en plus de Sébastopol, dont les forts faisaient sur lui un redoublement de feu, si mal dirigé du reste, qu'un

(1) Correspondance de l'amiral Bruat avec l'amiral commandant en chef.

seul boulet pénétra dans le bord, au-dessus de la flottaison ; — les autres projectiles qui l'atteignirent ne lui causèrent aucune avarie sérieuse. Après avoir été ainsi canonné pendant près de quatre heures, ce malheureux bâtiment vint s'échouer miraculeusement, à très-petite vitesse, sous les maisons qui se trouvent à l'angle Est de la baie de Chersonèse.

LXXVI. — « Je jugeai, écrit l'amiral Bruat, que ce navire, quel qu'il fût, ne devait pas devenir un trophée pour les Russes, soit qu'ils essayassent de le brûler, soit qu'ils tentassent de l'enlever. — J'ordonnai à 150 hommes armés, fournis par *le Montebello, le Jean-Bart, le Charlemagne, l'Alger* et *la Ville de Marseille*, de se rendre en toute hâte sur les lieux, sous le commandement du lieutenant de vaisseau Giovanetti, officier d'état-major d'une grande vigueur ; je les précédai avec mon chef d'état-major, le capitaine Jurien, pour m'entendre avec le commandant du *Roland* et le général Forey, commandant le corps de siége, après avoir pris par moi-même connaissance du point où était échoué le navire, et m'être assuré de sa position. »

Le général Forey, sur la demande de l'amiral, donna aussitôt des ordres pour que les troupes de la 4ᵉ division protégeassent les opérations de sauvetage.

Les ruines du fort Génois furent occupées par un détachement de marins et par une compagnie de chasseurs à pied. — Cinq matelots se jetèrent hardiment à la nage au milieu d'une pluie de boulets et d'obus, et réussirent à amener une yole, au moyen de laquelle on se rendit à bord du navire échoué, que l'on trouva rempli de foin. — Sans le décharger, on travailla immédiatement à le remettre à flot ; et, malgré les efforts de l'ennemi, ce travail ne fut pas un seul instant interrompu.

A onze heures du soir, le capitaine Steward, du *Firebrand*, qui était venu prendre les ordres de l'amiral et le remercier (car ce bâtiment était frêté pour le compte de la marine anglaise), entra dans la baie, où il prit le navire à la remorque. — L'entrée de cette baie avait été soigneusement signalée par deux feux. — A minuit, le bâtiment autrichien était près du *Montebello*. — Mis à la disposition du capitaine du *Firebrand*, il fut immédiatement dirigé sur Balaclava.

C'était ainsi que, par un échange mutuel de services et de réelle confraternité, se resserraient chaque jour les liens qui déjà unissaient étroitement les deux nations.

CHAPITRE V.

LXXVII. — L'amiral Hamelin, qui était au mouillage de la Katcha, pour assurer l'eau de cette rivière aux escadres, et observer la partie nord de Sébastopol, n'avait point encore inspecté le corps de marine détaché à terre. — Le 12 octobre, accompagné de son chef d'état major et de ses aides de camp, il se dirigea vers Kamiesh, à bord du *Primauguet.*

A dix heures et un quart, il touchait la plage et se rendait auprès du général Canrobert, qui lui apprit que les chefs des armes spéciales espéraient ouvrir le feu sous le plus bref délai. La coopération des flottes, pour le jour de l'attaque, fut proposée et acceptée. — L'amiral prévint alors le général en chef qu'il quitterait la Katcha, pour venir stationner à portée des événements, et en communication immédiate avec l'armée de terre.

En quittant la tente du général Canrobert, l'amiral voulut visiter en détail le camp des marins de l'escadre; ceux-ci, en hommes si souvent ballottés par les événements les plus imprévus à travers de lointains pays, semblaient déjà entièrement familiarisés avec leur nouvelle existence. L'amiral se rendit ensuite aux batteries de siége armées par la marine, dont la construction s'avançait rapidement.

En effet, le moment décisif approche.

Aussi, dès le 14, le commandant en chef de la flotte, quittant, avec tout son état major le vaisseau *la Ville de Paris*, arborait son pavillon sur *le Mogador*.

« Je voulais, écrit-il au ministre, jeter l'ancre le plus près possible du grand quartier général français, et arrêter avec le général en chef une attaque combinée des forces de terre et de mer, le jour où commencerait le feu des batteries de siége. »

Une diversion tentée par la marine avait cet avantage

évident de partager l'attention et les forces de l'ennemi ; car, au moment où se passaient ces événements, on marchait tellement vers l'inconnu, que le génie et l'artillerie espéraient produire avec les six batteries armées un assez grand effet, pour qu'il devînt inutile d'en construire de plus rapprochées.

LXXVIII. — Bien que le jour de l'ouverture du feu ne fût pas fixé, il était important d'arrêter le plan du concours que la marine apporterait dans l'action générale.

Les amiraux en chef Dundas et Hamelin résolurent donc de convoquer un conseil entre les différents amiraux, pour décider cette importante question.

Le lendemain 15 octobre, l'amiral Dundas arrive à Kamiesh sur *le Banshee* avec l'amiral Lyons ; l'amiral turc Ahmed Pacha arrive de son côté sur une frégate ottomane, et à midi, tous trois se trouvaient réunis à bord du *Mogador* avec le commandant en chef de la flotte française l'amiral Hamelin, et les amiraux Bruat, Charner et Bouët-Willaumez. — Ce conseil de guerre maritime avait dans son sein les chefs les plus éclairés, les hommes les plus énergiques. Cartes et compas en main, ils arrêtèrent après une courte discussion les dispositions suivantes :

« Que tous les vaisseaux alliés, sans exception, prendraient part à l'attaque ;

« Que cette attaque de 25 vaisseaux serait simultanée, les vapeurs se tenant le plus possible hors de portée. »

Il fut en outre décidé, sur un tracé proposé par l'amiral Bruat lui-même, que la ligne d'embossage affecterait la forme d'une courbe concave autour des batteries ennemies, — la flotte française à droite, s'appuyant à la petite anse de Chersonèse et à la batterie du fort Génois; — la flotte anglaise à gauche, s'étendant jusqu'à la lisière des bancs qui entourent les ouvrages maritimes du nord; — les Turcs au centre.

LXXIX. — Toutefois l'action des flottes alliées ne devait et ne pouvait avoir d'autre caractère que celui d'une simple diversion au profit de l'armée; l'impossibilité de donner dans la passe empêchait tout autre projet. — Les amiraux, à l'issue du conseil, adressèrent aux généraux en chef un *memorandum* (1) qui les laissait juges de l'opportunité d'une attaque générale, ou d'un combat par escadres, qui dans ce cas, pourrait se prolonger pendant deux jours.

L'état de souffrance des batteries de siége sous une

---

(1) Voici le texte de ce *memorandum* :

« Les amiraux des trois flottes, réunis en conférence, aujourd'hui 15 octobre 1854, à bord du *Mogador*, ont résolu :

« 1° Que pour soutenir l'attaque des armées alliées contre la place de Sébastopol, tous les bâtiments qui composent leurs flottes exécuteraient, en même temps, une attaque générale contre les batteries de mer de cette place et les vaisseaux russes mouillés dans le port.

2° Que les vaisseaux n'ayant chacun, en moyenne, que 70 projectiles par pièce (soit 140, par canon d'un seul bord), les généraux en chef des armées alliées seraient priés de déterminer, si tous ces projectiles devraient être dépensés, le jour où commencera le feu des batteries de siége, ou le jour de l'assaut, ou enfin répartis, par moitié, entre deux jours.

« 3° Que, pour que cette attaque puisse s'effectuer avec succès, il

canonnade perpétuelle et très-vive de la place entraîna subitement la résolution de brusquer l'ouverture du feu, et il fut décidé par les généraux qu'elle aurait lieu dans la matinée du 17.

LXXX. — Le 16, les généraux en chef des armées alliées après avoir pris connaissance du *memorandum* des amiraux leur adressèrent la réponse suivante, que nous croyons utile de rapporter ici en son entier.

Quartier général devant Sébastopol,

16 octobre 1854.

« Les généraux commandant en chef les armées alliées ont reçu avec un vif intérêt la communication qui leur a été faite par les amiraux commandant en chef. Ils applaudissent à la grande résolution qu'ils ont prise, et les en remercient. Dans leur opinion, l'action commune des flottes et des armées réunies déterminera des effets moraux et matériels considérables, qui assureront le succès de l'attaque dirigée contre Sébastopol. Dans cette pensée, ils jugent que, plus cette action sera for-

faut que le temps soit maniable et permette aux bâtiments à vapeur de remorquer les vaisseaux à leurs postes au feu. »

Fait à bord du *Mogador*, rade de Kamiesh, 15 octobre 1854.

Le vice-amiral,	HAMELIN.
Le vice-amiral,	DUNDAS.
Le vice-amiral,	AHMED PACHA.
Le vice-amiral,	BRUAT.
Le contre-amiral,	sir EDMUND LYONS,
Le contre-amiral,	CHARNER.
Le contre-amiral,	BOUËT-WILLAUMEZ.

midable, plus les résultats seront décisifs et promptement obtenus.

« Ils ont arrêté, sur l'invitation des amiraux, les dispositions suivantes, et les proposent à leur adoption. Le feu commencera sur toute la ligne, demain 17 octobre, vers 6 heures 1/2 du matin, au signal donné par trois bombes partant du centre des travaux de l'armée française, et tirées à courts intervalles.

« De l'avis des généraux commandant l'artillerie et le génie dans les deux armées, il importe que les vaisseaux n'emploient dans cette première attaque, que la moitié de leurs munitions, soit environ 70 coups par canon d'un seul bord, réservant l'autre moitié pour les éventualités à venir, notamment pour le jour de l'assaut.

Lord Raglan se tiendra à hauteur d'une carrière, en avant de la division de sir Richard England, formant la gauche de son armée.

« Le général Canrobert se tiendra près de la maison dite *de l'Eau* ou *du Ravin* (le ravin qui sépare les deux armées).

« Les troupes seront partout sous les armes, prêtes à agir dans le sens que la succession des circonstances de l'attaque indiquerait.

« Si, avant l'épuisement des munitions que la flotte doit employer dans cette attaque, les amiraux remarquaient que le feu des batteries des deux armées cessât entièrement, il y aurait lieu d'admettre que les généraux en chef ont jugé l'assaut possible, et l'ont ordonné.

Dans ce cas, le feu des vaisseaux devrait se restreindre à l'étendue du port et des batteries qui bordent la rive Nord.

« *Les généraux commandant en chef.*
CANROBERT, RAGLAN. »

LXXXI.—Cette réponse fut transmise à l'amiral Hamelin dans l'après-midi par le commandant Reille attaché à l'état-major du général en chef; mais le chef d'état-major de la flotte fit observer, au nom de l'amiral Hamelin, à l'officier qui en était porteur, que malgré la plus grande diligence, il était matériellement impossible que les vaisseaux anglais et français, éparpillés en ce moment dans les différents mouillages qui s'échelonnent de la Katcha au cap Chersonèse et à Balaclava pussent être réunis, le lendemain matin à l'heure indiquée, pour l'ouverture du feu et que, par suite, l'action par terre et par mer ne pourrait pas être simultanée.

Néanmoins un ordre du jour fit aussitôt connaître, sans le moindre retard, aux bâtiments mouillés devant la Katcha les dispositions arrêtées par l'amiral en chef. — Cet ordre prévoyait et combinait les moindres détails avec une grande lucidité.

Les 14 vaisseaux français qui doivent combattre se déploieront sur deux lignes endentées, dans une étendue de huit encâblures environ. — Au nord, et faisant suite à cette ligne, seront placés les deux vaisseaux ottomans, après lesquels viendra se développer la ligne anglaise,

— Le vaisseau le plus au sud de l'escadre française mouillera, dans la baie de Chersonèse sur les accores du banc de cette baie (1).

Un vapeur devait être accouplé à chaque vaisseau; tous conserveront ainsi leurs mouvements aussi indépendants que possible du vent et de la mer et pourront être simultanément conduits à leur poste. Les remorqueurs, abrités par le corps des vaisseaux, resteront attelés pendant toute l'action, prêts à retirer du feu les bâtiments compromis par de graves avaries.

LXXXII. — Dans la soirée, *le Mogador* a ramené l'amiral Hamelin à la Katcha, et tout l'état-major général est repassé sur *la Ville de Paris*, qui, de nouveau, a arboré le pavillon du commandant en chef.

Les vaisseaux et vapeurs sont aussitôt appelés à l'ordre, pour prendre communication du dispositif de com-

---

(1) La première ligne comprendra : N° 1. *le Charlemagne* (commandant de Chabannes). — N° 2. *Le Montebello* (commandant Bassière). — N° 3. *Le Friedland* (commandant Guérin). — N° 4. *La Ville de Paris* (commandant Dompierre d'Hornoy). — N° 5. *Le Valmy* (commandant Lecointe) portant le pavillon de l'amiral Lugeol. — N° 6. *Le Henri IV* (commandant Jehenne). — N° 7. *Le Napoléon* (commandant Dupouy), portant le pavillon de l'amiral Charner.
Selon le plan arrêté, les vaisseaux de la 2ᵉ ligne venaient s'endenter dans l'ordre suivant avec ceux de la 1ʳᵉ :
N° 8. *L'Alger* (commandant de Saïsset). — N° 9. *Le Jean-Bart* (commandant Touchard). — N° 10. *Le Marengo* (commandant Martin) — N° 11. *La Ville de Marseille* (commandant Laffon Ladébat). — N° 12. *Le Suffren* (commandant Fabre La Maurelle). — N° 13. *Le Bayard* (commandant Borius). — N° 14. *Le Jupiter* (commandant Logéol.

bat. — Les capitaines commandant, réunis dans la grande chambre de l'amiral, reçoivent à ce sujet les dernières explications.

La nuit se passe à régler les dispositions spéciales d'accouplement pour les vaisseaux restés à ce mouillage.

L'amiral Bruat a été chargé de faire reconnaître les abords de la place, aussitôt que l'obscurité sera venue. Des bouées indiqueront la tête de la ligne d'embossage, ainsi que l'endroit où un banc isolé de quatre brasses doit limiter forcément de ce côté l'approche des flottes.

Le commandant Fisquet, du *Pluton*, remplit cette mission, à laquelle il consacre la plus grande partie de la nuit.

De retour au point du jour, il vient trouver l'amiral à sept heures du matin et lui rend compte des dispositions qu'il a prises.

La direction étant ainsi arrêtée à l'avance, il suffisait de mouiller, à son poste, le vaisseau le plus au sud, pour que tous les autres bâtiments, le relevant à l'aire de vent convenu, se trouvassent ainsi occuper la position qui leur avait été assignée.

Cette nuit qui précéda le combat fut agitée, pleine de fièvre, d'impatience et de nobles émotions.

Sur tous les bâtiments, on se prépare à la grande journée du lendemain. Les malades sont transportés à bord des navires qui ne doivent pas prendre part à l'action. — Tous les impédimenta, mâts, dromes et vergues de perroquet, bouts-dehors et porte-manteaux sont mis à terre. Les filets de casse-tête sont placés. — Hommes et canons sont prêts et attendent.

LXXXIII. — Avant de retracer ici la journée du 17 octobre et cette attaque maritime, beaucoup plus intéressante par les manœuvres hardies de notre flotte, que par ses conséquences, dont l'importance éventuelle fut considérablement diminuée par la suspension du feu de l'armée assiégeante, il n'est pas sans intérêt de dire quels étaient les ouvrages contre lesquels nos vaisseaux venaient combattre.

Les Russes, on le sait, avaient aggloméré leurs principaux moyens de défense du côté de la mer.

Les forts et les batteries maritimes de Sébastopol réunissaient les conditions reconnues les plus favorables. — Difficultés d'approche pour les vaisseaux, en raison de bancs et obstacles sous-marins, — batteries en terre (barbette) dans les terrains élevés, — forts en pierre casematés pour les ouvrages à fleur d'eau, — armement de calibres marins les plus puissants, — enfin, concentration d'une masse prépondérante de feux croisés et plongeants sur la zône resserrée, seule navigable à l'entrée de Sébastopol, pour les vaisseaux ennemis.

Aussi, sans énumérer toutes les défenses intérieures du grand arsenal russe, trouvait-on, rien que pour l'artillerie ayant vue sur les vaisseaux alliés, du côté sud, un total de 216 bouches à feu, — du côté nord, un ensemble de 100 canons au minimum. Grand total battant les flottes : 316 bouches à feu (1).

Si nous sommes entrés dans tous ces détails, c'est pour que l'on puisse juger, par cet exposé rapide, que

(1) Dispositions de l'artillerie ennemie en face de la flotte française.

DÉSIGNATION des batteries.	NATURE des défenses.	DISTANCES des défenses.	NOMBRE total de pièces.	CANONS battant les flottes.
Batterie de la Quarantaine...............	Barbette en terre	1400ᵐ	51	50
Contre-batterie de la Quarantaine............	Barbette en terre	»	nombre inconnu.	»
Fort Alexandre n° 1	Fort casematé en pierre.	1900	54	40
Fort Alexandre n° 2	Fort casematé en pierre.	2200	50	34
Fort Nicolas...........	Fort casematé en pierre.	2800	192	92
		Total minimum......		216

Rive sud.

On trouvait, en face de la flotte anglaise, d'autre part :

DÉSIGNATION des batteries.	NATURE des défenses.	NOMBRE total de pièces.	CANONS battant les flottes.
Fort Constantin.........	Fort casematé en pierre.........	104	84
Batterie du Télégraphe.	Batterie barbette en terre.......	12	12
Tour Maximilienne (wasp battery).............	Batterie barbette à pivot...	6	4
Plusieurs ouvrages en terre récents.	Batteries barbettes	nombre inconnu.	»
	Total minimun.....		100

Côté nord.

jamais vaisseaux, dans les annales de l'histoire maritime, n'avaient eu à combattre des fortifications aussi redoutables.

« L'opération de développer sous un pareil feu vingt-cinq vaisseaux de ligne appartenant à des nations différentes, écrivait à cette époque un des amiraux de la flotte, offrait, on le comprendra facilement, de grandes difficultés, si l'on considère surtout, que la configuration de la côte ne permettait aux bâtiments de gagner leur poste que *de pointe*, c'est-à-dire en leur faisant essuyer, pendant un certain temps, les coups d'enfilade de l'ennemi, sans leur permettre de riposter, jusqu'à ce que leur embossage fût terminé. »

LXXXIV. — Nous sommes au 17 octobre.

Le jour est à peine levé, lorsque l'amiral Hamelin, accompagné de son chef d'état-major l'amiral Bouët-Willaumez, se rend, auprès de l'amiral Dundas, à bord du *Britannia*, afin d'arrêter avec le chef de la flotte anglaise les dernières dispositions à prendre pour l'attaque projetée.

Un quart d'heure s'est à peine écoulé, qu'il est de retour sur *la Ville de Paris*.

Le calme plat de la mer ne permet point l'appareillage immédiat à la voile; mais ce cas a été prévu : et le commandant en chef signale aux vapeurs d'allumer leurs feux, et de venir se ranger le long des vaisseaux, auxquels ils doivent s'accoupler pour les conduire au combat.

Chacun des bâtiments suit, pour régler ses mouvements, les signaux du vaisseau-amiral (1).

A huit heures quarante minutes, celui-ci, remorqué par la corvette à hélice, *le Primauguet* (capitaine Reynaud), se met en marche, et, suivi des autres vaisseaux qui appareillent successivement, se dirige vers la baie de Kamiesh, où l'amiral Bruat doit le rallier avec sa division. Un rideau de brumes s'étend au loin sur la mer et enveloppe, à son départ, l'escadre de l'amiral en chef.

LXXXV. — Pendant ce temps l'amiral Bruat, de son côté, avait terminé ses préparatifs. — Dès le point du jour, il signalait aux vapeurs destinés à donner les remorques, de prendre les dispositions nécessaires. Le brouillard couvrant entièrement les mouvements de l'escadre mouillée à la Katcha, *l'Ajaccio*, capitaine Du Martroy, mit sous vapeur pour aller rejoindre l'amiral en chef et prendre ses ordres ; mais, avant que ce bâtiment eût atteint sa

(1) *Journal du bord tenu sur la dunette du vaisseau-amiral* la Ville de Paris.

17 octobre, au mouillage de la Katcha.

« 6 heures 15 minutes, signalé de débarquer chaloupes et canots ; 6 heures 40, signalé d'envoyer toutes les embarcations légères et chalands au *Dauphin* ; 6 heures 45, ordre aux bâtiments à vapeur d'allumer leurs feux ; 7 heures 30, donné le repas aux équipages ; 8 heures, hissé les couleurs ; 8 heures 5, se préparer à appareiller ; 8 heures 30, ordre à l'armée d'appareiller ; 8 heures 40, ordre à l'armée de répéter les signaux.—En route.— *La Ville de Paris* met en marche.—9 heures 25, départ du *Jupiter* ; 9 heures 30, départ du *Suffren*. Les autres vaisseaux suivent ; tous font route pour rallier l'escadre mouillée dans la baie de Kamiesh. »

destination, l'escadre était en vue : il était alors dix heures. — Tous les ordres sont aussitôt donnés pour rallier le commandant en chef de la flotte, et être prêt à répéter ses signaux.

Bientôt on aperçoit les vaisseaux turcs et l'amiral anglais appareillant de la Katcha, car la brume du matin s'est entièrement dissipée.

Aussitôt *la Ville de Paris* télégraphie : *Branle-bas de combat.*

Chacun prend son poste, les yeux ardemment fixés sur le vaisseau-amiral, d'où l'on voit bientôt s'élever dans les airs ce noble signal : *la France vous regarde;* pensée bien digne d'électriser tous les cœurs et qui est aussitôt répétée aux équipages.

Oui ! toute distance s'est effacée ; ce ne sont plus des enfants loin de la patrie. — Sur chaque vaisseau, la France est là qui regarde et qui veille !

De toutes les poitrines sont partis à la fois ces deux cris qui s'unissent ensemble : Vive la France !... Vive l'Empereur !... Puis, succède tout à coup un imposant silence, véritable cachet de grandeur de toute manœuvre navale.

« En même temps, écrit un officier de *la Ville de Paris*, nos marins scorbutiques, en état de se mouvoir, se traînent spontanément hors de l'hôpital, et viennent avec un empressement touchant se ranger autour de leurs pièces. »

LXXXVI. — Il est midi cinquante minutes.

Les batteries de terre formant la gauche des attaques ont cessé leur feu.

Cette intermittence a-t-elle pour but de tromper l'ennemi sur nos véritables intentions? Se prépare-t-on à donner l'assaut sur ce point? — Aucun message nouveau des généraux en chef n'est venu apporter de modifications aux instructions de la veille.

Les flottes marchent donc au combat.

Déjà les bombes éclatent dans l'espace, les boulets ricochent au loin.

Nos vaisseaux, sans répondre au feu de l'ennemi par un seul coup de canon, commencent à se développer avec calme sous cette grêle de projectiles qui fouettent la mer dans toutes les directions. — La bombarde *le Vautour*, mouillée dans la baie de Streletzka, lance seule déjà des bombes, depuis le matin. Le vaisseau-amiral a signalé : « Mouiller suivant le plan donné. »

Ce fut un de ces moments solennels, que nul acteur de cette journée n'oubliera sans doute jamais.

Le vaisseau à hélice *le Charlemagne*, que commande le brave capitaine de vaisseau de Chabannes, doit occuper l'extrémité de la ligne ; il s'avance rapidement vers son poste de combat, précédé du *Pluton* qui le guide, vers les bouées, qu'il a lui-même placées la veille, sur les indications de l'amiral Bruat. — Le vaisseau *le Montebello*, portant le pavillon de cet amiral, a pris position par le travers du *Charlemagne* et marche aussi à toute vitesse. Aussitôt que l'ennemi aperçoit ces deux bâtiments qui se sont embossés à la hauteur de la petite anse de Chersonèse, il ouvre immédiatement de toutes ses batteries un feu terrible concentré sur ce point.

LXXXVII. — *Le Friedland*, accouplé au *Vauban*, a également atteint son poste. Ces trois vaisseaux attendent le moment de commencer le feu.

Ce signal est donné.

Leurs bordées rapides assaillissent à la fois les forts, qui, bientôt foudroyés à leur tour par une pluie de boulets et de projectiles de toute nature, disparaissent dans un nuage épais de fumée.

Presque simultanément, *la Ville de Paris*, qui porte le n° 4, a pris son rang ; puis viennent *le Valmy, le Henri IV, le Napoléon*, sur lequel flotte le pavillon de l'amiral Charner. C'est une ligne de feu vomissant du fer avec cette rapidité de tir qui appartient surtout aux manœuvres marines. Bien peu de temps s'est écoulé, et déjà les pertes sont sensibles sur nos bâtiments.

Il est une heure et demie ; *la Pomone* et *le Roland* sont venus prendre leur part de bataille. — *Le Marengo, l'Alger, le Jean Bart, le Jupiter*, manœuvrent hardiment à travers la fumée qui déjà enveloppe la scène du combat.

L'amiral Hamelin entouré de tout son état-major, groupé sur la dunette de la *Ville de Paris*, observe les mouvements de ces vaisseaux, et pendant que le vaisseau-amiral tonne de toute son artillerie, il cherche à suivre l'ensemble de l'action qui s'engage, lorsque la dunette, atteinte par un obus, est balayée en même temps par deux boulets pleins.

L'obus d'un énorme calibre a pénétré sous le pont de la dunette et fait tout à coup explosion. Cette portion du navire est broyée par les éclats du projectile auquel succède une grêle de boulets dirigés sur la dunette du vaisseau-amiral. Les morts, les blessés, les vivants sont renversés pêle-mêle au milieu des débris. Le lieutenant de vaisseau Sommeiller, officier d'ordonnance de l'amiral, et l'aspirant égyptien Keurchil sont tués. Les aides de camp de l'amiral Hamelin Grivel, Zedé et Garnault, ainsi que le commissaire d'escadre Michelin et plusieurs aspirants sont blessés. Par miracle l'amiral, son chef d'état-major, le commandant de la *Ville de Paris* et un officier de manœuvres sont les seuls qui n'aient pas été atteints. Avec ce calme qui le caractérise, l'amiral continue à donner ses ordres sur les débris de la dunette ravagée, où les officiers blessés de l'état-major général restent sans vouloir descendre au poste de pansement. — Les manœuvres du navire n'ont pas été un seul instant troublées : le tir des canonniers est toujours réglé, méthodique, interrompu seulement au roulement, pour laisser se dissiper les nuages trop compacts de fumée, et rectifier les directions de tir.

LXXXVIII. — Déjà deux fois le feu s'est déclaré à bord du *Montebello*, et deux fois il a été étouffé; son embossure a été coupée; une bombe a traversé tous les ponts du *Charlemagne*, et est venue éclater dans sa machine, qu'elle a mise en partie hors de service; un boulet de gros calibre a percé la carène du *Napoléon* à deux pieds au-dessous de la flottaison; une voie d'eau se déclare aussitôt, et son maître-calfat qui s'est jeté bravement à la mer parvient à grand'peine à la tamponner.

Sur tous nos vaisseaux les projectiles ennemis ont déjà causé de notables ravages et allumé dans les murailles des incendies, que l'adresse et le sang-froid de nos marins éteignent heureusement dans leur germe.

Les deux vaisseaux turcs et la flotte anglaise sont aussi à leur poste, achevant bientôt d'enfermer les défenses maritimes de Sébastopol dans un cercle de fer et de feu.

Le Queen est en tête de la ligne de droite; *le Britannia* en tête de celle de gauche.

Déjà le magnifique vapeur *Agamemnon*, portant le pavillon du contre-amiral Lyons, les avait précédés, accompagné du *Sans-Pareil*, du *London* et de *l'Albion*, et s'était embossé hardiment près des récifs qui prolongent la pointe septentrionale du port, pour prendre en écharpe les batteries du fort Constantin. *Le Queen* et *le Rodney* imitent son exemple et ouvrent à cette distance rapprochée un feu terrible. Les boulets et les projectiles creux brisent leurs mâtures et pénètrent dans leurs murailles.

LXXXIX. — L'action est devenue générale. Partout, dans toutes les directions, c'est un mugissement formidable. Les trois-ponts, dont les mâtures plus élevées percent encore ce dôme tourbillonnant de fumée, qui s'élève lentement au ciel, sont en butte au tir le plus violent des forts, et leurs étages supérieurs sont déchirés par de larges blessures.

Le vaisseau amiral, reconnaissable entre tous les autres à son pavillon de commandement arboré sur un mât supplémentaire au sommet du grand mât, est surtout le point de mire des batteries ennemies. Heureusement que bientôt les forts, les vaisseaux, le ciel, la mer, tout se perd derrière des remparts protecteurs d'épaisse fumée; les flots s'agitent et bouillonnent sous cet orage de boulets.

Pas d'autre bruit que celui qui sort de l'airain : on dirait que les êtres vivants ont disparu.

Par instants, sur la ligne des vaisseaux, le feu cesse pour attendre quelques éclaircies qui permettent de rectifier le tir devenu incertain, et pour ménager en même temps les munitions, dont une portion seule doit être employée.

Il est deux heures et demie. — La batterie de la Quarantaine, écrasée par la multiplicité de nos boulets, est éteinte et abandonnée. — Sur la rive sud, le grand effort de l'artillerie russe est évidemment en partie brisé. Les ouvrages élevés et éloignés continuent surtout la canonnade.

XC. — Du côté nord, l'action est dans toute sa force, la flotte anglaise et les deux vaisseaux de tête français, *Napoléon* et *Henri IV*, criblent de projectiles le fort Constantin. Un magasin à poudre a fait explosion. — Les bâtiments anglais *l'Albion*, *la Retribution*, *l'Aréthuse*, *le Sans-Pareil*, *le London*, luttent avec une indicible énergie contre les feux plongeants de la batterie du Télégraphe et ceux de la tour Maximilienne; plusieurs fois des incendies se déclarent à leurs bords. *L'Albion* et *la Retribution* sont démâtés de leur grand mât. — Là, comme devant la rive sud, le seul succès possible est de résister fièrement contre des chances supérieures.

Pendant la durée entière du jour le bombardement continue, jetant sans relâche à tous les échos ses formidables cris de guerre.

La nuit approche; une plus longue diversion de la flotte est désormais sans but. Les bâtiments ne lancent plus leurs bordées qu'à de lents intervalles.

L'ordre est donné aux vaisseaux de la seconde ligne d'appareiller successivement.

A ce moment les batteries supérieures de l'ennemi, comme si elles eussent compris ou deviné ce mouvement, redoublent de vivacité. Nos vaisseaux de première ligne y répondent aussitôt par un feu de file roulant, et le bombardement, au moment où il va cesser, semble reprendre une énergie nouvelle. — Ce sont les adieux des flottes alliées aux forts de Sébastopol.

Il est six heures du soir; la nuit est venue, et les derniers vaisseaux s'éloignent lentement, un à un, comme ils étaient venus.

L'escadre anglaise, dont le feu s'est maintenu toujours avec une grande puissance, regagne aussi son mouillage.

XCI. — Certes, si ce fut un imposant tableau de voir,

le matin, s'avancer fièrement la ligne de ces magnifiques vaisseaux, qui venaient sous une pluie de projectiles s'endenter les uns dans les autres, ce fut aussi un beau et grand spectacle de les voir, aux dernières clartés du jour, revenir avec le même ordre, noblement mutilés par la bataille. Le silence s'est fait là où tout à l'heure retentissaient encore de foudroyantes détonnations. — L'obscurité a succédé au jour, comme le calme au combat furieux, et les derniers tourbillons de fumée se perdent déjà dans les nuages.

La flotte à voiles a repris son mouillage de la Katcha, les vaisseaux à hélice celui de Kamiesh.

Dans notre escadre les dommages matériels sont assez graves et nécessiteront le renvoi de plusieurs bâtiments dans l'arsenal de Constantinople. — Les vaisseaux de la première ligne, les plus engagés, avaient le plus souffert, et parmi tous *la Ville de Paris* : « honneur, écrivait le général Canrobert, qui appartenait au vaisseau-amiral. »

Ainsi, ce bâtiment avait reçu cinquante boulets dans le corps et une centaine dans la mâture, qui avaient causé de graves avaries : trois boulets rouges avaient mis le feu à bord, la dunette était presque entièrement détruite, et l'on comptait 47 hommes hors de combat.

Le Montebello, qui portait le pavillon de l'amiral Bruat, avait eu aussi plusieurs fois l'incendie à son bord, ses gréements très-endommagés et 32 hommes tués ou blessés. — *Le Charlemagne*, sous les ordres du commandant de Chabannes, qui était entré le premier au feu, portait 37 hommes atteints. — Tous avaient largement et noblement payé leur dette de dangers affrontés et de sang répandu : tous avaient bien mérité de la patrie.

XCII. — Nos alliés, dont plusieurs bâtiments s'étaient si intrépidement avancés en dehors de la ligne d'embossage, avaient acquis dans cette journée un nouveau titre de gloire par l'habile audace de leurs manœuvres, et par la régularité de leur tir, sous le feu meurtrier des forts ennemis.

L'amiral en chef Dundas écrivait à l'amirauté :

« Un combat aussi prolongé contre des ouvrages à ce point formidables et aussi bien armés n'a pu être soutenu sans pertes sérieuses, et c'est avec regret que j'ai à vous annoncer 44 hommes morts et 266 blessés. »

Pendant que notre flotte affrontait ainsi les redoutables défenses du port de Sébastopol, les marins à terre la représentaient dignement aussi dans cette journée.

La marine avait armé les batteries 1 et 2, plus celle du fort Génois, dont quelques pièces seulement furent en état de faire feu, le 17 (1).

(1) L'amiral Bruat écrivait au général Canrobert dans la nuit du 16 au 17 octobre :

« Le commandant de *l'Alger* vient de la batterie Chersonèse (fort Génois), et voici le rapport qu'il m'a fait : Un commandant d'artillerie, qui paraît avoir une expérience consommée, est arrivé sur les lieux dans la nuit. Après avoir examiné les travaux, il a déclaré que le terrain était tellement meuble qu'il s'affaisserait sous le poids des gros canons;

A six heures du matin, trois bombes tirées coup sur coup par la batterie 3 devaient être le signal de l'ouverture du feu.

Le commandant Rigault de Genouilly a pris le commandement supérieur des batteries. Avant le lever du jour, il les a inspectées, et s'est assuré que rien ne manque aux dispositions arrêtées.

A la batterie n° 1 est le commandant Lescure, ayant sous ses ordres les capitaines Martel et de Marivault. — A la batterie n° 2, c'est le commandant Méquet avec les capitaines Bianchi et Tricault. — A la batterie n° 6 (dite du fort Génois), le commandant Penhoat a près de lui les capitaines Rallier et Lévêque.

XCIII. — Lorsque les trois bombes de signal se furent successivement élevées dans les airs, une effroyable détonnation se fait entendre ; — les bastions ennemis y répondent presque aussitôt avec énergie. — Sur toute la ligne des défenses et de l'attaque le feu s'engage. Les boulets, les bombes, les obus bondissent et éclatent de toutes parts.

La justesse et la rapidité du tir de nos adversaires, dès le début du feu, démontraient clairement qu'ils avaient

il a fallu refaire toutes les plates-formes. Au jour on n'aura, avec les efforts les plus grands, que 3 ou 4 pièces en batterie, et je ne mets pas en doute, qu'après quelques coups, elles ne pourront plus tirer et seront peut-être renversées. »

« Voilà donc cette batterie, dont le tir devait être si efficace, dans de très-mauvaises conditions. Si les prévisions se vérifient, au bout de peu de temps, elle sera obligée de cesser son feu, et il faudra la remettre en état. »

depuis longtemps assuré leurs directions, et que la plus grande partie de leurs défenses étaient armées de canons de marine (1).

Bientôt la tour du Bastion central et les redoutes russes, enveloppées, dès l'aube, dans une atmosphère brumeuse disparaissent dans la fumée. Cet épais rideau jeté entre la ville et les assiégeants arrête un instant le feu de nos batteries; c'est vers neuf heures seulement que la tour et la Quarantaine apparaissent enfin dans une éclaircie aux regards impatients des chefs de pièces.

Le feu redouble instantanément sur toute la ligne de nos attaques.

La batterie 1 combat la Quarantaine; — la batterie 2 le Bastion central; cet ouvrage est bientôt à jour dans ses parties élevées, sans que pour cela le feu des batteries inférieures en soit ralenti.

Le commandant Lescure, les capitaines de Marivault et Martel se multiplient et se tiennent souvent aux embrasures pour juger les coups et apprécier la justesse des pointages. Déjà, en arrière des batteries, les morts s'entassent et les boulets ennemis traversent les épaulements déchirés, faisant partout de cruels ravages; mais plus la mort décimait ces intrépides canonniers, plus l'enthousiasme du combat les électrisait.

Dans la batterie 2, les pertes sont plus sensibles. — La 6ᵉ pièce est démontée; une file presque entière de la 5ᵉ pièce et le chef sont mis hors de combat. — En

---

(1) Le système de hausse adopté pour le pointage en mer assure aux pièces un tir de grande justesse.

moins d'un quart d'heure 7 canonniers sont tués et 20 blessés, presque tous fort gravement ; mais les hommes qui tombent sont aussitôt remplacés.

Le commandant Méquet donne à tous l'exemple d'une audacieuse et calme énergie ; les capitaines Bianchi et Tricault rivalisent de zèle et d'entrain ; l'aspirant Michel a la cuisse emportée par un boulet, et se relève au milieu de son sang qui coule à flots pour crier d'une voix énergique : Vive l'Empereur ! Le même cri sort aussitôt de toutes les poitrines, témoignage de sympathie et d'admiration pour ce vaillant enfant de dix-huit ans.

XCIV. — On ne peut rien voir, rien juger, rien apprécier ; car pas un souffle de vent n'élève ou ne dissipe les flots de fumée qui s'agglomèrent de toutes parts. — Mais depuis quelques instants la défense ne riposte plus que par coups inégaux. On put croire alors que la supériorité nous était acquise sur les batteries de la ville, — courte illusion que vint bientôt détruire un redoublement terrible de feu. — Les pièces hors de service ont été remplacées. — La lutte recommence plus formidable. — Un des magasins de la batterie 1 est percé par une bombe et saute comme un volcan déchaîné, enterrant deux pièces sous les décombres, et renversant quelques hommes qui ne doivent plus se relever. La batterie 2 de son côté n'est plus tenable ; ses épaulements presque entièrement bouleversés sont à tout instant traversés par des boulets ; plusieurs de ses pièces hors de service s'inclinent sur leurs affûts brisés ; la plupart de ses officiers sont atteints.

Le magasin à poudre de la batterie 4 a fait explosion et tué un grand nombre de canonniers.

La batterie 5, foudroyée de tous côtés par les feux de la place, a aussi arrêté son feu.

Sur l'extrême gauche de notre ligne la batterie du fort Génois fait aussi des efforts surhumains avec les quelques pièces qui ont pu ouvrir leur feu. Son brave commandant Penhoat lutte avec une énergie désespérée. La plupart de ses pièces sont démontées. — A 10 heures 1/2, le capitaine Rébillot apporte de la part du général d'artillerie l'ordre à toutes les batteries de cesser entièrement le feu.

C'est avec une profonde amertume que les canonniers, obéissant à cet ordre cruel, quittent leurs postes ensanglantés pour s'abriter derrière les épaulements déchirés, où les éclats des projectiles ennemis viennent encore les atteindre.

Les Russes, croyant deviner par le silence de nos pièces qu'elles sont toutes hors d'état de tirer, acquièrent un redoublement de justesse que n'inquiètent plus nos boulets ; leurs vedettes, plongeant dans nos batteries du haut d'un mât élevé, continuent à diriger avec une précision extrême des feux courbes contre nos poudrières.

Ces pertes subies sans combattre avaient quelque chose de plus désolant que les ravages mêmes d'un combat inégal.

XCV. — Ainsi se passa une partie de la journée. Vers trois heures, des balles venant de la droite traversent en sifflant les batteries; — les sentinelles signalent l'approche de l'ennemi. Ce sont en effet les Russes qui tentent une sortie, dans le but d'enclouer nos pièces silencieuses, et, protégés par les inégalités du terrain, cherchent à tourner sur leur droite les batteries 1 et 2.

Au moment où l'alerte est donnée, ils ne sont déjà plus qu'à 200 mètres environ. Un épais rideau de tirailleurs couvre sans doute des réserves massées dans les ravins. Le commandant Rigault de Genouilly s'est élancé avec quelques marins en dehors des batteries, pour renforcer sur l'extrême droite les gardes de tranchée et les pousser en avant. — En même temps, les canons rompant le silence envoient dans les ravins une décharge de boulets, à laquelle succèdent des volées de mitraille, pendant que dans l'intérieur tout est prêt pour repousser vigoureusement une attaque. Mais l'ennemi, voyant que nous sommes sur nos gardes, se retire aussitôt et disparaît dans la direction de la place.

Le soir, les rapports constataient 39 hommes hors de combat dans les deux batteries de la marine (1).

(1)   *Journal de siége des batteries de la marine.*

« Cette journée nous a coûté, dans la batterie n° 2 seulement, 9 tués et 23 blessés; c'est le 1/4 de son personnel; il n'est, du reste, presque pas d'hommes qui aient entièrement échappé aux contusions plus ou moins graves, qui pourraient être comptées comme blessures dans une journée moins rude. La batterie n° 1 a eu 1 homme tué et 6 blessés, elle a soutenu avec avantage, contre le bastion de la Quarantaine, un combat, qui, à la distance de 1550 mètres, ne peut être décisif, même avec des canons de grande portée. Elle reçoit, en outre, le feu d'une

La batterie du fort Génois, qui n'avait pas discontinué de tirer, quoiqu'elle fût écrasée par un feu terrible, avait aussi subi des pertes cruelles.

Tel fut le rôle que jouèrent, dans la journée du 17 octobre, les batteries de la marine et les vaisseaux de notre flotte.

L'artillerie de terre, dont nous nous sommes plus particulièrement occupés dans un précédent travail, a été, sous les dignes chefs qui la commandaient, digne de ce que l'on avait le droit d'attendre d'elle.

XCVI. — Cette journée détruisit bien des espérances, mais eut pour résultat sérieux et important de démontrer d'une manière irrécusable toute la solidité des défenses, aussi bien que la puissance de l'artillerie ennemie (1).

Des appréciations de différentes natures ont été faites sur la part d'action apportée par les flottes dans cette journée du 17 octobre. C'est pour cela que nous avons voulu en retracer tous les détails. — Nous l'avons fait avec une rigoureuse exactitude, ayant sous les yeux les documents les plus officiels, comme les plus intimes.

---

redoute adjacente au bastion de la Quarantaine, et que ses embrasures ne lui permettent pas de voir.

(1) Ces défenses avaient considérablement souffert, et l'ennemi avait eu à déplorer, dans cette journée, des pertes sensibles, ainsi que le constatait le rapport du prince Menschikoff. — L'un des chefs les plus importants et les plus justement estimés, l'amiral Korniloff, y avait trouvé la mort.

Notre rôle de chroniqueur se borne là; et, dans le cours de ce travail, nous tenons essentiellement à n'en pas dépasser les limites.

Nous nous contentons donc de résumer les faits de cette journée.

XCVII. — Les flottes, en occupant pendant six heures les batteries maritimes de Sébastopol, avaient accompli avec énergie tout ce qu'elles pouvaient faire, depuis la fermeture des passes et de l'arsenal ennemi.

L'escadre sous les ordres de l'amiral Hamelin était mouillée, on le sait, partie à Kamiesh, partie à la Katcha. — Contrariés par le calme de la mer, les vaisseaux à voiles durent être remorqués à partir de leur mouillage, et cette opération difficile de l'accouplement des remorqueurs aux navires, ne pouvait s'accomplir pendant l'obscurité, sans courir des risques sérieux.

Les flottes alliées, prévenues seulement dans l'après-midi du 16 de la résolution des généraux en chef d'ouvrir le feu le 17 au point du jour, ne pouvaient matériellement pas s'être ralliées pour l'heure indiquée et avoir développé leur ligne de combat devant Sébastopol. — Si elles l'eussent pu, ne devant consommer que la moitié de leurs munitions; il leur eût été impossible de soutenir pendant tout le jour un feu nourri, suivant les éventualités d'un assaut prévu et projeté par les armées de terre.

La flotte, en outre, dans ses opérations de guerre, ne devait pas oublier qu'elle avait deux missions : — combattre, mais aussi sauvegarder, en tout temps, les actions des armées dont elle était la base indispensable, et, en cas de revers, le véritable *refugium*.

Dès la nuit qui suivit la journée du 17, l'armée de siége travailla avec ardeur à réparer les dégradations causées par le feu de l'ennemi, et à développer ses tranchées vers le bastion du Mât.

Le lendemain, à bord des bâtiments, une messe était célébrée pour les victimes du combat. — « Après la messe (dit le journal du *Montebello*), l'inhumation a eu lieu; les corps, accompagnés par les états-majors des divers bâtiments présents sur rade, ont été transportés à terre. »

Ce fut une touchante cérémonie, et ce plateau de Chersonèse, après avoir été si longtemps le champ de combat, allait devenir le champ de repos de tant d'héroïques guerriers qui ne devaient plus revoir le sol de la patrie!

XCVIII. — Ce même jour, le général Canrobert adressait à l'amiral Hamelin la lettre suivante :

« Devant Sébastopol, 18 octobre 1854.

« Mon cher amiral, en rentrant à mon bivouac, je m'empresse de vous adresser les remercîments de l'armée et les miens tout particulièrement, pour le vigoureux concours que vos vaisseaux lui ont prêté hier. — Il ajoute à la dette que nous avons, d'ancienne date, contractée envers la flotte, et soyez sûr que, le cas échéant, tous s'empresseraient de l'acquitter.

« J'ai appris avec de vifs regrets que vous aviez perdu deux officiers de votre état-major, et qu'entre tous les vaisseaux, *la Ville de Paris* est celui qui a le plus souffert ; c'est un honneur qui appartenait au vaisseau amiral, et je ne crains pas d'en féliciter vos officiers et votre équipage.

« Je ne terminerai pas cette lettre sans vous dire combien je suis satisfait de l'énergique conduite de vos marins à terre, et de l'excellent esprit qui les anime.

« *Le général commandant en chef,*

« CANROBERT. »

De son côté, l'amiral Dundas, avec une haute courtoisie digne des sentiments qui unissaient les nations alliées, terminait ainsi son rapport à l'amirauté :

« J'ai vu avec admiration la bravoure et l'habileté déployées dans cette affaire par nos alliés les Français, et c'est avec regret que j'apprends qu'eux aussi ont subi des pertes considérables. »

Certes, c'était un beau spectacle que devaient donner deux grandes nations, de se montrer ainsi, en dehors d'étroites et personnelles rivalités, unies seulement par la noble émulation du devoir accompli, et par une fraternelle communauté de regrets pour les braves que la guerre emportait avec elle.

XCIX. — Cette union, gage premier du succès, elle existait aussi au cœur de chaque armée ; et à côté du général Canrobert, écrivant au chef de la flotte aussitôt qu'il rentre à son bivouac, il est touchant de voir l'amiral Bruat, cet énergique et intrépide marin, écrivant, lui aussi, à l'amiral en chef ces simples mots, la main agitée encore par la noble émotion du combat :

« Mille compliments, amiral, sur votre heureux et glorieux succès d'hier. »

Les vaisseaux sont occupés à réparer leurs avaries, et tous les marins fabriquent des sacs à terre, que l'amiral a ordonné de confectionner pour les besoins du siége. — On emploie les vieilles voiles à cet usage.

Le siége va reprendre sa marche régulière, active, incessante, vers ce but glorieux que nos armes ne devaient atteindre que l'année suivante.

Ainsi que nous avons essayé de le faire pour l'armée de terre dans notre précédent travail, nous allons suivre aujourd'hui l'action des flottes et les opérations de la marine, soit à terre, soit en mer, avec la plus rigoureuse exactitude.

LIVRE III

LIVRE III.

CHAPITRE PREMIER.

I. — Quand on considère d'un point de vue élevé l'ensemble des opérations militaires dont nous avons, jusqu'à ce jour, retracé le récit, ce qui frappe l'esprit, c'est cet appui constant de la marine à toute heure, en toute circonstance; c'est cette présence du pavillon de la patrie, qui apporte la confiance comme un souvenir sans cesse vivant du pays. — La vraie base d'opérations, soit en présence de l'ennemi, soit dans les campements sur les différents points du littoral de la mer Noire, n'a-t-elle pas toujours été sur ces boulevards flottants, base mobile, se prêtant à toute la rapidité de mouvements d'une armée en campagne, et tenant toujours à sa portée avec une activité infatigable les inépuisables ressources de véritables arsenaux.

Chaque jour, pour ainsi dire, sur cette terre étrangère si loin du pays natal, des bâtiments arrivent disant aux soldats de la France qui combattent et répandent leur sang, qu'une pensée vigilante a les yeux fixés sur eux, prévenant leurs moindres besoins, prévoyant toutes les éventualités et comblant sans cesse les places vides que de glorieux combats ont faites autour d'eux.

Ce serait un curieux travail de suivre dans leurs pérégrinations perpétuelles le mouvement de ces bâtiments, et de noter successivement cette multiplicité d'arrivages en hommes et en approvisionnements de toute nature qui se renouvellent dans la rade de Kamiesh.

Les troupes débarquent et s'installent aussitôt dans leurs campements; les munitions sont envoyées aux différents parcs d'artillerie, les vivres déposés dans les magasins de ravitaillement. Malgré ce mouvement perpétuel de navires, le plus grand ordre ne cesse de régner, comme aussi la plus grande surveillance, pour parer aux tentatives que l'ennemi pourrait faire contre les vaisseaux de la flotte.

II. — Ce qui semble être le calme pour la marine, est une activité de tous les instants, une anxiété vigilante, perpétuelle; car elle sait l'immense responsabilité qui pèse sur elle, elle apprécie les événements imprévus auxquels les vaisseaux sont exposés : elle ne se dissimule pas les dangers que la saison avancée peut à tout instant apporter avec elle, et ses chefs s'en préoccupent vivement.

Vers la fin du mois d'octobre s'ouvre une série de coups de vent du nord-est au nord-ouest, avant-coureurs presque certains des orages et de la tempête. — C'est l'hiver qui commence, l'hiver si souvent terrible dans ces parages, et dont la prévision inquiétait depuis longtemps l'amiral Hamelin pour la sûreté de ses vaisseaux à voiles, toujours ancrés en pleine côte, devant la Katcha. — Aussi se décide-t-il à renvoyer en France les plus vieux d'entre eux ; ce sont : *l'Iéna, le Suffren, la Ville de Marseille.*

En même temps, les vapeurs *Tisiphone* et *Coligny* partent avec mission de servir de remorqueurs aux frégates à voiles que l'on a dû expédier de France avec des troupes, à défaut de bâtiments à vapeur disponibles.

La Tisiphone, commandant Lebeau de Montour, fera le service dans les Dardanelles ; *le Coligny*, commandant Robin, le fera dans le Bosphore ; de cette façon on activera l'arrivée des bâtiments à voiles, auxquels les vents du nord font si souvent éprouver dans ces deux passages des retards considérables.

Le vaisseau *le Henri IV*, sous le commandement du capitaine de vaisseau Jehenne, est envoyé à Eupatoria pour y remplacer *l'Iéna*, et couvrir cette position de sa puissante artillerie.

III. — Jetons maintenant les yeux sur les quelques journées qui se sont écoulées ; elles n'ont pas été sans combat et sans gloire pour ces vaillantes batteries de la marine, celles dont nous nous occupons spécialement dans ce travail.

Le 18, elles ont relevé leurs épaulements renversés, remis leurs pièces en état, et le 19, à 6 heures et demie du matin elles recommençaient leur tir avec les autres batteries de la ligne française. — La batterie 5 ayant été supprimée, elles formaient un total de 58 bouches à feu.

Dans cette journée notre artillerie fit un mal réel à l'ennemi.

L'atmosphère était si calme que la fumée enveloppa bientôt l'horizon et empêcha de rien distinguer. Aussi les canonniers, pour ne point consommer des munitions en pure perte, ne tirent plus qu'à de longs intervalles. Les Russes croient dès lors nos canons démontés et redoublent d'énergie; mais bientôt le vent qui se lève emporte les nuages de fumée, et les chefs de pièces, contrôlant aussitôt leur tir sur la tour et les redoutes russes, commencent un feu de file plein de justesse et de rapidité.

« Celles-ci (dit le journal de siége), répondent avec violence; leurs boulets, en écrétant nos épaulements, lancent une mitraille de pierres qui blessent et aveuglent les servants. »

IV. — Déjà bien du sang coule, et les boulets font parmi nos intrépides marins de cruels ravages.

Le capitaine de frégate Méquet, qui commande la batterie 2 et en surveille constamment le tir, est renversé par un obus; on l'emporte, mais bientôt il revient à son poste et est reçu par ses braves artilleurs avec des acclamations de joie. Si les pertes sont douloureuses, chaque coup pointé avec un sang-froid inébranlable, atteint les bastions ennemis et sème la mort parmi leurs défenseurs.

Les Russes, alors, tirent par volées formidables, et couvrent d'une grêle de fer et de plomb, surtout la batterie 2, qui leur fait grand mal. — On sent le sol frémir sous ses pieds, comme s'il eût été agité par un tremblement de terre. — Par une manœuvre habile, dirigée par le commandant Méquet, et l'intrépide lieutenant de vaisseau Tricault, les chefs et chargeurs, suivant d'un regard expérimenté la lueur des coups de canon de l'ennemi, s'abritent adroitement; puis, aussitôt après, tirent à leur tour, rechargent leurs pièces et attendent la volée suivante des batteries russes, pour recommencer de nouveau; un grand nombre de canonniers ennemis sont ainsi tués dans leurs embrasures.

A 2 heures, le bastion Central est presque silencieux; le feu de l'ennemi diminue sensiblement sur toute la ligne de nos attaques.

« Dans la batterie 1, dit le journal de siége du corps de débarquement, M. Lescure, capitaine de frégate, MM. Martel et de Marivault, lieutenants de vaisseau, Pothier et Alph. Hamelin, aspirants de 1re classe; — dans la batterie 2, M. Tricault, lieutenant de vaisseau; M. Boch, enseigne, MM. Melizan et Brown, aspirants, ont pris une part des plus honorables à cette chaude et glorieuse journée. »

V. — Pendant ce temps, la batterie 6 du fort Génois combattait avec une ardeur et un courage que rien ne pouvait ébranler. — Parmi toutes, elle était la plus

cruellement maltraitée. — Quoiqu'elle fût souvent réduite à une seule pièce, son brave commandant Penhoat, énergiquement secondé par les lieutenants de vaisseau Lévêque et Rallier, est debout, au milieu des ravages qui l'entourent, et ne veut pas cesser le feu.
— Le capitaine Schmitz, venu de la part du général Forey, commandant le corps de siége, le trouve surveillant froidement le tir de la seule pièce qui lui reste. « Il semblait, disait un officier de marine, que les Russes y mettaient les bombes avec la main. » — Il fallut un ordre formel, prononçant la suppression de la batterie, pour que ce brave officier s'éloignât de ce lieu de désastre avec ses marins décimés.

Chaque jour, ce corps d'élite montre ce que l'on doit attendre de lui dans l'accomplissement de l'œuvre commune.

VI. — Le général Canrobert, commandant en chef, écrivait, dans un ordre du jour en date du 23 octobre 1854

« Je signale à l'armée la conduite du détachement de marins que la flotte nous a donnés pour auxiliaires ; on ne saurait montrer plus d'ardeur, plus de vrai courage, et je suis heureux de proclamer ici les droits que ces braves gens, qui nous ont déjà rendu tant de services à la mer, acquièrent dans nos rangs à notre estime et à nos sympathies. »

Éclatant témoignage, digne à la fois du cœur élevé auquel était confié le commandement en chef de l'armée, et de ceux dont il reconnaissait si noblement les services.

VII. — Le 1er novembre est le jour choisi pour la 2e attaque générale de l'artillerie des alliés.

L'armée française a 13 batteries armées, formant un total de 96 bouches à feu. — La marine a fourni 30 canons environ, répartis entre les batteries 1, 2, 11.

Mais si nous avons plus que doublé le nombre de nos canons, les assiégés ont, de leur côté, augmenté leurs moyens de défense.

Dans la matinée, le vent apporte aux vaisseaux le bruit prolongé d'une vive canonnade : l'engagement de notre artillerie avec la place paraît très-sérieux. Mais le mauvais temps empêche les communications de la rade avec la plage.

Jusqu'au 3 novembre, cet état de choses continue, et la flotte est ainsi privée de nouvelles. — Position cruelle ! Il semble à nos marins que les événements les plus graves s'accomplissent à quelques pas d'eux, sans qu'ils puissent y prendre part, et chaque jour qui s'écoule augmente leur anxiété. Chacun comprend que l'ennemi ne peut rester inactif en face du développement de nos attaques, et qu'il doit réunir tous ses efforts pour en arrêter l'accroissement.

Le 3 novembre seulement, les communications avec la terre sont rétablies, et les nouvelles arrivent.

Les travailleurs ont ouvert la 3ᵉ parallèle. Le 1ᵉʳ novembre, avait eu lieu cette difficile et périlleuse opération. — A cette même date, six nouvelles batteries, adjointes aux anciennes, ouvraient leur feu contre la place. Parmi celles-là, la batterie 11 était servie par la marine ; elle formait la droite des attaques qui s'étendait vers le bastion du Mât, et avait été construite sous la direction des lieutenants de vaisseau Tricault et de Marivault (10 canons de 30 et 4 obusiers de 80). — 47 pièces armaient les six nouvelles batteries qui, le même jour, avaient tonné à la fois contre les redoutes ennemies.

C'est ce mugissement formidable d'artillerie qui avait, à un si haut point, excité l'anxiété des marins.

VIII. — La batterie 11, dont l'armement était très-puissant, attaquait la capitale et le flanc gauche du bastion du Mât. — En moins d'une heure elle avait détruit la batterie de 4 pièces, située en avant (1); vers midi, concurremment avec la batterie 10, que sert l'artillerie de terre, elle a complétement démoli le bastion et réduit les pièces au silence.

Ce jour-là, le commandant Rigault de Genouilly,

---

(1)   *Journal des batteries de la marine.*

« 1ᵉʳ novembre, à 7 heures et demie, au signal de la batterie 10, le feu s'ouvre sur toute la ligne française, de concert avec l'armée anglaise.

« La batterie n° 11, sous les ordres du commandant Méquet, commence, par la gauche de chaque division, un feu de file sur la face gauche du bastion du Mât. Les 7 bouches à feu qui forment sa face

après avoir donné chaque jour, et pour ainsi dire, chaque nuit l'exemple du plus persistant courage et de la plus infatigable activité, avait enfin été obligé de céder à la fatigue et à la maladie ; il gardait sa tente et son lit, où les officiers de marine venaient chercher ses ordres.

Mais lorsque le feu de toutes nos batteries réunies fit retentir les échos de ses formidables détonations, ce brave officier ne voulut pas rester sur son lit de souffrance ; il se fit mettre, plutôt qu'il ne montât sur son cheval, et parut bientôt dans la batterie 11, soutenu par deux marins, pâle, courbé, et ayant l'aspect d'un cadavre.

« Il n'y avait pas un matelot, écrivait alors un officier de cette batterie, qui ne fût profondément attendri de cet effort surhumain de la volonté sur l'affaiblissement physique. »

Au commencement d'une guerre de cette nature, c'était là le véritable exemple qu'il fallait, et partout, dans l'armée de terre et dans l'armée de mer, les chefs le donnaient à leurs soldats électrisés.

IX. — L'ennemi, à force de bras et de matériel, a

gauche, et les 4 de la redoute adjacente sont réduites au silence. Le tir alors a été dirigé de manière à écréter le parapet de la face gauche du bastion, pour détruire tout ce qui se trouvait en arrière.

« Le bastion du Mât n'est plus, vers midi, qu'un monceau de ruines, et nos obus, après avoir rasé le parapet, vont éclater en arrière.

« A 3 heures, les feux courbes de l'ennemi, qui s'étaient beaucoup ralentis, recommencent avec vivacité. »

réparé, en partie, pendant la nuit les dégradations de ses défenses. Il a relevé les terres et renouvelé au complet l'armement de ses batteries; vers 3 heures du matin, il inonde de mitraille nos travaux d'approche et nos batteries.

Tout ce bruit et tout cet orage de fer ne causent que des pertes et des dommages insignifiants. — Sans nul doute, les Russes craignant un assaut, voulaient montrer aux assiégeants qu'ils ont remonté leurs canons et mis de nouvelles pièces en état.

Aussitôt que le jour a paru, la lutte d'artillerie recommençait des deux côtés plus vive, plus ardente, plus opiniâtre.

La batterie 11 de la marine, par sa position et sa puissance, continue à causer dans les ouvrages ennemis les plus grands ravages; mais, comme par miracle, chaque nuit relevait toujours les défenses que le canon de la veille avait abattues.

Le 4 novembre fut pour cette énergique batterie une fatale journée; ce jour-là elle était commandée par le capitaine de frégate Penhoat.

« Vers midi, dit un journal du siége de la marine, une pièce de 30, voisine des obusiers, armée par la 1re série de *la Ville de Paris*, fait tout à coup explosion, sans que l'on puisse assigner à ce malheur d'autre cause que la mauvaise qualité de la fonte (la pièce ayant tout au plus tiré 50 coups de canon). « Trois servants sont tués sur le coup, 11 sont grièvement blessés, trois meurent après avoir subi l'amputation. Dans ce nombre se trouve le brave et malheureux Bourdon, jeune chef de pièce de *la Ville de Paris*, qui avait mérité la croix d'honneur par son brillant courage. — Après avoir miraculeusement échappé aux boulets russes pendant plus de dix jours consécutifs de feu, il est horriblement mutilé par les éclats de sa propre pièce. »

X. — Ce fut une scène affreuse de voir renversés au milieu du sang et des débris, ces braves canonniers dont quelques-uns déjà ne donnaient plus signe de vie. Mais quelque cruel que fût cet événement inattendu, il n'interrompit pas un seul instant le tir des autres pièces : seulement, tout en continuant leur feu avec un impassible sang-froid, les marins attristés jetaient un dernier regard d'adieu à leurs frères d'armes gisant à terre.

La batterie n'avait que deux civières. — Les zouaves de service dans la tranchée la plus voisine, accourent, placent les corps sanglants dans leurs propres couvertures, et les portent eux-mêmes à l'ambulance avec un soin touchant.

Si la persistance active de nos canonnades donnait de vives inquiétudes à la ville assiégée, ces appréhensions étaient fondées : car, en effet, sur les observations constatées par les chefs du génie et de l'artillerie, l'assaut avait été résolu en conseil, pour le 6 novembre.

XI. — Les généraux en chef s'attendaient à voir Balaklava et les positions de droite si souvent menacées, attaquées ce jour-là par l'armée russe, que tous les rapports des espions et des déserteurs disaient s'être accrue de renforts considérables.

Les menaces imminentes de l'hiver, la position des flottes, à la merci des tempêtes si redoutables de la mer Noire, n'étaient pas d'un faible poids dans cette résolution importante, et le général Canrobert, auquel l'amiral Hamelin n'avait pas caché ses sérieuses appréhensions, écrivait au commandant en chef de la flotte :

« Devant Sébastopol, 3 novembre 1854.

« Mon cher amiral,

« Je ne suis pas moins frappé que vous des inconvénients et même des dangers dont votre position à la Katcha peut être l'origine pour la flotte. Croyez qu'entre toutes les raisons très-multipliées que j'ai de hâter l'opération en cours, celle-là est, à mes yeux, l'une des plus puissantes ; mais vous n'ignorez pas dans quelles conditions la lutte s'est établie entre la place, dont les ressources de toute nature sont inépuisables et nous, dont les ressources sont forcément limitées, bien que la flotte y ait ajouté dans des proportions sans lesquelles, je m'empresse de le reconnaître, nous aurions été insuffisants. Ce n'est pas seulement un combat d'artillerie sans exemple dans l'histoire des siéges, c'est un combat d'opiniâtreté dans lequel nous avons à développer des efforts énormes. Mais nous finirons par triompher ensemble, j'en ai la confiance et ce sera dans un terme prochain.

« Pour vous éviter de nouvelles demandes de détail trop incessamment répétées, je viens de prier l'amiral Bruat d'examiner s'il ne pourrait pas mettre encore à ma disposition, à titre de réserve et pour le remplacement des pièces hors de service, 8 canons de 30, longs, et 2 obusiers de 22 centimètres (80). — Mais je vous réserve une demande bien autrement grosse et qui mettrait le comble aux libéralités que je tiens déjà de la flotte : je veux parler de la mise à terre de tout ce que vous pourriez me donner encore de marins-fusiliers pour le jour de l'assaut.

« Si leur nombre atteignait ou dépassait 1000, j'en formerais deux bataillons ; l'un, dans lequel je ferais entrer le plus de gabiers et d'hommes agiles et vigoureux, figurerait dans l'assaut ; l'autre garnirait mes redoutes défensives qui joueront aussi, ce jour-là, un rôle bien important, si l'on considère que j'aurai inévitablement à satisfaire à la double condition d'enlever une place couverte d'artillerie et qui sera défendue pied à pied, et de faire face, avec un très-faible effectif, sur une ligne forcément très-étendue, aux attaques d'une armée dont le chiffre, difficile à apprécier, est certainement très-considérable.

« CANROBERT. »

XII. — L'épidémie scorbutique étendait depuis quelque temps ses ravages sur les vaisseaux, et les malades avaient augmenté dans une telle proportion qu'il restait à peine assez de bras valides pour l'ordinaire des manœuvres ; mais l'amiral Hamelin, comprenant la gravité de la situation et fier, en outre, de voir la marine prendre chaque jour une part plus active aux travaux et aux combats du siége, parvint, en réunissant les dernières ressources des équipages affaiblis, à envoyer au général Canrobert un nouveau bataillon de marins-fusiliers au nombre de 600, placé sous le commandement du capitaine de frégate Houssard. — Les bâtiments à hélice stationnés devant Kamiesh sous les ordres de l'amiral Bruat, fournirent les canons de réserve demandés par le général en chef.

Le temps commençait à être pluvieux et lourd. — Le 5 novembre, un épais brouillard couvrait la terre, et, pendant toute la nuit précédente, la pluie n'avait pas cessé de tomber. Au point du jour, l'attention de la flotte est subitement éveillée par une canonnade très-vive, qui éclate sur les hauteurs occupées par les Anglais.

Au milieu de l'épaisse brume qui s'étendait de toutes parts comme un voile ténébreux, il était impossible, même du haut des mâtures les plus élevées, de rien distinguer à quelque distance de la plage ; mais bientôt l'étendue et la vivacité du feu, la longue durée et l'acharnement de la fusillade qui se faisait entendre comme les déchirements d'un tonnerre lointain, ne permirent plus aux marins de douter, qu'à quelque milles d'eux, commençait un choc formidable.

Par instant le brouillard se dissipait et laissait entrevoir au milieu de rapides éclaircies, les plateaux couverts de fumée, où la bataille semblait prendre à chaque instant des proportions croissantes — Sans nul doute, les Russes avaient appelé à eux toutes leurs ressources et s'étaient jetés sur l'armée assiégeante pour la refouler jusqu'à la mer; sans nul doute, là-bas, se jouaient les destinées de l'expédition.

Que n'eût pas donné la flotte pour pouvoir encore, comme à l'Alma, protéger ses frères d'armes, en étendant jusqu'au champ de bataille, le feu de ses pièces à long tir !

XIII. — Pendant cette journée, qui fut appelée la *journée d'Inkermann*, l'armée de mer ne pouvait suivre de ses vaisseaux les différentes phases du combat, et marcher, pour ainsi dire, par la pensée, avec les intrépides bataillons qui gravissaient les hauteurs envahies par l'ennemi.

Là, un bruit terrible, sinistre, un mugissement de feu révélait seul la bataille. En vain les longues-vues interrogeaient l'horizon lointain obscurci par le brouillard et la fumée, elles ne pouvaient rien distinguer, et au milieu du retentissement du canon et de la fusillade, les échos seuls apportaient d'immenses clameurs et des cris stridents (1).

Combien ces heures furent longues et remplies de mortelles inquiétudes ! mais aussi avec quelles joyeuses acclamations, avec quelles bénédictions envers la Providence protectrice, la flotte accueillit la nouvelle de cette grande

(1) Voir, pour tous les détails de cette mémorable bataille, *Expédition de Crimée*, vol. II, pages 53 et suivantes.

journée où les deux nations, plus fraternellement unies encore, avaient combattu et mêlé leur sang!

A Inkermann, une batterie de la marine s'était signalée par d'utiles services. — Cette batterie de six pièces, placée au pied du télégraphe, avait déjoué, par la longueur de sa portée, les prévisions du général Liprandi, qui manœuvrait avec son corps d'armée dans la plaine de Balaklava. — Commandée par le brave lieutenant de vaisseau Dubessey de Contenson, elle força, par la justesse et la rapidité de son tir, le général russe à porter en arrière sa ligne de bataille, et à mettre entre lui et les hauteurs qu'il voulait menacer, toute une partie marécageuse de la plaine, dans laquelle il ne pouvait s'engager sans danger.

Cette manœuvre prouvant au général Bosquet que l'attaque de ce corps n'était qu'une diversion sans importance, lui permit de se porter rapidement avec une forte partie de ses troupes sur le plateau d'Inkermann, où son arrivée, acclamée par nos intrépides alliés, devait amener de si glorieux résultats (1).

XIV. — Les Russes avaient également résolu d'envahir la gauche de nos attaques sur le bord de la mer.

---

(1) EXTRAIT DU RAPPORT DU GÉNÉRAL BOSQUET.

« Devant le télégraphe, nous n'avons eu qu'une canonnade sans blessés, mais j'éprouve un véritable plaisir à exprimer ici à quel point le détachement de marins de M. de Contenson a bien servi ses bonnes pièces de 30, qui ont tenu la ligne ennemie fort loin et lui ont fait éprouver des pertes sensibles. »

Vers 10 heures, pendant que le sort de la bataille était encore incertain, 6 bataillons, formant une colonne de 5000 hommes environ, sortirent par le bastion de la Quarantaine, et purent se jeter, par le ravin qui se développe sur la gauche, grâce au brouillard, dans la direction des batteries 1 et 2, refoulant les gardes de tranchée, ainsi qu'un petit nombre de marins armés seulement de pistolets et occupés à réparer les épaulements. — La tête de colonne parvint ainsi jusqu'à la hauteur des troupes de soutien, massées derrière les terrains qui avoisinaient le dépôt de tranchée, alors à la maison des Carrières. — Arrêtés par ces détachements qui reprennent une vigoureuse offensive et les chargent avec fureur, les Russes se répandent en désordre sur la gauche et sont rejetés pêle-mêle dans l'intérieur des batteries, dont les épaulements deviennent ainsi un obstacle à leur mouvement précipité de retraite. — Entassés avec confusion dans ces espaces étroits, ils sont massacrés en grand nombre au milieu de nos pièces, qu'ils couvrent de leur sang. Sur plusieurs points, leurs cadavres remplissent les boyaux de communication.

L'amiral Rigault de Genouilly a fait partir au pas de course du camp de la marine un détachement de 150 marins, sous le commandement du lieutenant de vaisseau de Marivault. Dans le même moment arrivent les commandants Pichon et Penhoat, suivis par un peloton d'élite, sous la conduite du lieutenant de vaisseau Pigeord et de l'enseigne Jehenne. Les cadavres russes qui encombraient les batteries sont rejetés en dehors, et les pièces que l'ennemi, dans sa précipitation, avait fort imparfaitement enclouées au moyen de bouts de baguettes, sont presque aussitôt remises en état de service. Sept commencent déjà leur feu sur les Russes qui ne sont pas encore rentrés dans la place, et protégent ainsi le mouvement de retraite de la brigade Lourmel, entraînée par son intrépide général près des défenses extérieures de la ville; — héroïque imprudence qui devait lui coûter la vie.

XV. — L'armée de nos alliés avait fait des pertes considérables dans les journées d'Inkermann; nous-mêmes, nous avions eu près de 1 700 hommes hors de combat. Mais si nos ennemis avaient trouvé une sanglante défaite, là où ils espéraient une éclatante victoire, ils avaient clairement démontré qu'ils tenaient à leur disposition des forces considérables.

Dans ces conditions, l'assaut projeté devait-il être donné ou ajourné jusqu'à l'arrivée entière des renforts? Car, en outre de ceux qui journellement débarquent à Kamiesh, un contingent bien plus considérable est encore attendu. La brigade d'Athènes est en route, et plusieurs navires sont remorqués chargés de troupes et d'une augmentation du matériel d'artillerie de siège.

Un grand conseil s'est assemblé chez lord Raglan; le général Canrobert s'y rend avec l'amiral Bruat. A ce conseil avaient été appelés l'amiral Lyons, les généraux

Bosquet, Forey, Bizot, de Martimprey, Trochu, Burgoyne, England, Airy, Rose.

Les amiraux en chef Hamelin et Dundas, retenus au mouillage de la Katcha, n'avaient pu venir prendre part à cette réunion subitement convoquée sous l'impression des événements, et dans laquelle devaient s'agiter les destinées des deux armées.

Le même jour l'amiral Bruat rendit compte à l'amiral Hamelin du résultat de cette conférence. Cette pièce est du plus haut intérêt; elle dit toute la situation.

Montébello, le 7 novembre 1854.

« Amiral,

« Le général Canrobert, avec lequel j'ai déjeuné, m'a engagé à l'accompagner chez lord Raglan. Nous y avons trouvé plusieurs officiers généraux des deux armées alliées, et ces messieurs ont eu pour but de déterminer le parti qu'il convenait de prendre dans les circonstances où se trouvaient les armées combinées. Les deux généraux en chef s'étant préalablement entendus, le général Canrobert, dans un résumé très-clair, a demandé la solution des deux questions suivantes :

« L'armée doit-elle donner l'assaut, ou doit-elle attendre que les renforts qui lui sont annoncés soient arrivés ?

« Dans son exposé, le général a déclaré que les renseignements qui lui étaient parvenus portaient les troupes amenées de la Bessarabie à trois divisions, soit 36 000 hommes, et plus de 4 000 hommes venant de l'Est. Les rapports étaient unanimes pour faire monter le chiffre de l'armée russe à 100 000 hommes.

« En supposant qu'on donnât l'assaut immédiatement, et qu'on réussît à s'emparer, ce dont il ne faisait aucun doute, du bastion du Mât, on trouverait à 200 mètres plus en arrière, s'appuyant sur la tour détruite, une batterie précédée d'un fossé qu'il faudrait encore enlever, ce qu'il croyait possible. Alors on aurait devant soi, et à une plus grande distance sur le point culminant, vis-à-vis le bastion appelé vulgairement : *Bastion de la Quarantaine*, trois autres batteries fermant les principales rues et protégées également par un fossé, pendant tout le trajet à faire d'une batterie placée de l'autre côté de la darse de l'amirauté, que les Russes étaient en train de construire et qui, dès ce moment, présente 30 pièces de canon prêtes à faire feu. Il était donc indispensable que les Anglais donnassent l'assaut du côté où était cette batterie, et l'enlevassent après avoir franchi le rempart. Lord Raglan, consulté sur le chiffre des forces dont il pouvait disposer pour cet assaut, a déclaré qu'il n'avait que 17 000 hommes, et que peut-être même il n'en pourrait mettre que 13 000, en en laissant 4000 pour garder ses lignes. Le général Canrobert fit observer que, vraisemblablement, l'armée de secours russe pourrait faire entrer en ville des forces considérables, en se réservant les moyens de diriger encore une attaque très-vigoureuse contre nos lignes. Il ajouta encore plusieurs considérations que je ne vous rapporte point, parce qu'elles ne sont pas d'un intérêt majeur.

« Le général Bosquet, consulté le premier, déclara qu'il n'hésitait pas à regarder l'assaut qu'on tenterait, comme fait dans des conditions défavorables et pouvant amener le commencement d'un désastre, s'il ne réussissait pas complétement. — Après s'être étendu sur diverses considérations, il a terminé en disant : qu'il fallait occuper deux mamelons qui s'avancent sur la droite des Anglais, et dont le dernier commande et peut détruire le port de la Tchernaïa ; que ces deux points étant occupés fortement, Sébastopol se trouvait privée des secours que l'armée russe peut lui donner maintenant ; que ses secours ne pouvaient arriver que par le fort Constantin et en se tenant hors de portée de canon ; que, par suite, l'armée qui était dans la vallée de la Tchernaïa étant obligée de contourner le port aurait, pour entrer dans la ville, 6 lieues au moins à faire ; qu'il était à présumer que les Russes s'acharneraient à enlever les nouveaux ouvrages construits ; qu'ils perdraient beaucoup de monde, et que pendant ce temps nos renforts auraient le temps d'arriver.

« Tous les officiers de l'armée de terre se rangèrent à cette opinion, y compris les deux officiers généraux du génie, qui ajoutèrent même qu'il n'y avait pas un instant à perdre et qu'il était à regretter qu'on ne s'y fût pas pris plus tôt. L'amiral Lyons et moi consultés, déclarâmes en commun que notre opinion ne pouvait qu'être officieuse, n'ayant pas d'instructions des amiraux en chef ; que cependant, quoique la question militaire nous fût étrangère, nous n'hésitions pas à déclarer que, d'après l'exposé des faits, nous regardions le parti proposé comme le plus sage à prendre.

« Les généraux du génie des deux armées partirent immédiatement, en assurant que dans la nuit les travaux seraient suffisants pour mettre nos hommes à l'abri et permettre d'achever les fortifications à faire. Là se termina la délibération dont j'ai l'honneur de vous rendre compte immédiatement.

« Bruat. »

XVI. — Le général en chef écrivait de son côté à l'amiral Hamelin :

« En présence des forces très-considérables qu'a reçues l'armée russe, nous avons jugé dans un conseil de guerre, auquel assistaient les principaux généraux des deux armées, que nous ne pouvions risquer l'assaut actuellement, sans compromettre toute notre situation, et voir nos positions envahies pendant l'opération elle-même. Nous avons résolu à l'unanimité de tenir ferme, en continuant le siége et en attendant nos propres renforts qui déjà arrivent. Pendant ce temps, nous fortifions solidement les hauteurs d'Inkermann, où nous avons été attaqués le 5, et que sa faiblesse rend très-inquiétante pour l'opération de l'assaut. »

« Malheureusement, ajoutait le général Canrobert, notre matériel de siége s'affaisse et nos munitions baissent; je désirerais vivement que vous pussiez encore ordonner le débarquement de 15 à 20 canons de 30, avec le plus de munitions possible, indépendamment des 10 canons de 30 que l'amiral Bruat tient à ma disposition. Il s'agit de remplacer celles de nos pièces, en assez grand nombre, qui sont hors de service, ou peuvent l'être d'un instant à l'autre. »

Ainsi chaque jour la marine, par le concours de sa puissante artillerie, s'unissait plus fraternellement aux travaux du siége.

XVII. — A cette époque, en date du 9 novembre, le général en chef de l'armée d'Orient écrivait à Son Excellence le ministre de la guerre :

« L'admiration de l'armée tout entière est acquise à la conduite de ces braves gens, qui ont lutté depuis le commencement de nos opérations avec une énergie sans égale, contre les difficultés les plus grandes qui se soient jamais présentées dans un siége : leurs pertes sont énormes, eu égard à leur effectif, et il y a telles de nos batteries de marine, comme celles du fort Génois, commandant Penhoat, comme la batterie n° 2, commandée par le capitaine de frégate Méquet, qui ont été dix fois détruites par un feu supérieur, et qui ont toujours recommencé la lutte avec une incroyable audace. »

Cette lettre contenait en outre une demande d'avancements, dont les heureux résultats ne devaient pas se faire longtemps attendre.

« Je voudrais, ajoutait le général Canrobert en terminant, que toutes les demandes qui font l'objet de ce travail fussent accueillies. Plusieurs des officiers et marins auxquels elles s'appliquent, auront succombé dans cette lutte, qui se continue opiniâtrément, avant de recevoir la récompense que leur belle conduite leur a déjà méritée. Tout le monde applaudirait, dans les armées de terre et de mer, à des récompenses si bravement gagnées (1). »

XVIII. — La réponse à cette lettre que nous avons voulu citer, car elle est un titre de gloire pour la marine française, fut l'accomplissement de toutes les demandes du général en chef.

« Sire, disait dans son rapport le ministre de la marine, les événements mémorables qui s'accomplis-

---

(1) Le 27 novembre, le maréchal ministre de la guerre, en envoyant la dépêche du général en chef à son collègue le ministre de la marine, lui adressait la lettre suivante :

« Monsieur le ministre et cher collègue,

« Je m'empresse de vous envoyer copie d'une lettre qui m'a été adressée à la date du 9 de ce mois, par M. le général Canrobert, commandant en chef l'armée française en Crimée. A cette lettre, qui m'est parvenue à l'instant, sont joints des états de propositions pour avancements et décorations en faveur des officiers et marins mis à terre en Crimée, et employés au service des batteries de siége établies contre Sébastopol. Je suis heureux d'avoir à vous remercier une fois de plus de l'empressé concours et du fraternel dévouement dont la marine nous donne journellement tant de preuves; il est impossible qu'une si complète unanimité d'efforts et une entente si parfaite des deux armées, n'amènent pas le résultat que nos vœux appellent, et qui sera dû à la valeur des troupes de terre et de mer.

« L'insistance du général en chef pour obtenir des récompenses, prouve tout le prix qu'il attache aux services que la flotte nous a si libéralement rendus.

« Maréchal VAILLANT. »

sent sous votre règne, ont de nouveau mis en relief l'habileté, la bravoure, le patriotisme de la marine impériale. Sur toutes les mers, dans toutes les régions, on la voit, intrépide et dévouée, seconder les desseins de Votre Majesté. Elle transporte vos armées, elle rivalise de zèle et d'audace avec vos plus vaillants soldats; elle s'associe à tous les périls; elle a sa part dans tous les succès.

« Le pays applaudira, Sire, aux décrets que Votre Majesté m'a ordonné de préparer, car les grades et les décorations que votre main dispense ont été chèrement acquis et bravement gagnés (1). »

Ces nominations étaient à la fois un hommage éclatant rendu aux services de la marine tant à terre que sur ses vaisseaux, et une noble émulation pour ces jeunes officiers, devant lesquels s'ouvrait un brillant avenir.

---

(1) Le brave capitaine de vaisseau Rigault de Genouilly, qui s'était tant de fois fait remarquer par son infatigable courage dans le commandement du corps de débarquement, fut nommé contre-amiral, ainsi que le commandant de Chabannes, dont le vaisseau *le Charlemagne* avait joué un rôle glorieux et important dans la journée du 17 octobre.

Les capitaines Lescure, Méquet, Penhoat et Dompierre-d'Hornoy étaient nommés capitaines de vaisseaux.

Le lieutenant de vaisseau Bianchi, qui arrivait à l'ancienneté, fut nommé officier de la Légion d'honneur.

Les lieutenants de vaisseau Tricault, de Marivault, de Fontanges de Couzan et Garnault furent élevés au grade de capitaines de frégate.

Les enseignes Sabourin, Granderie, Guyon, de Ranzégat, Glotin, Lespès, Tirard, Chevalier, Ribell, furent nommés lieutenants de vaisseau.

Et enseignes de vaisseau, les aspirants Ducampe de Rosamel, Scias, Puech, Pottier, Hamelin, Lavelaine, Michel, Cavelier de Cuverville.

XIX. — L'attaque des Russes contre les hauteurs d'Inkermann, et leur offensive si vigoureuse contre le corps de siége français faisaient, à juste titre, craindre à l'amiral Hamelin une tentative de brûlots que le mouillage des flottes, à l'ouvert d'un grand arsenal, rendait de plus en plus praticable.

Aussi, en dehors de la surveillance active exercée sans relâche devant le port de Sébastopol, de nouvelles mesures furent prises d'un commun accord par les amiraux, et un ordre du jour prescrivit toutes les précautions suggérées par l'expérience, contre les entreprises de cette nature.

Les vapeurs *Canada*, *Primauguet* et *Pluton*, joints à un nombre égal de vapeurs anglais, furent placés en éclaireurs, à quelques encâblures dans le sud du mouillage de la Katcha, ainsi qu'à l'entrée même de Sébastopol.

Voici les instructions qu'ils avaient reçues.

« Chaque jour, avant l'arrivée de la nuit, les croiseurs de service reconnaîtront l'entrée du port, afin de prévenir aussitôt les amiraux, s'ils remarquent quelques préparatifs annonçant des sorties de brûlots. — Ils doivent être chaque nuit sous vapeur et prêts, au premier signal des vigies, à marcher vigoureusement sur les bâtiments ennemis qui seraient signalés avec ou sans brûlots, pour les détourner de leur chemin, ou les couler bas.

« En pareil cas, les croiseurs, ainsi que les bâtiments placés en éclaireurs, donneront le signal convenu, une fusée appuyée de deux coups de canon.

« A ce signal d'alerte, tous les bâtiments sur rade devront se mettre en branle-bas de combat, s'entraverser, et armer immédiatement des embarcations pour assister les bâtiments à vapeur dans le détournement des brûlots.

« C'est surtout pendant les nuits obscures, et lorsque le calme et les vents du sud règnent sur la mer, que la plus active et la plus minutieuse surveillance sont de rigueur absolue. »

L'existence des flottes était en jeu, et chacun comprenait que la moindre négligence pouvait avoir des conséquences fatales.— Aussi les commandants des bâtiments mouillés en éclaireurs dans le sud des flottes, se réunissaient-ils chaque soir chez le plus ancien d'entre eux pour aviser, selon le temps régnant, aux mesures à prendre, pendant la nuit, pour être prêt à tout événement.

XX. — Une lettre du général en chef, datée du 9 novembre (1), ne tarda pas à prouver que ces sages mesures avaient été dictées par une prudence, qu'aucun événement imprévu ne devait trouver en défaut. — Cette lettre disait :

« J'ai les détails les plus précis sur l'organisation, dans le port de Sébastopol, d'un service de brûlots, dirigé par un Grec habile et hardi, qui se fait fort d'agir efficacement sur le groupe de la Katcha et sur celui de

---

(1) L'ordre qui prescrivait ces mesures de sûreté immédiatement exécutoires portait la date du 6 novembre 1854.

Kamiesh. — Déjà l'un deux a été lancé au dehors. — Mal informées, les batteries du fort Constantin ont tiré sur lui, et il est venu s'échouer à l'entrée du port, où il a été ramené le lendemain. »

Certes il était évident que l'attention des Russes devait être fixée sur ces flottes, la sauvegarde réelle des armées pour leur ravitaillement en hommes, en artillerie, en munitions et en vivres; et si, pendant le cours de cette expédition, aucune surprise n'a été essayée contre elles, c'est que l'ennemi reconnaissait l'impuissance de toute tentative de ce genre.

CHAPITRE II.

XXI. — Mais si l'armée de terre allait commencer cette lutte persistante avec les éléments, avec le froid, avec la neige, avec les pluies torrentielles qui déjà défonçaient les terres et souvent détruisaient les travaux achevés, ou les rendait inhabitables; la position de l'escadre, à la merci du premier coup de vent du large, était faite pour inspirer de bien autres inquiétudes. — Une tempête pouvait tuer en une seule nuit tout l'avenir de l'expédition.

. Il semblait que l'amiral Hamelin, dans son sentiment marin, eût le pressentiment instinctif de l'ouragan furieux qui devait bientôt fondre sur les flottes alliées, et les mettre à deux doigts de leur perte.

En effet, le temps devenait de jour en jour plus mauvais et plus menaçant.

La nuit du 10 au 11 novembre fut terrible; le vent ayant passé du sud au nord-ouest, souleva promptement une très-grosse mer dont la force, augmentant rapidement sous des rafales soudaines, menaçait, à un moment donné, de rompre les câbles-chaînes des vaisseaux, et de jeter à la côte ennemie tout bâtiment qui n'aurait pas une machine puissante pour s'en relever.

XXII. — Aussi, dès la matinée du 11 novembre, le chef d'état-major de la flotte, le contre-amiral Bouët-Willaumez, s'inspirant de la position critique de l'escadre, qui chaque jour pouvait acquérir subitement une plus grande gravité, rédigeait un projet dont l'amiral Hamelin adoptait les conclusions.

Cette note, très-détaillée, proposait une distribution dans de meilleurs ancrages de 14 vaisseaux français et anglais, force navale égale à celle de la flotte russe. Le reste des vaisseaux à voiles ne pouvant trouver place dans ces nouveaux mouillages serait immédiatement renvoyé en réserve dans le Bosphore. — En agissant ainsi, on satisfaisait, autant que le permettaient les circonstances, aux obligations multiples de placer les vaisseaux dans des conditions de sécurité relative, et de combattre, au besoin, la flotte russe à force égale. C'était enfin, à cette époque si difficile et si dangereuse, maintenir et protéger à la fois contre l'ennemi et contre les éléments les communications journalières indispensables entre l'armée et la marine devenue plus que jamais, au milieu des immenses besoins nés de l'hiver, la base essentielle de l'expédition de Crimée.

Tels étaient les principaux éléments de cet important projet, que l'amiral Hamelin et son chef d'état-major vinrent, à bord du *Britannia*, communiquer à l'amiral Dundas (1). L'amiral anglais demanda quelques jours

---

(1) Nous croyons curieux et intéressant de donner en son entier cette pièce importante.

Ville de Paris, devant la Katcha, 11 novembre.

« La saison d'hiver étant sérieusement déclarée, et pouvant exposer à des désastres les escadres mouillées en pleine côte, devant la Katcha (ainsi que les coups de vent récemment essuyés le démontrent suffisamment), je proposerai les dispositions suivantes, pour aviser à la fois aux exigences de la position actuelle des armées de terre, à la police de l'entrée du port de Sébastopol, et à la sûreté des vaisseaux, comme des vapeurs chargés de surveiller cette entrée, et d'attaquer l'ennemi, s'il venait à en sortir.

« Les 3 vaisseaux à hélice français continueront à se tenir mouillés devant la baie de Kamiesh, toujours prêts, au besoin, à prendre la mer ou à se porter au sud du cap Cherson, pour chercher un abri, si les circonstances l'exigeaient. 3 vaisseaux à voiles français, dont l'un portant le pavillon de l'amiral, entreront dans la crique de Kamiesh et s'y amarreront à 4 amarres, ayant toujours près d'eux 3 remorqueurs pour les en sortir, si l'ennemi sortait lui-même en force.

« Total, 6 vaisseaux de ligne français, auxquels joignant le 7ᵉ vaisseau mouillé devant Eupatoria, on réduirait de 4 le chiffre actuel de la flotte française.

« D'un autre côté, on ferait abandon à la flotte anglaise de la baie de Kazatch où pourraient s'abriter également 3 vaisseaux à voiles anglais amarrés à 4 amarres. — 2 autres vaisseaux à hélice anglais se tiendraient à l'ouest de cette baie, comme les vaisseaux à hélice français, à l'ouvert de celle de Kamiesh; joignant à ces 5 vaisseaux, le vaisseau à hélice anglais mouillé à Balaklava et le vaisseau à voiles

de réflexion et d'étude des lieux pour se prononcer définitivement.

XXIII. — Nous touchons au plus redoutable assaut que les flottes aient eu à soutenir, assaut contre la mer en furie et contre une de ces tempêtes terribles qui portent dans leur sein le ravage et la destruction.

anglais mouillé à Eupatoria, ce serait également 7 vaisseaux que l'escadre anglaise tiendrait en observation, non loin de Sébastopol.

« Total des deux escadres, 14 vaisseaux.

« Quant aux vapeurs des deux nations, ils pourraient se tenir, les uns devant la Katcha, les autres devant Sébastopol, d'autres enfin dans le fond des criques de Kamiesh et de Kazatch.

« L'eau des escadres serait faite à la Katcha ou ailleurs, par un vaisseau à vapeur ou un petit vaisseau à voiles, accompagné d'un remorqueur, toujours prêt à appareiller à la première menace de vent.

« Les autres vaisseaux de l'escadre partiraient pour le Bosphore, et laisseraient à ceux qui restent toutes les ressources dont ils pourraient se passer, aussi bien au personnel qu'au matériel et en artillerie, notamment les pièces et les canonniers nécessaires pour armer les deux pointes de Kamiesh et de Kazatch et celle qui sépare ces deux baies.

« Les temps qui ont régné depuis une quinzaine de jours ont fait apprécier l'état de la tenue de la mer dans ces deux baies, qui sont, ainsi que Stréletzka, des criques précieuses pour hiverner.

« Si, comme tout l'indique jusqu'à ce jour, l'abri de ces baies paraît suffisant et infiniment supérieur aux autres mouillages de la Crimée, il ne resterait plus qu'à faire sortir, le plus tôt possible, tous les bâtiments de commerce, comme de l'État, qui n'y sont pas rigoureusement nécessaires, afin de préparer les places des vaisseaux des deux escadres.

« Quelle que soit, d'ailleurs, la solution que fournisse l'attaque de Sébastopol, on n'en sera pas moins toujours en présence de la nécessité d'appuyer les opérations de l'armée, avec une douzaine de vaisseaux et beaucoup de vapeurs. — Il importe donc le plus tôt possible d'abriter cette flotte d'hivernage en Crimée contre les mauvais temps déjà venus, et qui lui réserveraient probablement de grands désastres, si l'on restait dans la situation actuelle.

« Le contre-amiral, chef d'état-major de la flotte.

« BOUËT-WILLAUMEZ. »

Le 13 novembre, à sept heures du matin, le contre-amiral Bouët-Willaumez se rend à Kamiesh à bord du *Primauguet*; il est chargé de développer auprès du général Canrobert les propositions urgentes du projet d'hivernage. L'amiral Hamelin, au moment de se rendre lui-même au camp du général en chef, avait dû y renoncer devant la mauvaise apparence du temps. — Un ennemi invisible, insaisissable, menaçait les vaisseaux confiés à sa garde; c'était une bataille, terrible peut-être, qu'il allait livrer, contre les éléments déchaînés, et le chef devait veiller sans relâche, préparé à tout événement.

En effet, pendant que l'amiral Bouët-Willaumez exposait au général Canrobert devant l'état-major général et les chefs des armes spéciales, la situation précaire de nos vaisseaux et la nécessité de se priver du concours d'une partie d'entre eux, pour faire hiverner les autres d'une manière plus sûre; la tempête qui commençait à gronder, le vent qui sifflait avec grande violence venaient, comme un avertissement d'en haut, donner raison aux sages prévisions d'une juste prudence.

L'amiral en chef a deviné l'ouragan dans ces nuages imperceptibles, peut-être, pour d'autres yeux que ceux d'un homme de mer expérimenté. — L'horizon est sombre, l'air est pesant; la brise inégale et variable, saute par à-coup du sud à l'ouest; les flots bouillonnent sourdement et frappent les murailles des navires. Sur le signal donné par le vaisseau amiral, chaloupes et canots ont été embarqués ; une deuxième ancre est mouillée.

La nuit est venue ; elle est obscure et sinistre ; l'artillerie de la place illumine seule parfois l'horizon d'éclairs étincelants, sillons de feu qui s'entremêlent dans l'espace.

XXIV. — Le 14 novembre, au point du jour, l'atmosphère n'a point meilleure apparence ; mais le vent a tourné au sud-est et vient de terre, l'amiral signale aux vaisseaux : « liberté de lever l'ancre de veille. »

La *Ville de Paris* et quelques autres vaisseaux ont déjà retiré leur deuxième ancre, lorsque tout à coup la brise saute brusquement au sud-ouest ; il est à ce moment 6 heures et demie du matin. — Le vent augmente avec une intensité graduelle de mauvais augure : l'horizon est noir, uni, menaçant : tout présage que la journée sera terrible, si l'atmosphère n'éprouve pas une de ces variations subites, si communes dans ces parages depuis quelques semaines. — La pluie tombe avec violence.

Le Primauguet, arrivant de Kamiesh, vient de mouiller près du vaisseau amiral ; mais la force de la mer est telle, qu'elle empêche l'amiral Bouët-Willaumez de débarquer de ce vapeur pour rejoindre *la Ville de Paris*, et annoncer au commandant en chef de la flotte l'adoption du projet d'hivernage par le général Canrobert.

Ne pouvant communiquer avec le vaisseau amiral, le contre-amiral Bouët-Willaumez passe à sa poupe et fait transporter sur le bastingage du *Primauguet* un tableau sur lequel il a écrit en gros caractères à la craie : *Plan approuvé ;* puis aussitôt la mer emporte l'aviso qui jette à la hâte ses ancres, pour résister au choc violent des vagues amoncelées.

Il est 8 heures ; le vent s'accroît de plus en plus, et siffle dans les gréements avec un bruit sinistre.

La mer, d'abord sourdement tourmentée, roule bientôt ses vagues bouleversées et écumeuses ; la tourmente, qui a atteint toute sa force, a des bourrasques folles.— On se croirait au début d'une de ces grandes convulsions de la nature, comme on en rencontre sous les tropiques.

XXV. — Les sinistres commencent :

De toutes parts, les navires inclinent sur les flots leurs mâtures désemparées et menacent de rompre leurs chaînes. — D'abord, c'est un trois-mâts anglais qui brise les siennes et s'abat sur un bâtiment de la même nation, qu'il entraîne rapidement vers la côte ; ce groupe infortuné, livré à la tempête, aborde la corvette anglaise *le Sampson*, que la chute de sa mâture tout entière sauve seule du même sort. — Quelques instants après, ces deux trois-mâts sont au milieu des brisants de la plage.

Le Jupiter a rompu aussi une de ses chaînes, et chasse sur *le Bayard*, qu'il menace d'aborder à son tour et d'entraîner avec lui. — Sur tous les points de la mer en furie, ce sont des scènes lugubres, des luttes désespérées. — Il est 9 heures et demie, l'amiral Hamelin, calme et impassible comme le jour du combat, observe de sa dunette les progrès de l'ouragan, qui mêle déjà ses cris désordonnés aux mugissements de la mer : — c'est un tel bouleversement soudain, terrible, qu'il n'y a plus de manœuvre générale à prescrire ; l'amiral signale qu'il laisse chaque capitaine libre d'agir selon sa volonté, pour le salut de son bâtiment ; car la flotte est acculée sur la côte ennemie, sans appareillage possible : c'est une lutte individuelle de chaque vaisseau dans laquelle le capitaine, connaissant les ressources du navire qu'il commande, peut seul rester juge des graves décisions à prendre.

Le sort de ces deux flottes, l'orgueil de la France et de l'Angleterre, la veille encore, souveraines incontestées de toutes les mers de l'Orient, est suspendu à un fil : que les ancres chassent, que les chaînes se brisent sous les secousses épouvantables qui se renouvellent sans relâche, et tout est fini pour l'expédition de Crimée, pour ce rêve glorieux des armes alliées.

Mais le courage n'abandonne pas nos marins, depuis longtemps habitués à ce combat gigantesque avec les éléments en fureur.

Tous les regards, pleins d'une anxiété mortelle, sont tournés vers le vaisseau *le Jupiter*, qui déjà vient de broyer ses embarcations de l'arrière sur le beaupré du *Bayard*. — Quelques minutes encore, et ces deux beaux vaisseaux se briseront l'un contre l'autre, ou rouleront ensemble vers la côte ennemie, sans espoir de salut ! Mais le commandant Borius a rapidement filé sa chaîne de grande touée, et *le Bayard*, au risque de rompre ses amarres, s'éloigne d'un bond convulsif: — manœuvre qui a sauvé les deux vaisseaux d'une catastrophe inévitable.

La tempête augmente encore et soulève sur la mer des montagnes d'écume. — Des lames formidables montent en pyramides effrayantes, pour s'entr'ouvrir tout à coup à des profondeurs inouïes, et les navires, enlevés dans l'espace, disparaissent par instants, plongeant, jusqu'à leurs beauprés dans les vagues menaçantes prêtes à les engloutir. — Que de prodiges d'habileté, de décisions rapides, d'efforts surhumains il a fallu que fissent nos vaisseaux, pour ne pas disparaître, écrasés les uns contre les autres dans un choc immense!

XXVI. — C'est au mouillage de la Katcha que sont tous les vaisseaux à voiles; c'est là que les désastres peuvent avoir les conséquences les plus fatales.

Plusieurs bricks marchands, français et étrangers, se sont jetés à la côte, sans qu'on puisse même songer à les secourir.

Il est 4 heures; le vent a tourné à l'ouest; — le mouvement descendant du baromètre a cessé: l'ouragan semble perdre de son intensité. Le vent est moins furieux; mais, au moment où la nuit se fait, la tourmente reprend tout à coup une nouvelle force; la lutte va recommencer, plus terrible encore peut-être, contre nos pauvres navires, déjà si cruellement éprouvés. — Grâce au ciel! tous sont encore sur leurs ancres: les vaisseaux à hélice, mouillés à Kamiesh, sous les ordres de l'amiral Bruat, peuvent, avec le secours de leurs puissantes machines, mieux résister à cette fureur des éléments déchaînés.

Ce fut un cruel moment, lorsque l'on sentit revenir inévitable la tempête enveloppée des ténèbres de la nuit.

Vers dix heures du soir, le gouvernail de *la Ville de Paris* est brisé dans un coup de mer. — De son côté le vaisseau amiral turc menace de tomber sur la corvette à vapeur *le Primauguet*, qu'il aurait bientôt brisée et engloutie sous sa masse; mais, devant ce danger suprême, le commandant Reynaud, avec une habileté de manœuvre bien difficile dans de pareils moments, parvient à l'éviter en marchant à toute vapeur et en lançant sur ses chaînes du bord opposé.

Le vaisseau amiral ottoman a compris qu'il ne peut résister plus longtemps, et pour échapper à un désastre certain, il coupe sa mâture, dont les débris sont aussitôt enlevés par le vent dans un tourbillon, comme le seraient des feuilles mortes.

XXVII.—Quelle nuit terrible, dont le souvenir glace encore ceux qui en furent les témoins ou les acteurs. — Le port de Kamiesh, quoique abrité, était bouleversé; mais beaucoup moins que celui de Balaklava, où les navires entassés s'entrechoquaient les uns contre les autres; leurs vergues et leurs cordages, violemment enlacés, se brisaient avec un sinistre fracas. — Ce furent des scènes d'angoisses indescriptibles, dominées par le grondement formidable de la tempête. — Par intervalles, des coups de canon, tirés par les vaisseaux en détresse, ajoutaient encore à ce drame sinistre. — L'énergie humaine avait dépassé ses limites. — Les vents déchaînés et la mer en furie sont des ennemis contre lesquels, à un moment donné, toute résistance est impossible.

A terre, les tentes et les abris ont été renversés, les toits des baraquements où sont couchés nos malades et nos blessés, s'affaissent avec fracas ou tourbillonnent dans l'espace; l'air est rempli de vêtements en lambeaux, d'objets de toute sorte, que le vent emporte dans ses bourrasques furieuses. — Mais, au milieu de ce bouleversement général, les marins détachés à terre ne pensent qu'aux vaisseaux qui doivent être infailliblement perdus dans cette formidable convulsion de la nature.

Pour le marin, son vaisseau est une seconde patrie, et c'est avec une angoisse inexprimable que chacun d'eux écoute les mugissements de la tempête et les fureurs des éléments déchaînés.

Combien elles furent longues ces heures, dont les ténèbres cachaient peut-être la destruction des flottes!

Le jour n'était pas encore venu et déjà des points les plus élevés du camp, d'où l'on pouvait apercevoir le mouillage de nos vaisseaux, tous les marins du corps de débarquement, que leur service ne retenait pas aux batteries, cherchaient, au milieu de l'obscurité qui les entourait, à deviner les secrets de cette nuit lugubre. — Mais il était impossible de rien distinguer....

XXVIII. — Enfin les premières lueurs incertaines et matinales blanchissent l'horizon; l'anxiété de tous redouble, car on aperçoit confusément une ligne de bâtiments jetés à la côte à l'embouchure du Belbeck. — Quels sont ces bâtiments, qui tous sont perdus? — Le jour est trop faible pour pouvoir les reconnaître. — Avec quelle angoisse les marins, armés de leurs longues-vues, suivent les clartés naissantes qui montent lentement au ciel, et quel poids immense dégagea leurs poitrines oppressées, lorsqu'ils purent s'assurer que les navires roulés contre les brisants de la plage étaient des navires marchands! — Un sentiment profond de reconnaissance s'éleva de toutes les pensées vers ce Dieu protecteur, qui avait sauvé notre escadre d'un désastre certain.

Le jour est entièrement venu. — La mer est jonchée de mâtures brisées. — On se compte. — Les vaisseaux signalent leurs avaries. *La Ville de Paris* et *le Friedland* ont perdu leurs gouvernails. — *Le Bayard* a eu le sien démonté; il en est de même de ceux du *Napoléon* et du *Jupiter* qui sont fortement endommagés. Treize navires de commerce sont échoués à la côte. — Quelques hommes d'équipage, assez heureux pour avoir échappé à la mort, se sont réfugiés sur les débris de leurs bâtiments, et les Cosaques, avides de saisir leur proie, rôdent comme des bandes de bêtes fauves autour des naufragés, que leur disputent les vagues mugissantes.

Les équipages des vaisseaux assistent à ce cruel spectacle, sans pouvoir rien, hélas! pour ces infortunés. — Cependant *la Ville de Paris* met, à tout risque, deux embarcations à flots, et de courageux marins, l'élite du bord du vaisseau amiral, veulent tenter de porter secours à leurs frères d'armes. Pendant ce temps, *le Firebrand* lance quelques obus contre les Cosaques. Bientôt l'on voit, au milieu des vagues, bondir les deux frêles canots qui se dirigent vers la côte. — A la nuit, l'un deux revient seul, annonçant que l'autre (une baleinière) a été roulée à la plage, et que quatre hommes qui la montaient ont péri victimes de leur audacieuse entreprise : leur courage, leur dévouement, leurs efforts ont été impuissants, et n'ont pu triompher des brisants terribles de la côte (1).

XXIX. — Pendant toute la journée du lendemain, des embarcations anglaises et françaises travaillèrent avec ardeur à sauver les naufragés que l'on apercevait encore sur les carcasses des bâtiments échoués : la mer est plus calme, et l'on parvient enfin à arriver jusqu'à eux. — Les vapeurs, mouillés le long de la côte, protégent cette opération, en tenant avec leurs obus les Cosaques à distance.

C'est surtout aux environs de Balaklava que de nombreux sinistres sont signalés. — Dix bâtiments mar-

(1) Deux de ces hardis matelots, qui étaient parvenus à gagner la côte à la nage, étaient tombés aux mains des Cosaques; mais ils purent s'échapper, en enlevant bravement un canot naufragé sous le feu de l'ennemi, et rejoignirent l'escadre.

chands anglais se sont échoués, le plus grand nombre, contre les falaises abruptes qui avoisinent ce port. — Que de scènes lugubres et cruelles pendant cette nuit terrible! — Que d'actes d'intrépidité, enfouis dans les ténèbres ou dans les flots, dont les auteurs seront à jamais ignorés!..

On porte à 400 environ le nombre des marins qui trouvèrent la mort dans cette effroyable tourmente; le plus grand nombre de ces malheureux appartenait à nos alliés. — La perte du magnifique transport *le Prince*, chargé d'une grande quantité d'approvisionnements de tous genres et d'habillements pour l'armée anglaise, fut surtout un événement fatal.

Mais là ne se bornent pas les désastres à déplorer.

Si la marine française n'a éprouvé, à la Katcha ou à Kamiesh, que des avaries réparables, elle a été moins protégée à Eupatoria, où le beau vaisseau *le Henri IV* et la corvette *le Pluton* ont été jetés à la côte, par suite de la rupture de leurs chaînes.

XXX. — Le 16 novembre, à neuf heures du soir, *le Lavoisier*, dont les amarres ont résisté à cette mer affreuse, arrive sur rade de la Katcha, remorquant un navire désemparé : il apporte la triste nouvelle de ce double sinistre. — Un vaisseau turc et plusieurs navires de commerce ont fait côte au même endroit. — Aussitôt que l'amiral Hamelin en est instruit, il expédie les vapeurs *Magellan* et *Berthollet* pour porter tous les secours possibles à ces bâtiments.

Le vaisseau *le Henri IV* et *le Pluton* n'ont succombé qu'à un de ces événements de force majeure qu'aucun moyen humain ne saurait conjurer, car leurs braves commandants, le capitaine de vaisseau Jehenne et le capitaine de frégate Fisquet sont de ces officiers pleins d'expérience et de science de la mer, sur lesquels la marine peut compter à bon droit.

Le commandant Jehenne semblait pressentir le malheur qui devait le frapper ; quelques jours auparavant, il écrivait à l'amiral : « qu'il se considérait comme en perdition sur la rade d'Eupatoria, lorsque viendrait un fort coup de vent. » — Ses craintes ne devaient pas tarder à se réaliser ; mais Eupatoria était une échelle maritime et militaire que les généraux en chef et les amiraux tenaient à conserver.

L'amiral en chef de la flotte, en instruisant le ministre de ce regrettable sinistre, écrivait :

« Ce n'est qu'à la fatalité et à la fureur des éléments déchaînés que peuvent être attribués ces désastres. Chacun, dans ces tristes circonstances, a fait son devoir et s'est même distingué par un dévouement digne d'éloge (1). »

XXXI. — C'est un moment cruel, plein d'angoisses et d'inexprimable amertume, que celui où un commandant voit ses efforts impuissants se briser dans une lutte

---

(1) Correspondance de l'amiral Hamelin avec S. E. le ministre de la marine, Kamiesh, *Montezuma*, le 21 novembre 1854.

impossible, et son navire se perdre sous ses yeux sans espoir de salut.

Le Henri IV, qui avait vaillamment résisté, le 17 octobre, aux boulets des forts de Sébastopol, devait venir s'échouer sur la côte ennemie pour ne plus se relever.

Devant la mauvaise apparence du temps, toutes les précautions que conseillait la prudence avaient été prises. Quatre ancres, les seules que possédassent *le Henri IV*, étaient dehors; car il en avait déjà perdu une à Baltchick, par suite d'une rupture de chaînes, et une autre dans le combat récent devant Sébastopol. — Le commandant devait croire son navire en sûreté. Mais tout à coup, dans une des bourrasques qui éclatèrent subitement, une des chaînes casse. — A onze heures, celle de bâbord, qui malgré les stoppeurs et les coins avait filé, chaînon par chaînon, se brise aussi sous la violence de la mer. La troisième tint bon jusqu'au soir; mais, à ce moment, un violent coup de tangage la rompit aussi. — Toutes les armes de ce malheureux navire contre la tempête se brisaient une à une. On ne pouvait espérer que la dernière chaîne résistât longtemps, et bientôt une double secousse, ébranlant le navire jusque dans ses entrailles, apprit qu'elle aussi venait de se rompre.

Déjà le vaisseau commençait à caler vers la côte. Tous les regards de l'état-major et de l'équipage étaient fixés sur le commandant qui se tenait impassible à son poste sur la dunette, sans laisser paraître la moindre émotion sur son visage. C'est dans les moments sans espoir que le sang-froid et le calme courage sont le plus nécessaires. Le commandant Jehenne avait compris que *le Henri IV* était perdu. — Par la rupture de la dernière chaîne toute chance de salut venait de s'évanouir; alors, avec cette incomparable fermeté d'âme qui se puise dans le sentiment du devoir accompli, il dirigea froidement son vaisseau vers la partie du rivage qui lui donnait l'espoir de sauver au moins son équipage. — S'éloignant, par une habile manœuvre, des navires échoués qui longent la côte, *le Henri IV* s'avance perpendiculairement à la plage. La nuit est très-obscure, le vent furieux; la tempête a acquis toute son intensité : le bâtiment commence à toucher; mais d'énormes brisants le prenant par la hanche de bâbord, le soulèvent et le portent dans une direction presque parallèle à la côte ; là, il creuse solidement sa souille dans le sable.

Lorsque le vaisseau fut complétement échoué et les premières dispositions prises, pour parer, autant que Dieu le permettrait, aux dangers de la nuit, par l'ordre du commandant, les tambours et les clairons appelèrent tout le monde sur le pont pour la prière.

XXXII. — Au milieu de cette nuit obscure, de cet ouragan terrible et des flocons de neige qui s'abattaient en tourbillonnant sur le pont, c'était un spectacle solennel et plein de grandeur, de voir tous ces hommes à genoux, têtes nues, répétant à haute voix les prières de l'aumônier qui demandait à Dieu, non le salut du vaisseau que l'on ne pouvait plus espérer, mais celui de tout l'équipage si vaillant, si discipliné, si dévoué à son chef. — Chacun mettait sa foi dans la Providence, et cette foi ne fut pas trompée ; les flots respectèrent le navire, dont les canons purent faire feu sur des détachements de Cosaques accourus au grand galop pour s'emparer des hommes restés à terre et qui ne pouvaient réussir à mettre à flot une embarcation. — Surpris par cette défense qu'ils n'avaient point prévue, les cavaliers ennemis s'arrêtèrent brusquement, et, abandonnant leur entreprise, rebroussèrent bientôt chemin.

XXXIII. — « Voilà, amiral (écrit le commandant Jehenne), la situation actuelle du *Henri IV*, de ce vaisseau dont j'étais si fier !... elle est bien triste et je ne vous parlerai pas de la douleur que j'en éprouve ; vous êtes fait pour la comprendre et pour me plaindre. J'espère que ma santé se soutiendra assez pour me permettre d'achever jusqu'au bout les devoirs que j'ai à remplir envers l'État et envers mon équipage : quant à mon courage, il ne faillira point.

« Je n'évacuerai pas mon vaisseau, tant qu'il en restera un morceau pour me porter et faire flotter les couleurs nationales. Tout le monde a fait et fera son devoir jusqu'à la fin avec la plus entière abnégation, vous pouvez y compter, amiral ; et si la marine perd un de ses beaux vaisseaux, on ne peut s'en prendre qu'à la tempête, qui a été plus forte que nous. »

Pour montrer à quel point la discipline, le sang-froid et la précision des manœuvres se maintinrent jusqu'au dernier moment sur *le Henri IV*, il suffit de dire que ce vaisseau ne perdit ni un homme ni un canon, et qu'il eut la gloire de sauver son équipage en entier, ainsi que tout son matériel (1).

XXXIV. — Dans la même tourmente, la corvette à vapeur *le Pluton* se perdait aussi, mais dans des circonstances plus terribles encore. Ce bâtiment résistait à la mer et était parvenu à se maintenir en assez bonne position au moyen de sa machine, qui soulageait le travail de ses chaînes. Son commandant, le capitaine de frégate Fisquet, avait pris ses alignements à terre;

---

(1) Le rapport adressé à Sa Majesté par S. E. le ministre de la marine au sujet de la nomination du capitaine de vaisseau Jehenne au grade de contre-amiral est trop honorable pour ce digne officier, et c'est pour lui un trop beau souvenir, pour que nous ne nous fassions pas un devoir de le reproduire ici.

« Sire,

« Le capitaine Jehenne, commandant du *Henri IV*, avait été proposé par l'amiral Hamelin, avant l'ouragan du 14 novembre, pour le grade de contre-amiral.

« L'habileté, l'énergie, le dévouement de cet officier supérieur ont été vaincus par la fureur des éléments; mais la marine et l'armée ont été témoins du sang-froid et de la vigueur qu'il a déployés, pour arracher au naufrage le vaisseau que Votre Majesté lui avait confié.

« En lui rendant son épée, le conseil qui a jugé M. Jehenne a reconnu, à l'unanimité, que nul n'était plus digne que lui des faveurs de Votre Majesté.

« L'Empereur, dans sa haute justice, n'a pas voulu qu'un grade acquis par de brillants services fût perdu dans une lutte contre la terrible tempête, qu'aucun effort humain ne pouvait conjurer.

« J'obéis à ses ordres en lui soumettant le décret qui confère à M. le commandant Jehenne le grade de contre-amiral.

« Théodore Ducos. »

ils n'avaient pas varié, malgré les bourrasques terribles qui se déchaînaient tout à coup avec une intraduisible violence. Vers midi, un transport anglais démâté casse sa chaîne; le courant le portait sur la corvette avec une rapidité formidable, et cela malgré la violence d'un vent contraire. Quelques minutes encore, et *le Pluton*, écrasé par ce pesant navire, broyé par un choc terrible, était inévitablement coulé bas. Le commandant Fisquet, en face de cette perte imminente, conserva tout le calme d'un vrai marin, et parvint, par une manœuvre rapide, à s'éloigner.

« Mais (écrit-il dans son rapport) cet énorme trois-mâts allonge *le Pluton* par bâbord, et à mesure que nous le dépassions, chaque lame nous lançait au-dessus de lui et nous laissait retomber ensuite sur son cuivre. — Dans ces chocs renouvelés nos vergues ont été cassées, nos porte manteaux et leviers en fer de mise à l'eau de canots-tambours tordus, le tambour de bâbord et l'arrière craqués. »

Ce malheureux navire, tantôt suspendu sur l'abîme, tantôt lancé avec une extrême violence sur le coffre du bâtiment démâté, se dégage enfin par un miracle de la Providence; mais les chaînes du transport s'étaient engagées dans celles du *Pluton;* et bientôt, sous les secousses désordonnées de la tempête, l'une rompit, l'autre se déchaussa. — Alors, malgré les efforts de sa machine, la frégate ne put reprendre le vent et se sentit à chaque instant poussée vers la côte, sans pouvoir résister au courant qui l'entraînait. Quelques minutes s'étaient à peine écoulées, que *le Pluton* touchait terre; les ébranlements du navire devinrent terribles; des vagues gigantesques le soulevaient tout à coup et le rejetaient, tantôt sur un flanc, tantôt sur un autre. En vain tout l'équipage, depuis le chef jusqu'au dernier matelot, se réunit pour combattre le danger : — le gouvernail était démonté, et la corvette, à bout de force, livrée tout entière à la tempête, se coucha du côté du large pour ne plus se relever.

XXXV. — Dans le même moment une vive canonnade se fait entendre : la ville d'Eupatoria est attaquée par les Russes. — Des escadrons de Cosaques s'avancent à l'est, du côté que *le Pluton* était chargé d'appuyer avec son artillerie : le navire échoué peut encore rendre un dernier service. Le commandant fait faire branle-bas de combat, charger les petites armes et diriger deux pièces du côté de l'ennemi. Les marins, brisés de fatigues, d'efforts impuissants, de lutte stérile, ont obéi au signal de leur chef avec une régularité de manœuvre qui dit tout leur sang-froid et leur inébranlable courage. Ils sont prêts à faire feu; mais les Cosaques, voyant la ville en bonne défense, se retirent sans tenter une plus sérieuse offensive.

Pendant que tout l'équipage, attentif, immobile, est à son poste de combat, l'eau gagne de plus en plus le navire échoué; la soute aux poudres est pleine, et les lames furieuses balayent le gaillard d'arrière.

Quel plus beau spectacle que celui de ces hommes

inattentifs à la tempête qui les enveloppe, à la mort qui marche vers eux, et conservant jusqu'au dernier moment le calme de la discipline, de la manœuvre et du froid courage! — Les vagues s'emparent de plus en plus du navire. — Sur le signal de leur commandant, ils quittent leurs armes et travaillent à évacuer la partie du bâtiment que la mer a gagnée.

La nuit est venue, la tempête redouble d'intensité, et les flots envahissent à chaque instant davantage *le Pluton*.

A une heure après minuit, l'eau a gagné le faux-pont. — On transporte les malades sur l'avant du tambour de bâbord, et le reste de l'équipage se groupe à bâbord devant. Il y avait quelque chose de solennel dans cette retraite lente et calme de chaque partie du navire, à mesure que les flots s'en emparaient. — D'heure en heure la mer gagne du terrain, et le groupe de l'équipage, toujours aussi calme, aussi impassible, se resserre de plus en plus.

Enfin le jour se lève et éclaire cette scène de désastre. — Seize navires avaient fait naufrage, et, parmi eux, *le Henri IV* est échoué à la côte:

XXXVI. — *Le Pluton* était complétement perdu. — Les bordages du pont étaient disjoints; l'arrière se séparait de l'avant; chaque lame en déferlant montait sur le pont, jusqu'au bord opposé. — Il y avait urgence de quitter le bâtiment, si l'on voulait sauver l'équipage: le commandant Fisquet s'y décide enfin.

Le youyou est mis à la mer. — Deux hommes dévoués s'y embarquent et nagent vers la côte avec une ligne dont le bout reste à bord : une vague furieuse les roule à terre, ils se relèvent, halent la ligne, et établissent enfin le va-et-vient.

Alors commence le débarquement par les malades, les mousses et les hommes qui ne savent pas nager : — Parfois l'embarcation se remplissait d'eau ; mais chacun, dans ce moment suprême, luttait d'énergie et de courage.

« Enfin, écrit le commandant Fisquet, le maître d'équipage Gobert et M. Bocher, lieutenant de vaisseau, mon second, se sont embarqués ; moi-même, dernier, j'ai quitté *le Pluton*, le cœur navré, mais avec la consolation, s'il en est une pour l'officier qui voit perdu le bâtiment qu'il commandait, d'avoir sauvé tout l'équipage, et de pouvoir dire avec une conscience nette que tous ont fait leur devoir. — Au milieu de ce coup de vent, un bâtiment malheureux avait entraîné *le Pluton* dans sa perte. »

Pour rendre honneur à la marine, nous avons voulu retracer cette double et belle lutte, cette scène terrible de désastre ; ce combat énergique avec les éléments, dont le souvenir honorera toujours les dignes chefs du *Henri IV* et du *Pluton*.

XXXVII. — Le 17 novembre, l'amiral Hamelin réunit les amiraux et les capitaines commandants de la flotte.

pour leur donner ses derniers ordres relatifs à la rentrée dans le Bosphore des vaisseaux inutiles ou avariés.

D'après la décision de l'amiral en chef, le vapeur *Mogador* remorquera *la Ville de Paris*; le *Descartes* conduira *le Friedland*; le *Napoléon* sera chargé de traîner *le Bayard*; enfin *le Valmy* et *le Jupiter*, dont les gouvernails n'ont pas souffert, navigueront à la voile.

Dans l'après-midi, l'amiral Hamelin quitte *la Ville de Paris*, et se rend à bord de *la Mégère*, qui doit le conduire à Kamiesh avec son état-major général.

Le digne amiral se séparait avec un profond regret de cet équipage qui, depuis le commencement de la campagne, lui avait donné tant de preuves de dévouement et de cœur.

Le soir, le pavillon du commandant en chef flottait à bord de la frégate à vapeur *le Montezuma*.

Le lendemain l'on aperçut encore, en vue de Kamiesh, *la Ville de Paris*. Sa marche était changeante, incertaine; parfois ce vaisseau faisait d'énormes embardées et menaçait de broyer subitement son remorqueur *le Mogador*, que l'habileté et le soin extrême de ses manœuvres sauvèrent seuls de dangers sans cesse renaissants. — Il était impossible que ce bâtiment fît route ainsi jusqu'au Bosphore, et il reçut ordre d'entrer dans la baie de Kazatch, pour substituer au gouvernail de fortune qu'il avait improvisé, un gouvernail de rechange appartenant au *Marengo*, resté au port de Kamiesh.

C'était un triste spectacle de voir ainsi ballotté et sans route directe, ce beau trois-ponts si fier, si superbe quelques jours auparavant, et qui avait toujours vu le pavillon de l'amiral en chef flottant au sommet de son grand mât.

XXXVIII.— L'affreux ouragan que les flottes venaient d'essuyer et qui aurait pu causer parmi les vaisseaux de bien plus grands ravages encore, était un sévère avertissement de la tempête; nul ne pouvait prévoir si les tourmentes ne devaient pas se succéder rapidement dans cette mer si redoutée; aussi, dès le 18 au matin, le nouveau mode d'amarrage des vaisseaux hivernant en Crimée est appliqué dans le port de Kamiesh. Une portion de nos vapeurs sert à faire entrer et sortir les navires de commerce; il est important, aussitôt qu'il sont déposé leurs marchandises, de les éloigner du port, pour éviter un encombrement dangereux.

Le chef d'état-major de la flotte a été chargé par l'amiral de rédiger un ordre général réglant le service intérieur et extérieur des baies de la Chersonèse. — Cet ordre est lancé le 20 novembre, et, dès ce même jour, l'équipage de *la Pomone*, sous le commandement du capitaine de vaisseau Bouët, frère de l'amiral, s'occupe de la construction d'une estacade qui doit fermer le port de Kamiesh (1). Cette estacade, composée de chaînes en

---

(1) Cette estacade a deux parties fixes et une partie mobile; elle s'appuie sur deux points de la baie de Kamiesh, l'une à l'est, l'autre

fer que supportent comme flotteurs, à peu de distance de la surface de l'eau, de forts tronçons de bois de mâtures empruntés aux bâtiments naufragés, était d'une urgente nécessité pour couvrir le port contre toute surprise des brûlots ou des embarcations ennemies. Elle devait être fermée à la tombée de la nuit, et appuyée sur deux batteries de terre (armées de 18 canons de 36), provenant de la batterie basse du vaisseau *l'Alger*.

Le 22, dans la matinée, les amiraux Hamelin et Bruat, accompagnés de leurs chefs d'état-major, se rendent sur les pointes de Kamiesh pour désigner l'emplacement de ces batteries. — Après avoir reconnu et désigné l'endroit le plus favorable pour leur construction, dont va s'occuper immédiatement l'équipage du *Montébello*, les deux amiraux prolongent la côte par terre, et se rendent à la baie de Streletzka. L'espace qu'ils parcourent est jonché de boulets que lancent à tout instant les batteries de la Quarantaine. — Après avoir examiné les abords de cette baie, où doivent se tenir une ou deux corvettes à vapeur et la bombarde *le Vautour*, les amiraux arrêtent aussi la construction d'une troisième batterie de 6 bouches à feu de 36, sur la pointe extérieure sud. Cet em-

à l'ouest. — L'estacade de l'est est supportée par *la Pomone*, qui se trouve à quatre amarres évitée nord-nord-ouest et sud-sud-ouest.

La partie ouest est supportée par un brick de commerce dans une position parallèle à la frégate.

La partie mobile qui se trouve entre les deux bâtiments est de 40 mètres — L'estacade terminée, on ne pourra passer que par cette ouverture, qui sera fermée la nuit par les soins du commandant Bouët.

placement favorable, tout en garantissant la batterie des feux de la Quarantaine, permettra aux canons d'atteindre tout vapeur, ou tout vaisseau ennemi tentant de franchir la passe de Sébastopol.

XXXIX. — Les mesures que contenait l'ordre du jour du 20 novembre, satisfaisaient à la fois aux exigences multipliées du ravitaillement de l'armée, aux fréquentes évacuations de malades et de blessés, et aux questions si importantes de la surveillance intérieure et des défenses du dehors contre toute tentative de la marine russe. — Le soin des défenses extérieures est confié aux vaisseaux à hélice et aux vapeurs mouillés en vedettes, tous placés sous le commandement supérieur de l'amiral Bruat, dont le vaisseau le *Montébello* est venu s'amarrer dans l'avant-port.

A l'intérieur de Kamiesh, le capitaine de vaisseau de Saisset, commandant l'*Alger*, est chargé du service de la flottille marchande, et de la police intérieure du port, si nécessaire au milieu d'un encombrement considérable de navires de toutes les nations. — Sans arrêter sa pensée sur les incendiaires soudoyés, on ne peut songer sans frémir aux résultats désastreux que pourrait avoir une simple imprudence. — Le commandant de l'*Alger* a en outre la délicate mission de recevoir en dépôt toutes les munitions de guerre.

En petite rade est le vapeur le *Vauban*. Son commandant d'Herbinghen doit, par ses signaux, relier avec le port les bâtiments d'avant-garde.

Des corvettes et des avisos à vapeur croisent perpétuellement de la baie de Streletzka au cap de Chersonèse, observant l'entrée de Sébastopol. C'est sur les commandants de ces bâtiments que reposait la plus lourde et la plus sévère responsabilité. — De nouvelles instructions signées de l'amiral Hamelin, plus explicites que celles précédemment données, sont communiquées chaque soir à tous les croiseurs, et remises entre les mains du plus ancien capitaine des bâtiments allant mouiller en observation devant la baie de Streletzka.

XL. — Voici ces instructions :

« Monsieur le Commandant,

« Vous allez partir pour jeter l'ancre à l'avant-garde des escadres française et anglaise, et à quelques minutes seulement de l'entrée de Sébastopol. A ce poste important, vous devez exercer une grande surveillance, et du côté de l'ennemi et du côté de nos lignes de siége, à la gauche desquelles se trouve la baie de Streletzka, où trois de nos navires vont rester abrités jusqu'à nouvel ordre. De là, vous devrez veiller nos signaux et me signaler les mouvements que l'ennemi viendrait à opérer sur terre, et ceux que ses vapeurs et embarcations effectueraient dans le port de Sébastopol ou aux environs de la passe.

« Vous ne perdrez pas de vue que votre premier devoir est de vous opposer par la force à toute tentative de bâtiments russes en dehors de cette passe, mais quand cette tentative n'a pas lieu sous la protection rapprochée et immédiate de l'artillerie des forts de l'entrée.

« Vous devrez aussi, dans le cas où les troupes russes effectueraient une sortie par terre sur la gauche de nos lignes, combattre de votre artillerie pour repousser cette sortie et protéger nos troupes, autant que la portée de vos pièces vous le permettra. Il résulte de ce qui précède, que vous devez toujours maintenir de la pression dans vos chaudières, et avoir vos chaînes prêtes à être démaillées et filées sur bouées pour chasser l'ennemi et le combattre dans la mesure de vos forces, s'il venait à sortir.

« Quant aux précautions de guerre qu'il vous reste à prendre pour vous garantir de toute surprise de nuit ou de brume, elles sont indiquées par les règlements. — Vous conviendrez d'ailleurs de signaux avec les bâtiments mouillés à Streletzka, en prévision des secours qu'ils auraient à retirer de vous, ou des attaques dont ils pourraient être plus particulièrement l'objet.

« *L'amiral commandant en chef :*
« HAMELIN. »

Telles étaient les prévoyantes et sages dispositions qui transformaient en un véritable port français ces criques désertes et arides, jusqu'alors sans valeur pour la marine russe. — Encore quelques alertes, encore quelques rudes épreuves amenées par les gros temps et la violence des vents, et l'expérience allait consacrer cette audacieuse prise de possession, et mériter désormais à Kamiesh le surnom éloquent que lui donnèrent les deux armées : *Port de la Providence.*

CHAPITRE III.

XLI. — Nous recueillons avec un soin précieux tout ce qui démontre l'union intime des deux armées de terre et de mer, dans une communauté d'efforts, de vues, d'inspirations; car cette union, preuve du sentiment national qui guidait tous les chefs, était un des premiers gages du succès.

Ainsi, en date du 22 novembre, le général Trochu, chef d'état-major particulier du général en chef, écrivait au chef d'état-major général de la flotte :

« Vous réalisez votre projet d'installation à Kamiesh dans les conditions les mieux entendues. L'ordre pour la police de la rade et de la baie est un monument de sagesse et de prévision.

« Veuillez offrir mes respects à M. l'amiral en chef, qui montre dans tout ceci un bien grand dévouement et une fermeté appréciée par l'armée tout entière.—Soyez sûr d'ailleurs que ni le vent, ni la neige, ni la pluie qui tombe à haute dose depuis deux jours, ne nous empêcheront de résoudre notre problème. »

La fin du mois de novembre s'écoula au milieu de tous ces soins et de ces travaux que multipliaient les arrivages quotidiens. — Nos vaisseaux avariés sont arrivés heureusement au Bosphore, et leurs équipages, cruellement ravagés par le scorbut, trouvaient enfin dans leur mise à terre le seul remède efficace contre une épidémie fatale qui, à elle seule, avait failli désarmer notre flotte (1).

Devant Sébastopol, malgré les pluies torrentielles qui détrempaient le sol et rendaient souvent les chemins impraticables, on construisait et on armait, à force d'énergie et d'incessante activité, de nouvelles batteries ; — jointes aux anciennes, elles s'élevaient à cette époque au nombre de vingt.

XLII.— Le général Canrobert, appréciant le précieux concours de la marine, avait demandé à l'amiral 40 nouvelles bouches à feu.

La Sirène, *le Berthollet* et *le Lavoisier* sont dirigés sur Eupatoria pour opérer, autant qu'il sera possible, le sauvetage du *Henri IV*, trop ensablé pour pouvoir jamais être relevé ; ce vaisseau est entré si profondément dans la plage, que les plus gros temps ne sont point parvenus

---

(1) Nous trouvons dans un rapport du médecin en chef de l'escadre, le docteur Marroin, en date du 11 novembre, l'état suivant des malades dans les équipages des bâtiments mouillés à la Katcha.

On comprendra dans quelle énorme proportion étaient frappés nos vaisseaux :

Friedland....................................	420 malades.
Ville de Paris....................	230
Valmy............................	171
Bayard.............................	125
Jupiter............................	45
Alger.............................	30

à lui rien enlever de sa stabilité, et il devient, en quelque sorte, comme une citadelle avancée de la place. — Par sa position, il commande l'entrée d'Eupatoria du côté sud, et le lieutenant de vaisseau de Las-Cases tient en respect à portée de ses canons la cavalerie ennemie qui rôde sans cesse autour de la ville.

Ainsi, ce bâtiment brisé par la tempête survit encore à son désastre et combat l'ennemi.

Une partie de ses canons doit être transportée à Kamiesh par *le Berthollet*, *le Lavoisier* et *le Véloce*, et servir à augmenter l'armement des batteries de la marine à terre.

« Dans la nouvelle phase du siége, écrit à cette époque l'amiral Hamelin au ministre de marine, l'armée, qui avait apprécié à l'œuvre l'excellence du tir de nos marins et les ravages occasionnés par nos gros calibres, a fait encore un nouvel appel à la flotte. Je m'occupe donc, suivant le désir du général Canrobert, de faire débarquer 53 bouches à feu, dont la majeure partie proviendra du *Henri IV*.

« Les 500 marins-fusiliers débarqués en même temps que les marins-canonniers vont armer ces nouvelles pièces, dont ils connaissent le maniement aussi bien, et mieux peut-être encore que celui de leurs fusils. J'y joindrai une trentaine de chefs de pièces du *Henri IV*, si bien, monsieur le Ministre, que lorsqu'on ouvrira le feu des nouvelles batteries contre la place, nous n'y compterons pas moins de 70 à 80 bouches à feu servies par nos marins et dirigées par des officiers de marine, tant les uns et les autres ont grandi dans l'opinion de l'armée, comme artilleurs, depuis le commencement du siège. »

Certes, il n'était point possible de méconnaître les services de la marine dans ces graves circonstances et celle-ci pouvait à bon droit prendre sa part dans les belles paroles du général Canrobert : « Rappelez-vous qu'avoir appartenu à une armée qui représente si dignement la France, sera le plus beau titre d'honneur que vous puissiez rapporter un jour dans vos foyers ! »

XLIII. — Nous sommes au mois de décembre. — De nouveaux ordres achèvent de régler le placement des bâtiments de guerre dans l'avant-port et complètent les détails si multiples et si importants de police intérieure.

Des rapports intéressants et très-positifs sur la situation de la flotte russe dans le port de Sébastopol sont parvenus à l'amiral.

Ces observations précises, qui contribuent à augmenter la surveillance et le service d'avant-garde, ont été envoyées par le capitaine de frégate Ohier, commandant une batterie de la marine à l'armée d'observation, près d'Inkermann.

Six vaisseaux ennemis conservent encore leur artillerie : — 2 frégates et 4 corvettes à vapeur de 300 chevaux environ paraissent également en bon état.

Dans un moment de désespoir et de suprême énergie,

ces 6 vaisseaux, accouplés aux vapeurs, pourraient facilement sortir par la passe secrète, ménagée par les Russes dans le barrage, obstruer l'entrée du port, et livrer un dangereux combat.

Comme pour confirmer les prévisions, que faisait naturellement naître dans l'esprit cette situation de la flotte ennemie, le 6 décembre, à midi et demi environ, 2 vapeurs russes se dirigèrent lentement vers la ligne des vaisseaux coulés, et la franchirent successivement du côté du nord.

Aussitôt *la Mégère*, mouillée en vedette, télégraphiait : *l'ennemi appareille*, en même temps qu'elle envoyait deux coups de canon de signal.

Ces vapeurs russes (une frégate et une corvette), qui s'avançaient vers l'entrée de la baie de Streletzka, s'aperçoivent que leur manœuvre est comprise; alors, pendant que la corvette engage un feu très-vif sur les camps de l'extrême gauche placés dans l'intérieur de la baie, la frégate fond à toute vitesse sur *la Mégère*, dans l'intention, sans nul doute, de l'enlever à l'abordage, avant l'arrivée des secours.

XLIV. — Dans la baie de Streletzka, *le Caton*, que commande le lieutenant de vaisseau Védel, en l'absence momentanée du capitaine Pothuau, et *le Vautour*, sous les ordres du capitaine Causse, se sont mis immédiatement en branle-bas de combat et accueillent chaudement la corvette, qui paraissait vouloir pénétrer dans la baie. — Pendant ce temps, le commandant Devoulx, de l'aviso *la Mégère*, officier plein d'énergie et de sang-froid, attend à mi-portée de ses 4 canons, la frégate qui s'est élancée sur elle, et la salue de ses pièces de tribord, puis court à son tour perpendiculairement sur la frégate russe en lui envoyant une seconde volée ; mais *la Mégère* est trop faible pour attendre ou vouloir un inégal abordage ; elle prend chasse ; venant d'un bord sur l'autre, pour lancer successivement ses deux bordées à l'ennemi.

Le Dauphin, qui sortait du port avec des bâtiments à la remorque, les a vivement largués, et, voyant le signal qui annonce l'approche de l'ennemi, se dirige à toute vapeur sur la frégate russe. — Le capitaine de frégate, Tabuteau, commandant *le Dauphin*, ne se fait point illusion sur l'importance matérielle du secours qu'il peut apporter, car son bâtiment n'a pour toute artillerie que 2 caronades de 18 ; mais, par une heureuse et audacieuse inspiration, il se dit : que l'ennemi, voyant un bâtiment courir ainsi sur lui, le supposera capable de le combattre, et deviendra dès lors plus circonspect dans son attaque.

« Si ce résultat était obtenu, dit-il dans son rapport, les frégates d'avant-garde avaient le temps d'être en marche, avant que les vapeurs russes aient pu rien entreprendre. »

Il était une heure et demie environ ; *le Dauphin* a ouvert bravement son feu. — Presque en même temps le vapeur anglais *Valorous*, parti de Kazatch, se dirige à toute vitesse sur le lieu de l'engagement : *le Valorous*, *le Dauphin*, *la Mégère*, se sont réunis; alors la frégate ennemie prend chasse à son tour, et, s'arrêtant devant la baie de Streletzka, lance des bordées auxquelles les 2 bâtiments, *le Caton* et *le Vautour*, répondent de nouveau, aussi vigoureusement qu'ils l'avaient déjà fait.

En vain *le Valorous*, dans l'espérance de couper la retraite au bâtiment ennemi, s'est élancé audacieusement jusque sous le canon des forts de l'entrée, il ne peut parvenir à barrer le passage à la frégate russe, que la corvette a précédée dans le port. — *Le Valorous* dut alors se contenter de poursuivre ces deux vapeurs de ses boulets, sans s'inquiéter des batteries du télégraphe, du fort Constantin et de la Quarantaine.

XLV. — Sans nul doute, la pensée de l'ennemi, dans cette tentative, était d'observer la gauche de nos travaux, aussi bien que de surprendre notre avant-garde; car la frégate, dont les mâts élevés étaient garnis de vigies, fit, en s'en retournant, un crochet dans le nord. — On avait, en outre, reconnu à bord de la corvette bon nombre d'officiers généraux de l'armée russe.

Quel que fût le but caché de cette sortie, elle démontrait plus que jamais la nécessité d'une extrême surveillance, et l'importance de notre station avancée dans la baie de Streletzka ; car il convient ici de faire remarquer que les passes de Sébastopol n'étaient éloignées des vapeurs mouillés en avant-garde, que de 10 à 15 minutes de marche pour une frégate comme *le Wladimir*, et que le double du temps lui était à peine nécessaire pour toucher devant Kamiesh même. — C'est ce qui explique la rapidité avec laquelle un navire ennemi eût pu surprendre nos avisos en vedettes, s'ils n'avaient pas fait bonne garde, et les facilités qu'il eût trouvées ensuite, pour rentrer immédiatement à l'abri des nombreuses batteries qui défendaient les approches du port.

L'amiral est venu de nouveau avec son chef d'état-major général et l'amiral Bruat visiter la baie de Streletzka; sur son ordre les travaux de construction et d'armement de la batterie sur la partie sud sont activement poussés. *Le Vauban* reçoit en même temps mission d'entrer dans la baie, pour renforcer *le Caton* et *le Vautour*. — Le 11 novembre, à 9 heures du matin, ce bâtiment se rend à sa nouvelle destination, et le capitaine d'Herbinghen prend le commandement de cette station.

XLVI. — Sur ces entrefaites, le général de Montébello arrive à Kamiesh sur *le Périclès;* il est chargé de pouvoirs extraordinaires vis-à-vis les autorités civiles, militaires et maritimes, et doit examiner dans tous ses détails l'état des choses.

La venue du général produisit une grande sensation dans l'armée d'Orient, car, envoyé par l'Empereur, dont la constante préoccupation suivait ses armées de terre et de mer loin du sol de la patrie, il apportait de nouvelles preuves de la sollicitude du souverain. — C'était une lettre de Sa Majesté au général Canrobert pour le féliciter de la glorieuse journée d'Inkermann (1), puis une longue liste de promotions dans les grades, de nominations dans l'ordre de la Légion d'honneur, et plus encore, le droit accordé au général en chef de décerner sur le champ de bataille des médailles, des décorations, ainsi que de nommer dans l'armée aux différents grades, y compris celui de chef de bataillon ou d'escadron.

La flotte ne pouvait manquer d'avoir sa large part dans les souvenirs et les récompenses de l'Empereur. Une dépêche télégraphique avait apporté à Toulon la nouvelle que le commandant en chef de la flotte était élevé à la dignité d'amiral de France, et que les capitaines de vaisseau Rigault de Genouilly, commandant les marins à terre, et de Chabannes, commandant *le Charlemagne*, étaient nommés contre-amiraux; un aide de camp du ministre de la marine devait remettre au chef de la flotte son brevet d'amiral, et était en outre porteur d'un longue liste de promotions dans les grades et dans la Légion d'honneur. — Telle était la nouvelle que *le Sané* avait transmise dans le Bosphore et que *le Mogador* transmettait à son tour à Kamiesh, le 14 décembre.

XLVII. — La veille, le général de Montebello était reparti pour Constantinople sur *l'Euménide*, après avoir visité soigneusement les travaux de tranchée, les batteries déjà armées et celles en construction.

(1) Cette lettre a été reproduite en son entier dans l'*Expédition de Crimée*, t. II, p. 129 et 130.

L'envoyé de l'Empereur avait pu constater que les difficultés sans cesse croissantes du siége, les épreuves, les rudes travaux, les souffrances des nuits glacées, n'avaient point un seul instant abattu les courages, et qu'une ardeur bouillante de combattre enflammait tous les cœurs ; il put voir de ses propres yeux dans le port improvisé de Kamiesh, cette ville flottante, cette myriade de mâts, de vergues, de pavillons, de voiles, cette immense et perpétuelle activité qui jetait à terre, chaque jour comme par enchantement, des soldats, des vivres, des munitions, cette animation extraordinaire, ce mouvement de toutes les heures, de tous les instants réglé avec un ordre parfait sous l'active et perpétuelle surveillance de nos officiers de marine. — Chacun est à son poste, et, dans cette rade encombrée, aucun détail ne passe inaperçu.

Des déserteurs interrogés apportent aussi des nouvelles de Sébastopol. Le choléra sévit dans la ville que dévastent nos bombes ; le théâtre, les casernes et deux vaisseaux ont été transformés en hôpitaux. — Ces déserteurs répètent ce que plusieurs avaient déjà dit, que le feu des flottes du 17 octobre avait causé dans la place les plus grands ravages, et que les batteries des forts n'étaient plus tenables.

XLVIII. — Le développement de nos tranchées s'étend vers la gauche et doit se prolonger jusqu'à la mer. Le petit village de Wladimir doit être, dans la nuit du 15, enlevé et occupé par nos troupes ; les trous de loup faits en avant des ouvrages en terre, reliant les batteries de la Quarantaine au bastion ouest de la ville, doivent également être occupés ; une heure avant le jour, nos troupes se prolongeront jusqu'à la baie de Cherson; il est important que les bâtiments d'avant-garde ne lancent pas de boulets dans cette direction.

L'amiral Bouët-Willaumez envoie aussitôt une baleinière avec un aspirant prévenir ces bâtiments dans la crainte d'une méprise. Mais, vers le soir, le ciel devient menaçant, et pendant toute la nuit la pluie qui a tombé avec abondance, accompagnée de violentes bourrasques, empêche de mettre à exécution le coup de main projeté.

Les arrivages de nos troupes continuent sur les bâtiments français et sur les vapeurs anglais qui nous aident dans ces transports difficiles.— Notre beau vaisseau *le Napoléon* est également de retour le 16, ayant aussi des troupes à bord. Il apporte la nouvelle de la signature du traité d'alliance offensive et défensive avec l'Autriche.—Les navires autrichiens en rade demandent à pavoiser le lendemain.

Chaque jour apporte ses incidents nouveaux, car chaque jour, pour ainsi dire, apporte avec lui un souffle, une pensée du pays lointain.

Les travaux de la baie de Streletzka continuent ; l'estacade est presque terminée, ainsi qu'une des batteries ; la seconde ne tardera pas à l'être. Quatre pièces tireront en dedans, les huit autres battront sur la pointe contre les vaisseaux russes qui tenteraient de franchir l'estacade.

XLIX. — Sur terre comme sur mer, les plus prudentes prévisions veillent à toutes les éventualités, et nos canons entretiennent avec la place un feu régulier, pendant que les cheminements s'avancent, que les nouveaux armements s'achèvent, et que les bouches à feu qui doivent armer les nouvelles batteries traversent, à la faveur de la nuit, les terres effondrées par les pluies, ou couvertes de neiges : travail pénible, efforts presque surhumains audacieusement accomplis, malgré les projectiles que les défenseurs de la ville lancent avec une profusion sans égale sur le tracé probable de nos travaux.

L'amiral Dundas, dont le pavillon flotte dans la baie de Kazatch, sur la frégate à vapeur *le Furious*, a reçu l'ordre de rentrer en Angleterre et de remettre le commandement en chef à l'amiral sir Edmund Lyons.

Avant de quitter la Crimée et de se séparer de l'amiral Hamelin, avec lequel, depuis le commencement de la campagne, ses moindres opérations ont été concertées, l'amiral Dundas, mû par ce noble sentiment de confraternité d'armes, précieux accord qui n'avait cessé de régner entre les deux marines, adressait, le 19 décembre, à son collègue, la lettre suivante :

« Mon cher amiral,

« Je ne puis résigner mon commandement sans faire mes adieux à la flotte placée sous vos ordres, et aux opérations de laquelle j'ai coopéré si longtemps avec autant de plaisir que d'orgueil. — J'emporterai avec moi en Angleterre et je conserverai toujours ce souvenir qui m'est si cher.

« Je vous prie, si vous n'y voyez pas d'objections, d'exprimer mes sentiments aux officiers et aux marins sous votre commandement, avec l'assurance de mes sentiments, pour l'éclatante réalisation de leurs espérances.

« Accueillez pour vous-même, mon cher amiral, mon désir de vous voir trouver, à votre retour dans votre patrie, tout le bonheur que vous pouvez souhaiter.

« L. W. DUNDAS. »

L. — Le 20, l'amiral Hamelin, accompagnée son chef d'état-major, se rendait auprès de l'amiral Dundas pour lui faire ses adieux.

Le commandant en chef de l'escadre française exprima à son collègue tous ses regrets, et le remercia, au nom de la marine impériale, du précieux concours que la flotte anglaise avait apporté par un échange d'efforts, de noble persévérance et de rapports dignes en tout point de la haute courtoisie qui distingue nos alliés.

Le même jour l'amiral Dundas partait sur *le Furious*, salué à la bande par tous les navires anglais et français.

Son signal d'adieu : *Succès complet pour vous tous*, jeta dans les cœurs une profonde émotion; les équipages des bâtiments rangés sur les vergues l'accompagnèrent de leurs acclamations répétées, et alors même que le steamer qui l'emportait vers le Bosphore disparaissait derrière les terres du plateau de la Chersonèse, l'ancien commandant en chef de la flotte britannique put entendre encore, comme un écho lointain, les adieux de ses anciens compagnons d'armes.

LI. — L'amiral Hamelin ne devait pas tarder, lui aussi, à quitter cette flotte qu'il avait prise à Beshika et conduite saine et sauve aux rivages de Crimée, à travers tant d'épreuves et d'écueils divers. — Le 21, arrivait un aide de camp du ministre de la marine, chargé de remettre au commandant en chef de la flotte ses lettres de nomination à la haute dignité d'amiral de France (1).

Une dépêche, datée également du 3 décembre, prescrivait au nouvel amiral de retourner en France avec tout son état-major général, et de remettre le commandement en chef de la flotte de la mer Noire dans les mains du vice-amiral Bruat (2).

(1)   Paris, 3 décembre 1854.
« Monsieur l'amiral,

« L'Empereur, par un décret du 2 de ce mois, rendu sur mon rapport, vous a élevé à la dignité d'amiral.

« Ce témoignage éclatant de la satisfaction de Sa Majesté est le prix des services éminents et dévoués que vous avez rendus dans l'exercice du commandement en chef de l'escadre de la Méditerranée.

« J'éprouve un véritable bonheur d'avoir à vous l'annoncer.

                                                               « Th. Ducos. »

(2)   Paris, 3 décembre 1854.
« Monsieur l'amiral,

« J'ai l'honneur de vous annoncer que l'Empereur a décidé que

Le même courrier apportait la longue liste des nominations accordées dans la marine et qu'elle avait si dignement méritées.

L'amiral Hamelin se rendit aussitôt à terre pour faire ses adieux au général en chef. Le général Canrobert serra à plusieurs reprises les mains de l'amiral en le félicitant, avec cet élan du cœur qui lui est propre, de la grande marque d'honneur qui venait de lui être décernée. — Cette haute et suprême dignité, il l'avait reçue sur le champ de bataille de son escadre, sur les flots de la mer Noire, dont les formidables tempêtes et le renom si redouté n'avaient pu protéger l'empire moscovite audacieusement attaqué au centre même de sa puissance.

LII. — Le lendemain, l'amiral Hamelin adressait aussi ses adieux à son collègue de la flotte britannique, sir Edmund Lyons :

« Mon cher amiral,

« J'ai l'honneur de vous informer que je remets, demain, **23** décembre, le commandement en chef de l'escadre française à M. le vice-amiral Bruat.

« Au moment de me séparer de vous et de l'escadre

M. le vice-amiral Bruat vous succédera dans le commandement en chef de l'escadre de la Méditerranée.

« Je fais connaître à cet officier général la mesure qui le concerne. Vous devrez opérer votre retour en France avec tout votre état-major général, et vous vous concerterez à cet effet avec M. le vice-amiral Bruat.

« Th. Ducos. »

placée sous vos ordres, je vous prie, si vous n'y voyez pas d'objections, d'exprimer en mon nom à tous vos officiers et marins, combien j'ai été heureux du concours constant et de la bonne harmonie avec lesquels nous avons poursuivi en commun toutes nos opérations maritimes et militaires, depuis notre entrée dans la mer Noire. Quoique loin d'eux, je m'associerai toujours de cœur à leurs succès, et le souvenir du temps que nous avons passé ensemble sera pour moi un des souvenirs les plus doux de ma carrière maritime.

« Pour vous, mon cher amiral, recevez les vœux que je fais pour votre bonheur, et veuillez agréer l'expression de mes sentiments les plus affectueux et les plus dévoués.

« *L'amiral de France,*

« HAMELIN. »

Le même jour, l'amiral adressait à la flotte cette proclamation, empreinte des plus nobles sentiments.

« Officiers et marins !

« Élevé à une dignité qui est en partie votre ouvrage, je reçois l'ordre de rentrer en France avec mon état-major général.

« Je suis heureux de laisser l'escadre aux mains d'un amiral que son expérience et son intrépidité rendent si digne d'un pareil commandement.

« Officiers et marins !

« Lorsque l'histoire redira les campagnes de la mer

Noire et de la Crimée, elle vous y réservera une page digne du glorieux passé de notre marine !

« L'Empereur a fait droit à plusieurs des demandes de récompenses que vous avez méritées : son esprit de justice s'étendra plus tard sur les autres ; j'en ai pour garant le chaleureux appui de notre ministre de la marine.

« Vive l'Empereur !
« *L'amiral de France*,
« Hamelin. »

LIII. — Le 23 décembre, tout était prêt sur *le Panama* pour le départ de l'amiral ; et le 24, à 7 heures un quart du matin, il faisait route pour le Bosphore.

Moment plein d'amertume, malgré la haute faveur dont l'ancien commandant en chef de la flotte venait d'être l'objet ; car il quittait cette terre de Crimée sur laquelle il avait jeté, par un prodigieux débarquement, près de 30 000 hommes en un jour ; il quittait cette flotte que son pavillon avait guidée à travers la mer Noire ; il quittait cette armée dont il avait, depuis le commencement, partagé les dangers, prévu les besoins, assuré l'existence ; il quittait enfin le champ de bataille, alors que le canon tonnait encore devant Sébastopol. Mais ses regrets, comme il l'avait dit lui-même, étaient diminués par la pensée de laisser l'escadre aux mains d'un amiral si digne d'un pareil commandement.

Toutes les mâtures des bâtiments étaient garnies de leurs équipages, jaloux de saluer une dernière fois leur ancien chef.

Au moment où *le Panama* franchit les chaînes de l'estacade, le canon résonne, c'est celui du *Montébello*, portant le pavillon du nouveau commandant en chef.
— Les vivat des matelots de tous les bâtiments en rade retentissent à la fois, et au moment où *le Panama* passe devant le vaisseau-amiral anglais; celui-ci le salue de 19 coups de canons qui lui sont aussitôt rendus coups pour coups par *le Montébello*. — Bientôt la frégate à vapeur s'éloigne et disparaît, comme avait disparu quelques jours auparavant le bâtiment qui emportait l'amiral Dundas.

L'amiral Hamelin, dans sa haute sollicitude pour ses braves marins qui lui avaient donné tant de preuves de bravoure et de dévouement, avait voulu que les blessés et les amputés de la marine fussent embarqués avec lui sur *le Panama*.

LIV. — Durant les dix-huit mois qui venaient de s'écouler, la flotte française d'Orient n'avait cessé d'être l'un des principaux instruments de la paix armée, d'abord, puis de la guerre. — Si la Russie avait refusé à nos escadres l'occasion d'acquérir dans des combats une gloire égale à celle de notre brave armée, Constantinople couvert pendant tout un hiver, la mer Noire depuis un an dominée, la campagne d'Odessa et l'exploration des côtes de Circassie; enfin, l'organisation et la conduite de la flotte expéditionnaire en Crimée, le débarquement mémorable d'Old-Fort, la diversion navale du 17 octobre, le concours puissant de la marine aux batteries de siége, l'organisation de Kamiesh, et, plus que tout cela, la dignité du commandement toujours maintenue, la discipline et le moral de la flotte conservés aussi bien dans les épreuves des épidémies, que dans celles d'une navigation difficile, pleine de labeurs ingrats : tels étaient les services rendus par l'amiral Hamelin, et les souvenirs qu'il emportait avec lui en rentrant en France.

FIN DU PREMIER VOLUME.

PIÈCES
JUSTIFICATIVES

PIÈCES JUSTIFICATIVES.

I

Composition de la flotte française de la mer Noire

(Au départ pour la Crimée, 5 septembre 1854).

PREMIÈRE ESCADRE.

État-major général.

Commandant en chef : le vice-amiral Hamelin.
Chef d'état-major général : le contre-amiral comte Bouët-Willaumez.
Commissaire de la flotte : Michelin, commissaire-adjoint.
Chirurgien de la flotte : Marroin, chirurgien principal.
Aumônier de la flotte : l'abbé Cresp.
Aides de camp de l'amiral : Garnault, lieutenant de vaisseau ; Grivel, lieutenant de vaisseau.
Officiers d'ordonnance : Zédé, lieutenant de vaisseau ; Sommeillier, lieutenant de vaisseau.
Ville de Paris, 112 canons. — Commandant : Rigault de Genouilly, capitaine de vaisseau.
Charlemagne, vaisseau mixte de 450 chevaux, 80 canons. — Commandant : de Chabannes-Curton, capitaine de vaisseau.

Jupiter, 82 canons. — Commandant : Lugeol (A.), capitaine de vaisseau.

Suffren, 90 canons. — Commandant : Fabre La Maurelle, capitaine de vaisseau.

Iéna, 90 canons. — Commandant : Rapatel, capitaine de vaisseau.

Marengo, 74 canons. — Commandant : Martin, capitaine de vaisseau.

Friedland, 116 canons. — Commandant : Guérin, capitaine de vaisseau.

Néréide, frégate-transport. — Commandant : Malmanche (C.), capitaine de frégate.

DEUXIÈME ESCADRE.

Commandant en sous-ordre : le vice-amiral Bruat.

Chef d'état-major : Jurien de La Gravière, capitaine de vaisseau.

Commissaire d'escadre : Boutet, sous-commissaire.

Chirurgien d'escadre : Beau, chirurgien de 1re classe.

Aumônier d'escadre : L'abbé .....

Aides de camp : de Freycinet, lieutenant de vaisseau ; Bruat, lieutenant de vaisseau.

Officier d'ordonnance : Giovanetti, lieutenant de vaisseau.

Montébello, vaisseau mixte de 160 chevaux, 118 canons. — Commandant : Bassière, capitaine de vaisseau.

Jean-Bart, vaisseau mixte de 450 chevaux, 78 canons. — Commandant : Touchard, capitaine de vaisseau.

Henri IV, 88 canons. — Commandant : Jehenne, capitaine de vaisseau.

Valmy, 118 canons. — Commandant en sous-ordre : le contre-amiral Lugeol (J.). — Aides de camp : Cottin, lieutenant de vaisseau ; Dorré, lieutenant de vaisseau. — Officier d'ordonnance : de Grancey, enseigne de vaisseau. — Commandant : Lecointre, capitaine de vaisseau.

Ville de Marseille, 80 canons. — Commandant : Laffon de Ladébat, capitaine de vaisseau.

Alger, 74 canons. — Commandant : de Saisset, capitaine de vaisseau.

Bayard, 84 canons. — Commandant : Borius, capitaine de vaisseau.

Calypso, frégate-transport de deuxième rang. — Commandant : Dauriac, capitaine de frégate.

ÉCLAIREURS.

Primauguet, corvette à hélice de 400 chevaux. — Commandant : Reynaud, capitaine de frégate.

Caton, corvette à hélice de 300 chevaux. — Commandant : Pothuau, capitaine de frégate.

CONVOI.

Commandant le convoi : le contre-amiral Charner, montant le vaisseau *le Napoléon*.

Aides de camp : du Quilio, capitaine de frégate; Jaurès, lieutenant de vaisseau.

Officier d'ordonnance : Pigeard, enseigne de vaisseau.

Napoléon, vaisseau à vapeur de 960 chevaux, 94 canons. — Commandant Dupouy, capitaine de vaisseau.

Première division.

Montézuma, frégate à vapeur de 450 chevaux, en transport. — Commandant : d'Elissade-Castremont, capitaine de frégate.

Vauban, frégate à vapeur de 450 chevaux, en guerre. — Commandant : de Pouques-d'Herbinghem, capitaine de vaisseau.

Roland, corvette à hélice de 400 cheveaux, en guerre. — Commandant : de la Roncière-le-Noury, capitaine de frégate.

Cacique, frégate à vapeur de 450 chevaux, en guerre. — Commandant : de Guesnet, capitaine de vaisseau.

Euménide, corvette-transport à vapeur de 300 chevaux. — Commandant : Pelletreau, capitaine de frégate.

Pandore, frégate-transport de deuxième rang. — Commandant : de Bouchaud, capitaine de frégate.

Mégère, corvette à hélice de 200 chevaux, en guerre. — Commandant ; Devoulx, capitaine de frégate.

Allier, transport à voiles.—Commandant : Jugan, capitaine de frégate.

Infernal, corvette-transport à vapeur de 300 chevaux.— Commandant : de Rostaing, capitaine de frégate.

Coligny, corvette-transport à vapeur de 200 chevaux.— Commandant : Robin, capitaine de frégate.

Henri IV, vapeur de commerce français, à hélice.

Deuxième division.

Mogador, frégate à vapeur de 650 chevaux, en guerre. — Commandant : Warnier de Wailly, capitaine de vaisseau.

Ulloa, frégate à vapeur de 450 chevaux. — Commandant : Baudais, capitaine de vaisseau.

Canada, frégate à vapeur de 450 chevaux, en guerre.— Commandant : Maissin, capitaine de vaisseau.

Magellan, frégate à vapeur de 450 chevaux, en guerre. — Commandant : Kerdrain, capitaine de vaisseau.

Caffarelli, frégate à vapeur de 450 chevaux, en guerre. — Commandant : Simon, capitaine de vaisseau.

Lavoisier, corvette à vapeur de 220 chevaux. — Commandant : Dieudonné, capitaine de frégate.

Girafe, transport à voiles. — Commandant : Cadiou, lieutenant de vaisseau.

Pluton, corvette à vapeur de 220 chevaux, en guerre.— Commandant : Fisquet, capitaine de frégate.

Égyptien, vapeur de commerce français, à hélice.

Indus, vapeur de commerce français, à hélice.

Frégates à vapeur françaises, remorquant des vaisseaux turcs.

Albatros, frégate à vapeur de 450 chevaux, en transport. — Commandant : Dubernad, capitaine de frégate.

Panama, frégate à vapeur de 450 chevaux, en guerre. — Commandant : Goubin, capitaine de vaisseau.

Éclaireurs et répétiteurs des signaux.

Pomone, frégate mixte de 160 chevaux, 40 canons. — Commandant : Bouët (A.), capitaine de vaisseau.

Orénoque, frégate à vapeur de 450 chevaux. — Commandant : Poudra, capitaine de vaisseau.

Dauphin, aviso à vapeur de 180 chevaux. — Commandant : Tabuteau, capitaine de frégate.

Ajaccio, aviso à vapeur de 100 chevaux. — Commandant : Baron du Martroy, lieutenant de vaisseau.

Descartes, frégate à vapeur de 540 chevaux, en guerre. — Commandant : Baron Darricau, capitaine de vaisseau.

Berthollet, corvette à vapeur de 400 chevaux, en guerre. — Commandant : Dubut, capitaine de frégate.

Mouette, aviso à vapeur de 200 chevaux. — Commandant : d'Heureux, capitaine de frégate.

II

Conférences tenues à Varna.

Ces pièces officielles, rédigées sous forme de notes par le contre-amiral comte Bouët-Willaumez, chef d'état-major général de la flotte française, résument les parties les plus importantes des conférences que cet amiral tenait à Varna avec le maréchal de Saint-Arnaud et les généraux chefs de service de l'armée pour organiser, dans tous leurs détails, le transport et le débarquement de cette armée en Crimée.

Ces notes, pleines d'un intérêt instructif pour les expéditions à venir, étaient remises, à l'issue de chaque séance, par le chef d'état-major général au commandant en chef de la flotte, mouillé, avec son escadre, à Baltchik.

Note du 22 juillet 1854 sur un projet d'expédition dans la mer Noire.

« Je me suis rendu ce matin à *Varna* pour mettre sous les yeux du maréchal Saint-Arnaud le projet d'expédition dans la mer Noire. Le maréchal a paru très-satisfait de l'ensemble de ce projet; mais il restait à s'entendre avec les généraux chefs de service de l'armée sur tous les détails de cette vaste expédition. Je me suis d'abord dirigé vers la demeure du général Martinprey, chef de l'état-major général de l'armée d'Orient, et après lui avoir lu le projet, je lui ai fait comprendre l'urgence de supprimer la troisième ligne de ses voitures d'artillerie de campagne, s'il ne voulait pas voir le nombre des pièces considérablement réduit, et comme d'ailleurs les corvettes se trouvent, aussi bien que les frégates, jouer un grand rôle dans cet embarquement, il a été convenu qu'une frégate et une corvette à vapeur, *le Descartes* et *le Pluton*, disponibles sur rade de Varna, embarqueraient lundi les deux premières lignes de voitures d'une batterie de campagne, pour nous fixer tous sur le chiffre des bouches à feu que pourraient embarquer les frégates et corvettes à vapeur de l'escadre.

Quant à la position de l'armée française par rapport à l'armée anglaise, elle n'est pas encore déterminée, et ce n'est qu'au retour des officiers généraux et supérieurs envoyés en reconnaissance, qu'on saura laquelle des deux doit avoir la droite.

Le maréchal a fort approuvé l'ensemble des vues que j'ai proposées pour opérer le débarquement; toutefois, partant de ce principe qu'il ne devait y avoir de mises à terre que deux bouches à feu par mille hommes, il m'a demandé qu'au lieu de consacrer tous les chalands au débarquement du matériel et des chevaux d'artillerie, on en réservât une partie pour débarquer de la troupe et doubler, s'il est possible, le nombre des soldats jetés à terre, à l'aide des embarcations, en même temps que l'artillerie elle-même.

Le chef d'état-major général, interpellé ensuite par moi pour qu'il me fixât sur le chiffre des chevaux nécessaires aux généraux, officiers supérieurs et aux cantines de chaque corps d'infanterie, a porté ce nombre à 400, ce à quoi j'ai dû lui répondre qu'il ne me paraissait possible de les embarquer que sur les frégates et corvettes de la deuxième catégorie, puisque toutes celles de la première étaient absorbées par l'artillerie et ses chevaux.

CONFÉRENCES AVEC LE GÉNÉRAL DU GÉNIE.

Il s'en faut que le génie se borne aux demandes qu'il avait faites précédemment, en prévision d'un simple coup de main, lequel ne semblait, à son sens, nécessiter qu'un matériel de 700 mètres cubes d'encombrement. C'est maintenant 1400 mètres cubes dont il demande l'embarquement pour une expédition en règle. Il fait accompagner ce matériel de 900 hommes du génie et de 40 prolonges (ou voitures), lesquelles, à 4 chevaux par prolonge, nécessitent 160 chevaux. J'ai dû déclarer que nous ne pouvions disposer pour le génie que de deux frégates, *la Calypso* et *la Néréide*, à moitié pleines de charbon, et de deux transports peut-être, et qu'en conséquence il me paraissait difficile que tout ce matériel pût y trouver place.

Le chef d'état-major général, tout en reconnaissant ces difficultés, considère que les demandes du génie sont cependant aussi restreintes que possible, et qu'elles entrent comme élément principal dans un succès.

CONFÉRENCES AVEC L'INTENDANT DE L'ARMÉE.

L'intendance possède sur rade de Varna ou dans le Bosphore 30 bâtiments de commerce pouvant recevoir chacun 20 chevaux. Ces bâtiments ont chacun l'eau nécessaire pour ces chevaux et 10 jours de fourrage assuré. Ce serait donc 600 chevaux qui pourraient y être embarqués : mais comme elle se réserve la place nécessaire à 200 mulets, dits de cacolets, pour les ambulances, elle ne peut guère offrir place qu'à 400 chevaux qui pourraient être, ou ceux du génie, ou ceux des états-majors dont il a été question précédemment.

l reste toutefois à résoudre une question majeure, c'est celle du remorquage de ces 30 bâtiments. J'ai fait savoir à l'intendant que le remorquage des flottes française, anglaise et turque absorberait presque tous les bâtiments à vapeur de guerre. Il m'a dit qu'il s'y était attendu, et qu'en prévision de cette absence de moyens, il avait frété trois forts bâtiments à hélice, savoir : *le Marocain, l'Égyptien* et un troisième dont le nom lui échappait, et donné des ordres dans le Bosphore pour lui fréter et lui envoyer le plus tôt possible tout ce que l'on pourrait de petits pyroscaphes, remorqueurs ou autres.

L'intendant avait été prévenu par le maréchal que nos vaisseaux verseraient 10 jours de vivres à l'armée en la débarquant ou après l'avoir débarquée. Je lui ai fait savoir que, pour opérer ces versements, il était nécessaire qu'il s'approvisionnât d'avance de sacs pour mettre le biscuit, de futailles pour mettre le vin et l'eau-de-vie. Il paraît n'avoir aucune inquiétude quant à l'approvisionnement de l'armée, une fois ces 10 jours consommés. Il fait déjà préparer les bâtiments et prendre des mesures pour que les approvisionnements en vivres frais soient embarqués et prêts, à Varna ou ailleurs, à recevoir les remorques que des frégates ou corvettes à vapeur viendraient leur donner une fois le premier débarquement opéré. Ce qui le préoccupe davantage, c'est la question du bois de chauffage, qu'il craint de ne pas voir l'armée rencontrer sur le territoire ennemi. Je lui ai répondu que, sous ce rapport, il n'avait nullement à compter sur les escadres, habituées depuis longtemps à ne se servir que de charbon pour faire la cuisine.

Après avoir terminé ces conférences, je me suis de nouveau rendu chez M. le maréchal et lui ai fait connaître que les bases premières du projet de l'expédition s'agrandissaient singulièrement sous le rapport de l'embarquement des chevaux surtout. Il m'a répondu qu'il faudrait bien que chacun opérât des réductions à cet égard, et qu'il en donnerait lui-même l'exemple.

Le chef d'état-major de l'escadre,
Comte BOUËT-WILLAUMEZ.

Note du 24 juillet 1854 sur un projet d'expédition dans la mer Noire.

Parti de *Baltchik* de grand matin, je suis arrivé de bonne heure à *Varna*. Ayant exposé au chef d'état-major général de l'armée, dans une nouvelle conférence en date de ce jour, que les difficultés résultant de l'embarquement des 780 chevaux destinés au service des généraux, officiers supérieurs et états-majors, des cacolets de l'ambulance, des voitures du génie et des cantines de corps n'étaient pas encore résolues, il a étudié de nouveau cette question. Il m'a affirmé que les trente bâtiments de commerce frétés par l'intendance pourraient prendre, non 20 chevaux en moyenne, mais 25, ce qui faisait atteindre alors l'effectif de 750 chevaux.

S'il était vrai, ce ne serait donc plus que 30 chevaux qu'il resterait à caser, et la chose serait facile à bord des deux frégates-transports et des deux gabares chargées du matériel du génie, lesquelles même pourraient à la rigueur en prendre 80 à elles quatre.

Les expériences relatives à l'embarquement d'une batterie de campagne, à bord d'une frégate et d'une corvette à vapeur, n'ayant pu être effectuées dans la matinée, par suite du mauvais état de la mer, il a été convenu qu'elles n'en auraient pas moins lieu aussi prochainement que possible, à l'arrivée des chalands attendus de Constantinople.

J'ai fait savoir également au chef d'état-major général, qu'il serait fort utile de profiter de la présence de ces chalands à *Varna*, pour embarquer dans l'un d'eux, autant de soldats que possible, avec armes et bagages, expérience qui nous guiderait pour calculer l'effectif des troupes qui pourraient être mises à terre sur le territoire ennemi, aussi bien dans une partie des chalands que dans les embarcations des vaisseaux.

J'ai fait connaître ensuite au chef d'état-major général de l'armée que le transport *l'Allier*, destiné primitivement au génie, ayant précisément à bord un chargement de vivres équivalant aux 10 jours de vivres que les vaisseaux doivent verser aux troupes, une fois celle-ci débarquées, il était fort utile de ne pas fractionner ce chargement tout prêt à être mis à terre dans des barriques; qu'alors l'intendance devrait aviser à embarquer le quart du matériel du génie sur un des grands bâtiments à vapeur du commerce qu'elle se réserve spécialement. Le général Martimprey m'a promis qu'il en serait ainsi.

Je l'ai ensuite prié de me fixer sur l'ordre dans lequel devaient s'opérer les débarquements du personnel, du matériel et des chevaux de l'armée, une fois les six premiers mille hommes débarqués, en compagnie d'une douzaine de bouches à feu. Faut-il en effet, qu'à ce premier débarquement de troupes et de canons, en succède un semblable? ou faut-il que les chalands s'occupent, après qu'il aura été opéré, de débarquer les chevaux des généraux et des officiers, ou ceux des cacolets de l'ambulance, ou ceux des prolonges du génie, nécessaires à cette arme? Le général a ajourné toute réponse positive à ces questions, jusqu'à une conférence nouvelle avec le maréchal et les généraux chefs de service.

L'intendant en chef de l'armée d'Orient m'ayant écrit une lettre au sujet d'une ambulance à installer immédiatement à bord des vaisseaux ou frégates de l'armée navale, au moment même du débarquement, j'ai dû prendre les ordres de l'amiral en chef à ce sujet, et il a été répondu au maréchal, le lendemain, 25, que l'encombrement de ces vaisseaux ne permettait pas le premier jour d'y organiser une ambulance pour les blessés de l'armée de terre, mais que le deuxième jour il y avait lieu d'espérer que ces blessés pourraient être embarqués sur quelques-uns de nos bâtiments, et conduits, aussitôt que possible, dans les hôpitaux de Varna et de Constantinople.

Là s'est bornée notre conférence d'aujourd'hui, qui a eu pour résultat principal d'aviser au transport des 780 chevaux dont l'embarquement dans l'armée navale était absolument impossible.

Le chef d'état-major de l'escadre,
Comte BOUËT-WILLAUMEZ.

Note du 27 Juillet 1854.

Après mon arrivée à Varna, sur mon avis, je me suis rendu au quartier-général et j'ai exposé au chef d'état-major général de l'armée la nécessité de me fixer, s'il était possible, sur l'ordre dans lequel les embarcations et les chalands devaient opérer les débarquements successifs des troupes en face du territoire ennemi ; cet ordre a été déterminé comme il suit, par le maréchal Saint-Arnaud lui-même, en ma présence :

1° Infanterie...............⎫
2° Artillerie................⎪
3° Infanterie...............⎪
4° Artillerie................⎬ le plus possible.
5° Cacolets-ambulance......⎪
6° Chevaux des états-majors.⎪
7° Infanterie...............⎪
8° Artillerie...............⎭

Le général Martimprey et moi, nous nous sommes ensuite rendus sur la plage du fond de la baie de Varna, pour y voir opérer le débarquement, à l'aide des chalands arrivés la veille de Constantinople, du personnel, des chevaux et du matériel d'une batterie d'artillerie *réduite*. Ce débarquement s'est opéré très-facilement, par une mer fort belle à la vérité. La batterie *réduite* avait été logée tout entière à bord du *Descartes* et se composait de six pièces de campagne avec leurs avant-trains, six caissons avec leurs avant-trains, deux voitures accessoires (forges et autres); total des munitions : 100 coups par pièce; 86 chevaux dont deux d'officiers. C'est-à-dire une *batterie*, dite *réduite*, par frégate à vapeur. Le complément de la batterie, sans être de première nécessité au moment même du débarquement, devait l'être peu après; ce qui semblait exiger encore de nouveaux moyens de transport; car c'est à peine si les six frégates et les sept corvettes à vapeur devaient pouvoir, à une batterie réduite par frégate, et à une demie par corvette, embarquer les 50 ou 60 bouches à feu que le maréchal désirait voir jointes à l'expédition.

Le chef d'état-major de l'escadre,
Comte BOUËT-WILLAUMEZ.

Note du 30 juillet. — Conférences au sujet de l'expédition de Crimée.

Le chef d'état-major général Martimprey m'a annoncé que parmi les chevaux dont le débarquement devait avoir lieu aussi immédiatement que possible, figuraient en première ligne 160 chevaux dont il n'avait guère été question jusqu'ici dans ses conversations. Ces chevaux étaient : 1° 60 chevaux pour les ordonnances des officiers supérieurs de l'état-major général; 2° 32 chevaux pour le peloton d'escorte du maréchal; 3° 24 chevaux pour les ordonnances du service topographique attaché à l'état-major, et tout cela sans compter les chevaux des trente officiers supérieurs et autres attachés à la personne du maréchal, et ceux des 12 officiers attachés à l'état-major général : j'ai dû répondre encore que les frégates et corvettes à vapeur, les seuls navires dont nous eussions à disposer pour les chevaux, ayant toutes été réservées pour l'artillerie, par ordre supérieur, et les chalands étant exclusivement employés, dès le début de l'opération du débarquement, au transport de cette artillerie et au transport des troupes, il fallait s'attendre à voir les officiers supérieurs et autres combattre à pied s'il y avait lieu en débarquant, comme à l'expédition d'Alger de 1830.

CONFÉRENCE AVEC LE GÉNÉRAL D'ARTILLERIE.

Le général d'artillerie avait assisté en personne à l'expérience de l'embarquement d'une batterie d'artillerie à bord de la frégate à vapeur le *Descartes*; aussi savait-il mieux que personne que le nombre des batteries d'artillerie à embarquer devait être proportionné à celui des frégates à vapeur. Si nous avions eu dix frégates à vapeur comme le *Descartes*, nous aurions pu embarquer dix batteries réduites, comme celle qui a servi aux expériences. Mais au lieu de dix frégates, c'est six seulement que nous possédons, savoir : *Mogador, Descartes, Cacique, Vauban, Magellan* et *Ulloa*; et si l'on peut y ajouter à la vérité les huit corvettes à vapeur, *Pluton, Lavoisier, Infernal, Primauguet, Roland, Euménide, Tisiphone* et *Mégère*, il faut avouer qu'elles représentent à peine l'équivalent de quatre frégates. Toutefois le général d'artillerie m'a annoncé qu'il ne se contentait plus, comme l'autre jour, des 86 chevaux embarqués sur le *Descartes*, et qu'il lui en fallait 105 par batterie réduite; et qu'au lieu de 14 voitures qu'il avait reconnu lui-même remplir tout l'espace disponible, sur le pont de cette frégate, il avait l'ordre aujourd'hui d'en embarquer 17. Enfin, au lieu de 10 batteries ordinaires de campagne, il avait l'ordre d'embarquer 2 batteries à cheval (soit 176 chevaux par batterie, au lieu de 86), et 8 autres batteries montées avec l'augmentation de personnel et de matériel indiques plus haut. Je lui ai répondu que le nombre des navires à vapeur n'augmentant pas, tous ces suppléments de chevaux et de matériel n'aboutiraient qu'à un seul résultat, celui de faire diminuer le nombre des bouches à feu transportables, et de le réduire de 60 à 40 environ. En somme, l'artillerie demande l'embarquement de 1233 chevaux, de 1852 artilleurs, de 77 officiers pour servir 60 bouches à feu ou dix batteries, comportant 136 voitures à mettre sur les ponts des navires à vapeur sans être démontées, et 30 voitures susceptibles d'être démontées. En outre de cet immense matériel, l'artillerie demande encore à charger 568 tonneaux en poids, en munitions de guerre, coffres de bouches à feu, etc., etc.

CONFÉRENCE AVEC LE GÉNÉRAL DU GÉNIE.

Les exigences du génie ont augmenté ainsi que celles de l'artillerie, c'est-à-dire qu'il réclame l'embarquement d'un matériel de plus en plus considérable. En somme, il demande le transport de 2578 mètres cubes, soit plus de 3000 tonneaux d'encombrement, celui de 186 chevaux et mulets pour troupes, de 45 chevaux pour officiers, de 800 soldats et de 35 officiers. Or, les trois seuls bâtiments dont dispose l'armée navale pour le génie (*Calypso*, *Néréide* et *Girafe*) ne pouvant à beaucoup près se charger de cet immense matériel et des chevaux qui l'accompagnent, j'ai dû répondre encore qu'il fallait réduire l'un et l'autre, ou bien prier l'intendance de les charger sur son convoi du commerce.

CONFÉRENCE AVEC L'INTENDANT.

L'intendance embarque un matériel considérable. Ainsi elle compte en ce moment à Varna 109 bâtiments de commerce, dont 76 sont destinés à embarquer le matériel général de l'armée, savoir : vivres, bœufs, orge, foin, bois, matériel de campement, matériel d'ambulance, etc., etc., plus 36 voitures. Trente-deux autres bâtiments sont arrivés en écuries pour transporter des chevaux, sur le pied de 25 chevaux en moyenne par navire ; soit de 800 à 850 chevaux environ. C'est cette flottille de navires-écuries qui peut seule recevoir à son bord les chevaux des officiers généraux et supérieurs, ceux du génie, ceux de l'ambulance et de l'intendance, et enfin ceux de l'artillerie, si l'on en augmente le nombre comme il a été dit plus haut. Il est donc douteux que cette flottille puisse suffire à tous ces besoins croissant sans cesse, puisque la première catégorie comprend 400 chevaux, la deuxième, 186 chevaux et mulets, la troisième, 300 chevaux et mulets, et enfin les 373 chevaux supplémentaires dont l'artillerie demande aujourd'hui l'embarquement. Total des chevaux à embarquer sur ce convoi, 1259 au lieu de 800. En somme, ces conférences m'ont conduit à cette conclusion : c'est qu'il fallait, ou bien que le maréchal fît apporter de grandes réductions dans les demandes des officiers généraux, chefs de service, ou qu'il fît emprunter des navires aux stations de Grèce et d'Algérie, par exemple (1), pour nous procurer des éléments de transport, que ni l'armée navale réunie à l'escadre turque, ni même la flotte commerciale ne pouvaient actuellement nous fournir, bien que cette dernière, qui d'abord ne devait atteindre que l'effectif de 30 bâtiments, fût ensuite arrivée à 50 et aujourd'hui à 109, nombre encore insuffisant.

Je n'ajoute pas que, si l'intendance se trouvait en mesure d'augmenter encore le nombre de ses navires de commerce, les difficultés de remorquage de cette flotte se trouveraient également augmentées, et ces difficultés sont déjà telles aujourd'hui qu'elles n'aboutiront à rien moins qu'à faire prendre les devants aux vaisseaux de l'armée navale, à la voile seulement, pour que, quatre ou cinq jours après, une partie de la flotte commerciale remorquée par

---

(1) C'est ce qui fut effectué quelques jours plus tard : les stations de Grèce et d'Algérie envoyèrent chacune un contingent dans la mer Noire.

les navires à vapeur les rejoigne dans les parages du territoire ennemi.

Le chef d'état-major de l'escadre.
Comte BOUËT-WILLAUMEZ.

Note du 10 août 1854.

Dans toutes les conférences qui ont eu lieu, il a été généralement admis jusqu'à ce jour que l'expédition projetée dans la mer Noire devant s'effectuer dans la saison favorable, les groupes de navires remorqueurs et remorqués pourraient se rendre de Varna en Crimée, presque avec la même facilité qu'ils se sont rendus du Bosphore à Varna ; mais les brises carabinées de N. E. qui commencent à régner depuis quelques jours, et qui, selon les pratiques du pays et toutes les descriptions nautiques de la mer Noire, souffleront encore avec force pendant deux semaines au moins, doivent obliger à prendre des mesures telles que l'expédition, une fois en mer, ne soit pas dispersée par ces brises.

Il paraît d'abord avantageux que le départ de cette expédition s'effectue alors que le calme viendrait à succéder à un vent frais de N. E.; et comme alors tous les départs s'effectueraient à la vapeur, il sera nécessaire que les bâtiments mouillés à Varna viennent jeter l'ancre sur la rade de Baltchik pour s'y accoupler avec les groupes de remorqueurs et de remorqués auxquels ils appartiennent.

Mais nous ne sommes plus aux mois de juin et de juillet, époques de calmes si favorables à des opérations de ce genre; les brises fraîches de N. E. sont régulièrement établies, et il faut se préparer à compter avec elles suivant le degré de force qu'on leur trouvera. En dehors des circonstances de calmes et folles brises, deux cas principaux pourront donc se présenter, une fois les flottes en pleine mer : ou le vent de N. E., qui est précisément contraire pour se rendre à la destination voulue, soufflera joli frais, ou il deviendra bon frais avec de la mer

Dans le premier cas, il pourra être praticable de détacher seulement les bâtiments de guerre à voiles des groupes dont ils feront partie, et de leur faire serrer le vent sous toutes les voiles sur deux colonnes, en dehors des groupes de bâtiments à vapeur continuant à faire route attelés aux navires du convoi de commerce; peut-être qu'ainsi l'on pourra parvenir encore à naviguer tous ensemble avec quelque avantage vers le point à atteindre.

Dans le deuxième cas, lorsque la brise de N. E. soufflera bon frais avec de la mer, il sera probablement nécessaire, pour prévenir la rupture des amarres et les consommations inutiles de charbon, de larguer toutes les remorques. En ce cas, le convoi tout entier devra se grouper autour de son commandant supérieur et naviguer à la voile sous le vent des deux colonnes de vaisseaux. Les frégates et corvettes à vapeur débarrassées de leurs remorques, auraient pour mission de se tenir à portée de ce convoi pour, le cas échéant, l'assister encore si le signal en était fait.

Dans cette situation, deux partis se trouveront à prendre : ou ces bâtiments, naviguant tous à la voile, devront lutter contre la mer et le vent avec des ris aux huniers pour attendre une accalmie, ou on jugera préférable de gouverner sur un mouillage de la côte de Turquie, afin d'y attendre de nouveau du calme ou du petit temps. Cette détermination dépendra des circonstances et n'est pas de celles qu'on puisse préciser à l'avance.

Le chef d'état-major de l'escadre.
Comte BOUËT-WILLAUMEZ.

Ces importantes conférences de Varna résumées dans ces notes inédites ont produit les ordres définitifs concernant le transport et le débarquement de l'armée, tels qu'on les trouvera annexés aux pièces justificatives de L'EXPÉDITION DE CRIMÉE, 1ʳᵉ *partie, l'armée, volume* Iᵉʳ, *page* 353.

III

Rapport de l'amiral Hamelin, au ministre de la marine sur le débarquement de l'armée française en Crimée.

Ville de Paris, côtes de Crimée, 16 septembre 1854.

Monsieur le Ministre,

Je comptais partir dans la nuit du 13 de la baie d'Eupatoria avec les flottes, pour jeter l'ancre au jour devant la plage du Vieux-Fort, plage située sur le littoral occidental de la Crimée à 28 kilomètres au nord de Sébastopol. Le beau temps, dans la nuit du 12 au 13, nous a, en effet, permis d'effectuer ce mouvement. A deux heures et demie, je faisais signal à toute la flotte française d'appareiller, et l'amiral Dundas faisait le même signal à la flotte anglaise, les deux escadres à la remorque de leurs bâtiments à vapeur. Votre Excellence aura peine à comprendre qu'une pareille manœuvre, rendue si épineuse par l'agglomération des deux cent cinquante navires dont se composaient les flottes combinées, ait pu avoir lieu sans accidents, même sans avaries : ainsi pourtant se sont passées les choses, grâce à l'habileté et à l'attention soutenue de tous les capitaines français et anglais.

A sept heures, *la Ville de Paris* jetait l'ancre au poste qui lui était assigné sur la plage; le reste de l'escadre ne tardait pas à imiter ce mouvement, et, dès ce moment, chaque vaisseau, chaque frégate déployait une activité extraordinaire pour remplir le rôle qui lui avait été assigné dans l'ordre n° 336, que j'ai eu l'honneur d'envoyer précédemment à Votre Excellence. Ci-joint le journal historique tenu, heure par heure, par mon premier aide de camp, M. le lieutenant de vaisseau Garnault. En y jetant les yeux, Votre Excellence verra que les prescriptions de cet ordre ont été exécutées presque littéralement.

Bien que l'ennemi ne parût pas sur la plage, je crus devoir envoyer immédiatement mouiller au sud du point de débarquement quatre chaloupes de vaisseaux à trois ponts, munies de leur artillerie et de fusées à la Congrève ; j'envoyai également une frégate et deux avisos à vapeur pour protéger la descente des troupes dans le cas où cet ennemi viendrait à paraître.

Dès ce moment, le débarquement était assuré, et, à huit heures un quart, je donnai l'ordre de le commencer. Les chalands, les chaloupes, les canots-tambours, canots ordinaires, yoles, remplis de soldats, pour la plupart de la 1re division, se dirigent alors vers la plage, où flotte déjà le pavillon français d'une embarcation, et où le général Canrobert et le contre-amiral Bouët-Willaumez plantent les trois pavillons indicateurs des points où doivent débarquer les trois divisions.

Il est huit heures et demie : la descente et l'arrivée des troupes françaises, comme de l'artillerie de campagne, continuent alors sans interruption, avec une activité vraiment prodigieuse.

J'envoie à Votre Excellence un dessin qui pourra vous donner une idée de l'opération du débarquement et du coup d'œil de la plage.

A neuf heures trois quarts, l'armée anglaise débarque également ; le canon se fait entendre alors dans la baie de Katcha, à trois lieues au sud du point de débarquement ; c'est une fausse attaque effectuée de concert sur ce point par cinq frégates ou corvettes à vapeur françaises chargées de troupes de la 4e division, et de trois frégates anglaises.

A midi et demi, nos trois divisions et 18 bouches à feu de campagne étaient à terre, c'est-à-dire presque toute l'armée, quant au personnel. Tous les efforts des chaloupes et chalands se réunissent alors, d'après mes ordres, pour effectuer le débarquement d'un escadron de spahis, du reste de l'artillerie de campagne et de tous les chevaux des états-majors. A deux heures, M. le maréchal, qui a suivi tous ces mouvements de la dunette de *la Ville de Paris*, débarqua alors avec son état-major.

La nuit venue, la 4e division arrive de la Katcha au mouillage des escadres, et le lendemain matin elle est, ainsi que les troupes turques, débarquée avec le même bonheur, bien qu'avec des difficultés plus grandes, par suite de la mer, que les vents d'ouest avaient occasionnées sur la plage. Les troupes anglaises et françaises se sont établies entre le Vieux-Fort et la plage, conformément au croquis que j'envoie à Votre Excellence.

Aujourd'hui, monsieur le Ministre, nous complétons le débarquement des chevaux et du matériel nécessaire à l'armée pour se mettre en marche sur Sébastopol, le long du littoral, départ qui s'effectuera probablement demain. Je suivrai l'armée avec neuf vaisseaux et autant de frégates et d'avisos à vapeur. Le reste de l'escadre va partir pour Varna, afin d'y embarquer 9000 hommes et 900 chevaux. Il est probable que les armées combinées livreront un premier combat à l'ennemi au passage de l'Alma, et une bataille au passage de la Belbeck. J'appuierai les opérations de notre armée avec l'artillerie de nos bâtiments.

Eupatoria, où n'existait aucune troupe russe, aucune défense, s'est rendu à discrétion. J'y laisse le vaisseau *l'Iéna* pour assurer des ressources d'eau à l'escadre.

Je suis, etc.

Le vice-amiral, commandant en chef
l'escadre de la Méditerranée.

Signé : HAMELIN.

IV

Rapport de l'amiral Hamelin au Ministre de la marine sur le combat du 17 octobre.

Ville de Paris, devant la Katcha, 18 octobre 1854.

Monsieur le Ministre,

Par ma lettre du 13 octobre, j'annonçais à Votre Excellence que je me portais avec tout mon état-major à bord de la frégate *le Mogador*, pour aller jeter l'ancre le plus près possible du quartier général français, et combiner avec le général en chef une attaque générale des forces de terre et de mer contre Sébastopol, le jour où commencerait le feu des batteries de siége. Le 14, j'eus, en effet, une entrevue avec le général Canrobert, dont les vues se trouvèrent conformes aux miennes. Le 15, une réunion des amiraux des escadres alliées avait lieu à bord de la frégate *le Mogador*, et les dispositions de l'attaque générale étaient prises d'un commun accord, puis soumises aux généraux de l'armée de terre et acceptées par eux avec empressement.

Cette attaque générale fut résolue pour le 17, jour de l'ouverture du feu des batteries de siége.

En ce qui concerne les escadres, elle devait s'effectuer comme il suit :

L'escadre française se chargeait de venir sur les brisants du sud, s'établir à 7 encâblures environ contre les 350 bouches à feu de la batterie de la Quarantaine, les deux batteries du fort Alexandre et de la batterie d'artillerie.

L'escadre anglaise avait à combattre, sur la lisière des brisants du nord, à peu près à même distance, les 130 canons de la batterie Constantine, de la batterie du Télégraphe et de la tour Maximilienne du nord.

Si donc Votre Excellence suppose une ligne tracée le long de l'entrée de Sébastopol, de l'est à l'ouest, cette ligne sépare en deux parties l'emplacement de l'attaque dévolue à chaque escadre.

L'amiral turc, avec deux vaisseaux, les seuls qui lui restassent dans le moment, devait jeter l'ancre au nord des deux lignes françaises, c'est-à-dire dans une position intermédiaire entre les vaisseaux anglais et les vaisseaux français.

Le 17 au matin, l'attaque des batteries de siége a commencé; mais le temps était calme, il a fallu accoupler les vaisseaux aux frégates à vapeur avant de venir développer devant Sébastopol la ligne des 26 vaisseaux des escadres alliées. Toutefois, malgré cette difficulté et le fractionnement qui existait entre les vaisseaux de l'escadre française, dont une partie était mouillée à Kamiesh et partie devant la Katcha, j'ai la satisfaction d'annoncer à Votre Excellence que les vaisseaux de notre première ligne s'avançaient vers midi et demi, sous le feu des batteries de Sébastopol, qu'ils affrontaient les premiers pendant plus d'une demi-heure sans y répondre. Peu d'instants après, ils étaient embossés et ripostaient vivement à ce feu, qui ne laissait pas cependant de les incommoder, à cause de leur petit nombre. Plus tard, les autres vaisseaux français et anglais arrivèrent successivement, et l'attaque devint générale.

Vers deux heures et demie, le feu des batteries russes se ralentit; il était éteint à la batterie de la Quarantaine. C'était le but que se proposait particulièrement l'escadre française; mais le nôtre redoubla et dura sans interruption jusqu'à la nuit.

Au moment où j'écris à Votre Excellence, j'ignore encore quel a été le succès de nos batteries de siége, dont le feu avait commencé avant le nôtre, et qui battait les fortifications russes du côté de terre.

Si les Russes n'avaient pas fermé l'entrée de Sébastopol en y coulant cinq vaisseaux et deux frégates, je ne mets pas en doute que les vaisseaux des escadres, après le premier feu essuyé, n'eussent pu donner dans les passes avec succès, venir s'échouer au fond du port et se mettre en communication avec l'armée. Peut-être n'auraient-ils pas perdu beaucoup plus de monde que nous n'en avons à regretter; mais la mesure extrême que l'ennemi a adoptée en sacrifiant une partie de ses vaisseaux, nous a obligés à nous borner à combattre pendant cinq heures les batteries de mer de Sébastopol, dans le but de les faire taire plus ou moins longtemps, à occuper beaucoup de monde de la garnison aux pièces, et à prêter ainsi à notre armée une assistance aussi bien matérielle que morale.

Aujourd'hui, 18, je n'ai que le temps de jeter à la hâte à Votre Excellence un aperçu général de cette affaire, qui, dans mon opinion, fait grand honneur à la marine française; je joins à cet aperçu une liste nominative des hommes tués et blessés à bord de chaque bâtiment; prochainement je lui enverrai un rapport détaillé sur toutes les phases de l'attaque et sur la part plus ou moins active qu'y a prise chaque vaisseau.

Au début de l'affaire, l'enthousiasme était extrême; pendant le combat, la ténacité de chacun ne le fut pas moins. Avant de commencer le feu j'avais signalé à l'escadre : *La France vous regarde!* signal qui a été accueilli par les cris de *vive l'Empereur!*

Je suis, etc.

*Le vice-amiral commandant en chef
l'escadre de la Méditerranée,*
HAMELIN.

TABLE DES MATIÈRES

DU PREMIER VOLUME.

Préface .... Page 1

CAMPAGNES DE LA MER NOIRE.

LIVRE PREMIER.

CHAPITRE PREMIER.

Causes de la guerre d'Orient. — Départ de l'escadre de la Méditerranée pour la Grèce. — Les flottes française et anglaise dans la baie de Bésika. — Efforts de la diplomatie. — Le vice-amiral *Hamelin* prend le commandement en chef de l'escadre française. — L'amiral de La Susse prend congé de la flotte. — Biographie de l'amiral Hamelin. — Son ordre du jour en prenant le commandement. — Composition des flottes à Bésika. — Les Russes dans les Principautés. — Quatre frégates à vapeur sont envoyées à Constantinople. — Les escadres franchissent les Dardanelles. — Description du détroit. — Mouillage de Lampsaki. — Les amiraux Hamelin et Dundas à Constantinople. — Premières hostilités sur le Danube. — Les escadres remontent devant Constantinople. — Entrée de l'amiral Hamelin dans le Bosphore. — Aspect de Constantinople. — *La Ville de Paris* arrive à l'ouvert de la Corne-d'Or et salue le pavillon ottoman...... 3 à 23

CHAPITRE II.

La Ville de Paris jette l'ancre à Beïcos. — Neuf vaisseaux français et sept anglais se réunissent dans ce mouillage. — Visite du capitan Pacha à l'amiral Hamelin. — Les flottes couvrent Constantinople. — M. de Lacour est rappelé en France. — Le général Baraguey-d'Hilliers le remplace. — Le nouvel ambassadeur remet ses lettres de créance au Sultan. — Présentations au Sultan. — Son discours. — Fête à bord du *Mahmoudié*. — Appel aux armes de l'empereur Nicolas. — Un navire de commerce ottoman est capturé par les Russes sur les côtes de la Turquie d'Asie. — La guerre est imminente. — Les équipages s'exercent aux opérations de débarquement. — Désastre de Sinope. — Deux vapeurs français et anglais sont envoyés à Sinope. — Trois mille Turcs ont péri. — La ville est incendiée. — La flotte est anéantie. — Détails sur l'affaire de Sinope. — La flotte russe prend le large. — Lettre de l'amiral Nachinoff au consul d'Autriche. — Le départ de la flotte russe rend toute démonstration impossible. — Lettre de M. Drouyn de L'Huys. — Entrée des flottes dans la mer Noire. — Ordre de navigation de la flotte combinée. — *La Retribution* porte une lettre à Sébastopol, rédigée par les ambassadeurs et signée par les amiraux.. 23 à 42

CHAPITRE III.

Concert des deux flottes. — Ordre de navigation et de combat. — Arrivée des flottes au mouillage de Sinope. — Une escadrille escorte un convoi turc jusqu'à Trébizonde et Batoun avec mission d'explorer les côtes de Crimée. — *La Retribution* est de retour de Sébastopol. — Rapport du lieutenant Bonie sur les défenses de Sébastopol. — Ordre de promener les pavillons alliés dans toute l'étendue de la mer Noire. — Plan de croisières. — Les flottes retournent à Beïcos le 17 janvier. — Le 22, elles reparaissent dans le Bosphore. — Lettre de M. Ducos, ministre de la marine, à l'amiral Hamelin, sur la portée et l'étendue de ses instructions....................... 42 à 59

CHAPITRE IV.

Instructions de l'amiral Hamelin aux bâtiments croiseurs. — Une division navale va, le 28 janvier, croiser sur les côtes de Crimée. — Le 7 février, une autre escadre escorte un convoi turc pour l'armée d'Asie. — Deux frégates à vapeur escortent un second convoi turc. — Le 9 février, *le Caradoc* amène de France une commission chargée de la reconnaissance militaire des Dardanelles. — Départ du *Caton* pour une reconnaissance maritime sur la côte d'Europe. — La nouvelle du rappel des ambassadeurs arrive à la flotte. — *Le Vauban* et *le Furious* appareillent pour la mer Noire. — L'escadre de l'Océan, sous le commandement de l'amiral Bruat, embarque des troupes à Toulon. — Discours de l'Empereur au Corps législatif. — *Le Vauban* est de retour. — Petit incident arrivé à cette croisière. — L'amiral de Tinan est envoyé à la station du Pirée. — *La Retribution* et *le Caton* reviennent d'une excursion aux bouches du Danube. — *Le Sampson* et *le Cacique* sont envoyés sur les côtes de l'Anatolie, la Géorgie, la Circassie et la Crimée. — Détails sur cette croisière. — Départ des flottes pour Varna. — Embarquement des troupes à Toulon. — Le 17 avril, l'escadre de l'Océan mouille en rade de Gallipoli. — La déclaration de guerre à la Russie est annoncée aux amiraux en chef. — Les batteries d'Odessa tirent sur un canot parlementaire. — Trois vapeurs sont dirigés sur ce point pour établir un blocus devant le port... 59 à 85

CHAPITRE V.

La déclaration de guerre est officiellement proclamée sur les escadres réunies, le 15 avril. — Les hostilités commenceront devant Odessa pour exiger une réparation. — Détails sur cet événement. — Lettre du baron d'Osten Sacken.—Réponse des amiraux en chef.—L'attaque contre Odessa est résolue.—Le 22 avril, bombardement de cette ville. — A six heures du matin, *le Vauban*, *le Descartes*, *le Tiger* et *le Sampson* commencent le feu.— *Le Mogador*, *le Terrible*, *le Furious* et *la Retribution* engagent le combat à leur tour.— Incendie des magasins et des vaisseaux dans le port.— Explosion de la poudrière de la batterie du port. — Rapport de l'amiral Hamelin sur le bombardement.— Les flottes combinées reprennent le large. — *Le Fury* va constater l'état du port d'Odessa. — Les désastres sont plus considérables qu'on ne l'avait supposé. — Un échange de prisonniers est proposé. — Le général Osten Sacken répond qu'il n'a pas de pouvoirs suffisants pour accepter cet échange.—Les prisonniers russes sont renvoyés à Odessa sans condition. — Le 26, les flottes se dirigent vers la Crimée.—Le 27, *le Caton* et *le Furious* explorent la baie d'Eupatoria. — Le 28, les escadres arrivent devant Sébastopol et mettent en panne.— Les vaisseaux russes restent immobiles. — Exploration du *Caton* et du *Furious*. — Le contre-amiral Lyons observe le port de Sébastopol. — Activité des Russes. — Crainte d'un débarquement. — Les flottes sont toujours à l'ancre devant le port. — Les jours s'écoulent, les vaisseaux russes s'obstinent dans leur immobilité.. 85 à 108

CHAPITRE VI.

Lettre du capitan Pacha à l'amiral Hamelin. — La flotte turque entre dans la mer Noire.—La croisière de blocus sur la parallèle de Sébastopol se continue.— Le 7 mai, départ d'une division anglo-française sous les ordres de l'amiral Lyons, pour détruire les établissements russes sur le littoral de la Crimée ou de la Circassie. — *L'Agamemnon*, *le Charlemagne*, *le Mogador* et *le Vauban*. — L'escadre combinée croise sans cesse devant Sébastopol.—*Croisière de Brumes*. —Épisode du *Tiger*.— *Le Vauban* et *la Retribution* rejoignent les flottes et apportent les premières nouvelles de la croisière de l'amiral Lyons.— Les deux escadres reprennent leur mouillage de Baltchick, le 20.— Exploration de l'amiral Lyons et du commandant de Chabannes sur les côtes de Circassie.— Gelendjik. — Soukoum-Kalé. — Les forts russes sont abandonnés. — Rapport du commandant de Chabannes. — Redout-Kalé. — L'occupation de cette ville est arrêtée.— Un corps de troupes turques est amené de Tchourouk-Sou.— Dispositions d'attaque. —Sommation au commandant russe de Redout-Kalé. —Aucune réponse n'y est faite.—Ouverture du feu. — Les Russes ont abandonné Redout-Kalé, laissant l'incendie derrière eux.— *Le Sampson* reste devant Redout-Kalé afin de protéger les travaux d'établissement. — L'amiral Lyons continue sa route.—Les Circassiens accueillent les vaisseaux alliés avec empressement.— L'amiral Hamelin demande au ministre de la marine une flottille de canonnières à vapeur............................ 108 à 130

CHAPITRE VII.

Événements de la guerre. — Le maréchal de Saint-Arnaud et lord Raglan à Constantinople.—Arrivages de troupes à Gallipoli.— Les Russes investissent Silistrie. — Les généraux en chef à Varna et à Shumla. — Première conférence de Varna entre les généraux et les amiraux commandant en chef.—Les troupes sont portées sur Varna. — Le 23, *le Vauban* porte à Gallipoli l'ordre d'embarquer les troupes. — Le blocus du Danube et de ses embouchures avec la mer Noire est proclamé.—Le 2 juin, arrivée du général Canrobert à Varna sur *le Cacique.*—Débarquement des troupes. — Le 7, nouveau conseil à Varna. — *Le Descartes*, *le Furious* et *le Terrible* partent pour surveiller Sébastopol.—Le commandant Loring, du *Furious*, prend le commandement de cette croisière. — Arrivée, le 11, en vue de Sébastopol. — Engagement avec *le Wladimir.* — La flottille russe rentre dans le port. — Pendant quinze jours, la petite escadrille alliée se tient sous vapeur.—Les Russes se maintiennent dans la défensive. — Le maréchal de Saint-Arnaud à Varna. — L'escadre de l'Océan se fond avec celle de la Méditerranée.— Les Russes lèvent le siége de Silistrie et repassent le Danube.— Désespoir du maréchal.—Les deux escadres de la Méditerranée et de l'Océan sont réunies à Baltchick.—Ordre du jour du maréchal.—Séance du 8 juillet.—Invasion du choléra. — Grand conseil du 18. — Un débarquement en Crimée est décidé. — Une commission est envoyée vers Sébastopol pour explorer les côtes de Crimée. — Projet d'embarquement des troupes. — Le maréchal l'admet en principe... 131 à 154

CHAPITRE VIII.

Excursion du *Vauban*, commandant d'Herbinghem, sur les côtes de Circassie. — Instructions du maréchal de Saint-Arnaud. — Le 9 juillet, arrivée à Sinope. — Le 11, les côtes de Mingrélie sont en vue.— Visite au camp de Sélim-Pacha. — *Le Vauban* se dirige sur Redout-Kalé.—Le pays est ravagé par les Russes.—Arrivée devant Soukoum-Kalé. — La forteresse, abandonnée par les Russes, est occupée par les Turcs.—Arrivée du *Sampson*, commandant Jones.—Conférences avec le Naïb et des chefs circassiens à Soukoum-Kalé, à bord du *Sampson.* — Le 17, *le Vauban* à Sotcha et *le Sampson* à Vardan. — Grande conférence avec les chefs de tribus et l'envoyé de Schamyl. — Indépendance des Circassiens.— Pas d'obéissance possible. —Impuissance du *Naïb.*—Les chefs s'embarquent sur *le Sampson* pour se rendre à Varna.— *Le Vauban* et *le Sampson* font route pour Gelendjik. — Exploration dans la baie de Soujak.— Le 21, arrivée devant Anapa. — Singulier spectacle. — Sondage des abords de la ville.—Retour à Baltchick........................ 154 à 175

LIVRE II.

CHAPITRE PREMIER.

Exploration sur les côtes de la Crimée. — Départ de la commission le 25. — *Le Fury*, *le Terrible* et *le Cacique* à l'entrée du port de Sébastopol. — L'amiral Bruat observe la côte. — Les Russes se fortifient. — Le 27, les deux escadres sont dans la baie de Balaklava. — Fausse reconnaissance du *Cacique* et de *la Tribune* sur la baie de Kaffa. — Retour à Baltchick. — Le choléra dans la flotte. — Cinq frégates sont envoyées à Mengalia et à Kustendjé. — Dévouement des chirurgiens et des aumôniers. — Instructions de l'abbé Coquereau, aumônier en chef de la marine. — Les vaisseaux prennent la mer pour chercher à arrêter les ravages du fléau. — L'épidémie entre dans sa période décroissante. — La flotte reprend son mouillage de Baltchick. — Le 20 août, conférence de Baltchick. — Séance à bord de *la Ville de Paris*. — Questions posées et résolues. — Le 26, conseil de guerre à Varna, chez le maréchal. — Biographie du contre-amiral Bouët-Willaumez. — L'expédition de Crimée est irrévocablement résolue... 179 à 203

CHAPITRE II.

Activité de la flotte. — Instructions précises pour le transport et la répartition de l'armée sur la flotte expéditionnaire. — Le 28, *la Rétribution* arrive d'Odessa. — Le 31, embarquement de la division Bosquet. — Le 1ᵉʳ septembre, la division Napoléon s'embarque à son tour à Baltchick. — La division Canrobert s'embarque également à Varna. — Le maréchal monte à bord de *la Ville de Paris*. — Composition de la flotte expéditionnaire française. — Le 5, l'amiral Hamelin donne ordre d'appareiller. — Le 7, la flotte fait route vers l'île des Serpents. — Le 8, arrivée de l'escadre anglaise. — Conférence à bord du *Caradoc*. — Une commission est envoyée sur les côtes de Crimée. — Retour de cette commission. — Le débarquement aura lieu à Old-Fort. — Le signal en est donné à la flotte. — Le 13, arrivée en vue d'Old-Fort. — L'état de la mer empêche le débarquement immédiat. — Dernière reconnaissance du *Primauguet*. — Reddition d'*Eupatoria*. — Débarquement à Old-Fort. — Plus de 60 000 combattants foulent le sol ennemi........................ 204 à 233

CHAPITRE III.

Le 17, exploration des côtes à l'embouchure de l'Alma et de la Katcha. — Excursion du *Roland*. — Le 19, flottes et armées se mettent en marche. — La flotte prend position devant l'Alma. — Les armées arrivent au lieu de campement. — Pendant la nuit, *le Cacique*, *le Roland* et *la Mégère* mouillent au large, dans la direction de Sébastopol. — Billet du maréchal à l'amiral Hamelin, annonçant que le lendemain il livrera bataille aux Russes.—La bataille de l'Alma vue de la flotte. — Exploration du *Roland*.— *Le Cacique* et *la Mégère* mouillent entre l'embouchure de l'Alma et le cap Loukoul.— Nos bâtiments tiennent les Russes en respect et favorisent l'ascension de la brigade Dautemarre. — L'infanterie de marine prend part à cette glorieuse journée. — Les blessés sont embarqués et envoyés à Constantinople. — Les Anglais surveillent l'entrée du port de Sébastopol. — L'amiral turc fait prévenir l'amiral Hamelin qu'un mouvement de bâtiments a été aperçu à l'entrée du port. — Branle-bas de combat. — *Le Roland* et *le Primauguet* se rendent dans cette direction. — Changement de position des bâtiments russes.— Le 23, départ des armées alliées.—Les Russes coulent leurs vaisseaux pour barrer l'entrée du port. — Reconnaissance de *la Mégère*. — Sébastopol sera attaqué par le sud. — Les flottes restent à la Katcha. — L'armée disparaît dans l'intérieur des terres. — Le maréchal remet son commandement au général Canrobert.................................... 233 à 259

CHAPITRE IV.

Le Roland poursuit sa croisière le long de la côte.—Les troupes sur le plateau de Chersonèse. — Le matériel de siège est mis à terre.— Kamiesh. — L'amiral Hamelin propose au général Canrobert le concours de l'artillerie navale. — Une division de la flotte est expédiée à Varna et à Bourgas. — Une seconde stationne devant la Katcha. — Une troisième est ancrée au sud-ouest de Sébastopol.—Une quatrième est chargée de faire des descentes sur divers points de la côte. — *L'Iéna* est mouillé dans la baie d'Eupatoria. — Composition des batteries de la marine fournies au siége.—Les arrivages se multiplient. — L'amiral Hamelin opère une reconnaissance des batteries maritimes de Sébastopol.—Le 6 octobre, la division Charner revient de son expédition à Yalta.—L'amiral Bruat est chargé de reconnaître la baie de Streletzka, pour établir une batterie à l'extrême gauche de la ligne des opérations du siége.—*Le Roland* occupe la baie pour communiquer avec la gauche de l'armée. — Échouage du *Caffarelli*, qui est remis à flot. — L'établissement d'une batterie armée dans la baie de Streletzka est décidé. — *L'Ulloa* débarque les canons et les obusiers. — Épisode du trois-mâts autrichien.. 259 à 287

CHAPITRE V.

L'amiral Hamelin inspecte le corps de marine détaché à terre. — Le moment décisif approche.—Conseil de guerre du 15 octobre, dans lequel on arrête le plan du concours que la marine apportera dans l'action générale. — Memorandum des amiraux. — Réponse des généraux en chef.— Préparatifs du 16 octobre.—L'amiral Bruat reconnaît les abords de la place.—Défenses des Russes à la veille du 17.

— Dispositions de l'artillerie ennemie en face des flottes française et anglaise.—Journée du 17 octobre.—Les vaisseaux se rendent à leurs postes. — Branle-bas de combat.—Ouverture du feu. — Un obus broie la dunette de *la Ville de Paris. — Le Montébello. — Le Charlemagne. — Le Napoléon.* — L'action est générale. —La batterie de la Quarantaine est écrasée. — La nuit met fin au combat.— La flotte à voiles retourne à la Katcha.—Les vaisseaux à hélice reprennent leur mouillage de Kamiesh.—Dommages causés aux flottes alliées.—Part prise par les batteries de marine dans cette journée. — Le général Canrobert remercie la marine.—Rapport de l'amiral Dundas à l'amirauté. — Le siége reprend sa marche régulière......... 287 à 318

LIVRE III.

CHAPITRE PREMIER.

Mouvement perpétuel des navires.— Débarquement de nouvelles troupes. — Transport des vivres et munitions de guerre. —L'hiver. — *L'Iéna*, le *Suffren* et la *Ville de Marseille* sont renvoyés en France. —*La Tisiphone* dans les Dardanelles.—*Le Coligny* dans le Bosphore. —Le 18, les batteries de marine remettent leurs pièces en état.—Le 19, elles recommencent leur feu.—Pertes de l'ennemi dans cette journée.— Ordre du jour du général Canrobert.—Le 1er novembre, deuxième attaque générale de l'artillerie des alliés.— Le mauvais temps empêche les communications avec la plage. — Anxiété des flottes. — Ouverture de la 3e parallèle. —Six nouvelles batteries ouvrent le feu.—La batterie 11.—Le commandant Rigault de Genouilly.— Le 4 novembre, explosion dans la batterie 11. — Le général Canrobert demande à l'amiral Hamelin un renfort de marins fusiliers. — Le 5, bataille d'Inkermann. — La batterie de marine commandée par M. de Contenson, devant le Télégraphe, fait éprouver des pertes sensibles à l'ennemi. — Attaque des Russes contre les batteries 1 et 2.—Mort du général de Lourmel. — Conseil chez lord Raglan.—Lettre de l'amiral Bruat à l'amiral Hamelin, rendant compte de cette conférence.—Lettre du général Canrobert à l'amiral Hamelin.— Lettre du général en chef au ministre de la guerre, lui signalant les services rendus par les batteries de la marine.— Réponse du ministre de la guerre. —Récompenses accordées à la marine. —*Le Canada*, le *Primauguet* et le *Pluton* sont placés en éclaireurs. — Leurs instructions. — Un service de brûlots est établi dans le port de Sébastopol pour agir contre les flottes.—Surveillance continuelle de l'amiral en chef................. 321 à 348

CHAPITRE II.

Projet d'hivernage de la flotte. — Le mauvais temps menace les vaisseaux. —Ouragan du 14 novembre. —*Le Jupiter* et le *Bayard.* —

Désastres au mouillage de la Katcha.—*Le Primauguet.*—*La Ville de Paris.*—*Le Friedland*, *le Napoléon*.—Le 15, sauvetage des naufragés.—*Le Henri IV* échoue à la côte.—Énergie du commandant Jéhenne.—Des Cosaques accourent pour s'emparer des hommes à terre.— Ils sont repoussés à coups de canon.— Le commandant Jéhenne reste sur son vaisseau.—Tout l'équipage et tout le matériel sont sauvés.— *Le Pluton* se perd à la côte.— Les Russes attaquent Eupatoria.— Le commandant Fisquet, du *Pluton*, fait faire branle-bas de combat.— Les Russes se retirent.— *Le Pluton* est perdu.—Courage et sang-froid du commandant Fisquet.—Sauvetage de l'équipage.—Les vaisseaux avariés rentrent dans le Bosphore.—Ordre général du service des baies de la Chersonèse.—Une estacade est construite pour fermer le port de Kamiesh.—Trois nouvelles batteries sont construites.—Croisières continuelles devant le port de Sébastopol.—Nouvelles instructions de l'amiral Hamelin. —Kamiesh, *Port de la Providence*.................... 348 à 377

CHAPITRE III.

Le général Trochu félicite le chef d'état-major général de la flotte sur son projet d'installation à Kamiesh.— Les vaisseaux avariés arrivent heureusement dans le Bosphore.—Pluies torrentielles devant Sébastopol.—Le général Canrobert demande à l'amiral Hamelin quarante nouvelles bouches à feu.—*La Sirène*, *le Berthollet* et *le Lavoisier* opèrent le sauvetage du *Henri IV*.— *Le Henri IV*, ancré dans la terre, commande l'entrée d'Eupatoria et tient en respect, à portée de ses canons, la cavalerie ennemie.—Rapports du commandant Ohier sur la situation de la flotte russe dans le port.— Une frégate et une corvette russes franchissent la ligne des vaisseaux coulés.—La frégate fond sur *la Mégère*.—La corvette est reçue à coups de canons par *le Caton* et *le Vautour*, qui se sont mis immédiatement en branle-bas de combat.— *La Mégère* lance deux bordées sur la frégate russe.—*Le Dauphin* vole au secours de *la Mégère*.— *Le Valorous* prend part à l'engagement.— Les deux vapeurs russes rentrent dans le port de Sébastopol.—L'amiral en chef visite la baie de Streletzka.— *Le Vauban* entre dans la baie pour renforcer *le Caton* et *le Vautour*.—Arrivée du général de Montébello à Kamiesh.— Le vice-amiral Hamelin est nommé amiral.—Les commandants Rigault de Genouilly et de Chabannes contre-amiraux.— Promotions dans la marine.—Le choléra dans Sébastopol.—Les travaux de la baie de Streletzka continuent.—L'amiral Dundas est rappelé en Angleterre et remet le commandement en chef à l'amiral Lyons.— Lettre de l'amiral Dundas à l'amiral Hamelin.—L'amiral Hamelin est rappelé en France.— L'amiral Bruat prend le commandement en chef de la flotte. — Adieux de l'amiral Hamelin. — Son départ le 23 décembre.. 377 à 395

PIÈCES JUSTIFICATIVES.

I. Composition de la flotte française, dans la mer Noire, au départ pour la Crimée, le 5 septembre 1854...................... 399
II. Conférences tenues à Varna........................... 403
III. Rapport de l'amiral Hamelin au ministre de la marine sur le débarquement de l'armée française en Crimée................ 416
IV. Rapport de l'amiral Hamelin au ministre de la marine sur le combat du 17 octobre.................................... 419

FIN DE LA TABLE DES MATIÈRES.

Ch. Lahure, imprimeur du Sénat et de la Cour de Cassation,
rue de Vaugirard, 9, près de l'Odéon.

www.ingramcontent.com/pod-product-compliance
Lightning Source LLC
Chambersburg PA
CBHW071108230426
43666CB00009B/1872